AF545985

Gegen das Vergessen

1. Auflage Juli 2023
2. Auflage November 2023

Lektorat: Barbara Allgeier
Satz und Layout: Stefanie Huber
Umschlaggestaltung: Nicole Lechner

ISBN: 978-3-86445-946-7

Gerne senden wir Ihnen unser Verlagsverzeichnis
Kopp Verlag
Bertha-Benz-Straße 10
72108 Rottenburg
E-Mail: info@kopp-verlag.de
Tel.: (0 74 72) 98 06-10
Fax: (0 74 72) 98 06-11

Unser Buchprogramm finden Sie auch im Internet unter:
www.kopp-verlag.de

Werner Reichel

GEGEN DAS VERGESSEN

Corona ist erst vorbei, wenn bei den Schuldigen die Handschellen klicken

KOPP VERLAG

Ganz herzlichen Dank
an Michael Brückner
für die wertvolle Mitarbeit.

Inhalt

Einleitung

Anfang 2023 erscheint eine Studie, die alles auf den Kopf stellt, was über 3 Jahre lang von der Regierung und den Mainstreammedien über das Coronavirus und die Coronaerkrankungen behauptet worden ist und worauf die Coronapolitik vieler Länder weltweit aufgebaut hat. Fünf Forscher der Stanford University und weiterer Universitäten, darunter John Ioannidis, haben anhand umfangreicher Daten nachgewiesen, dass eine Coronaerkrankung für unter 70-Jährige mit einer saisonalen Grippe vergleichbar und für junge Personen sogar deutlich ungefährlicher ist. Die Schweizer *Weltwoche* titelte: »Die Pandemie, die es nie gab.«[1]

Die Ergebnisse dieser Metastudie,[2] für die Dutzende internationale wissenschaftliche Arbeiten, Studien und Datensätze ausgewertet wurden, bestätigen, was Wissenschaftler wie Sucharit Bhakdi oder Wolfgang Wodarg schon im März 2020 formuliert hatten. Ihre Stimmen gingen allerdings im internationalen Coronapanik-Geheul unter. Ihre Kritik, ihre Zweifel und ihre Forschungsergebnisse wurden unterdrückt und als unseriös abgetan, sie selbst als Wissenschaftler diskreditiert und als »Schwurbler« diffamiert. Obwohl die Politik die von ihr angeordneten autoritären Coronamaßnahmen stets mit dem Hinweis auf »die« Wissenschaft begründet hatte.

Diese Studie und viele neue Fakten, Erkenntnisse und aktuelle Entwicklungen (Übersterblichkeit, Meldungen von Impfschäden, Rekordzahlen beim Krankenstand[3] etc.) belegen, was »Schwurbler« seit Langem wissen: dass den Bürgern während der vergangenen Jahre auf Grundlage falscher Annahmen und Behauptungen viel Leid zugefügt und Unrecht angetan wurde. Der Facharzt und Autor Marcus Franz: »Sie waren oft auch weder objektiv begründet noch verhältnismäßig, häufig auch wissenschaftlich-medizinisch nicht argumentierbar, und gar nicht selten entstanden sie einfach willkürlich.«[4] Die Kritiker dieser Politik wurden verfolgt, beschimpft und als Gefahr für Demokratie, Staat und Gesundheit bezeichnet.

Zigtausende Menschen leiden unter den Folgen einer oder mehrerer Impfungen, die man ihnen über Wochen und Monate intensiv eingeredet hat. Sie sitzen im Rollstuhl, können kaum noch aufstehen, leiden an Muskelzucken und Herzbeschweren, sind arbeitsunfähig und vieles mehr. Die Liste der Impfschäden wird immer länger.

Die Europäische Arzneimittel-Agentur (EMA) listet 2 179 125 personenbezogene Verdachtsfall-Reports (ADR) mit rund 7,5 Millionen einzelnen Nebenwirkungen zu den Coronaimpfstoffen (Stand 28. Januar 2023) auf.[5] Über 40 Prozent davon (878 154 Fälle) sind als »schwer« kategorisiert. Es gab 27 545 Verdachtsfälle mit Todesfolge, 13 622 Todesfälle allein bei Biontech. Und das, obwohl nur wenige Verdachtsfälle auch tatsächlich gemeldet wurden. Die österreichische Pharmaziegesellschaft Pharmig hat den Anteil der erfassten tatsächlichen Verdachtsfälle im Zusammenhang mit einer Coronaimpfung mit 6 Prozent beziffert.[6] Der Mediziner und Autor Hannes Strasser schätzt die Zahl der von Nebenwirkungen betroffenen Menschen allein in Europa auf bis zu 30 Millionen.[7]

Unzählige Menschen in Europa leiden an den Folgen einer Impfung, zu der sie über Monate massiv gedrängt und oftmals gezwungen worden sind. Von Politikern, Behörden, Ärzten, Institutionen, Experten, Prominenten, Wissenschaftlern, Journalisten, den Kirchen, der sogenannten Zivilgesellschaft und viele auch von ihren Arbeitgebern. Der politische und gesellschaftliche Druck war enorm und wurde im Verlauf der Pandemie kontinuierlich erhöht. Die Propaganda und Desinformation nahmen ein unerträgliches Ausmaß an, die Maßnahmen der Regierung waren zum Teil autoritär und unverantwortlich.

Der Impfstoff, der vor einem neuen Virus schützen sollte und der innerhalb weniger Monate entwickelt worden war, habe keine Nebenwirkungen, sei auch für Kinder und Schwangere unbedenklich, versprachen Experten, Behörden und Journalisten. Auch Gesundheitsminister Karl Lauterbach versicherte mehrfach, dies würde »die gesamte Wissenschaft der Welt«[8] so sehen. Dass die Impfung unbedenklich sei, behaupteten ebenfalls aus TV und Presse bekannte Meinungsmacher, die das überhaupt nicht wissen konnten, weil sie, so wie rund 99 Prozent der Bevölkerung, Laien auf diesem Gebiet waren. Sie wussten über diesen neuen Impfstoff in der Regel noch weniger als die von ihnen verachteten »Schwurbler«, die sich vielmehr bemühten, möglichst viele Informationen aus unterschiedlichen Quellen zu sammeln. Im Gegensatz zu den »Aluhüten« plapperten die meisten Prominenten, Journalisten und anderen Meinungsmacher nur nach, was ihnen Politik und Pharmaindustrie vorsetzten.

Die Pharmakonzerne wollten mit ihren Impfstoffen möglichst schnell auf den Markt kommen, um das große Geld zu machen. Dabei wurden vermutlich auch Studien- und Testergebnisse manipuliert, Nebenwirkungen und sogar Todesfälle vertuscht. »Die vielen Ungereimtheiten bei der Pfizer-Zulassungsstudie«,[9] titelte etwa die *Welt* Anfang 2023, und *OE24* schrieb: »Coronaimpfstoff: Biontech/Pfizer verheimlichte Todesfälle bei Zulassungsstudie.«[10]

Was das politmediale Establishment den Bürgern als Gewissheiten, Fakten, evidenzbasiert und unbedenklich verkauft hatte, dem fehlte in vielen Fällen die wissenschaftliche Grundlage. Es waren in der Regel politische Schnellschüsse, Vermutungen und oftmals auch Lügen, mit denen man ganz andere Ziele verfolgte, als eine Pandemie einzudämmen, die Sterbezahlen niedrig zu halten und die Gesundheit der Bürger zu schützen. Man wollte die Pandemie unter anderem dazu nutzen, die Infrastruktur für einen Kontroll- und Überwachungsstaat auszubauen und etwa mit dem digitalen Impfnachweis am Handy, dem »Grünen Pass« in Österreich und den unterschiedlichen Corona-Warn- und Corona-Tracing-Apps (Luca-App etc.) die Akzeptanz für solche Überwachungssysteme in der Bevölkerung erhöhen. »Weitreichende Überwachung, wenig Wirkung«,[11] so das IT-Fachmagazin *Golem.de* über solche Apps. Und der Geschäftsführer der Betreiberfirma der Luca-App sagte in einem Interview: »[Wir] wollen den Prozess der Prüfung von Nachweisen für Restaurants und Veranstalter vereinfachen. […] Seit einiger Zeit muss man zusätzlich zum Impf- oder Genesenenausweis auch den Personalausweis oder Pass vorzeigen. Das wollen wir in Luca auch einfach zusammenführen. Dann muss man vielleicht bald nur noch sein Handy zeigen.«[12] Krisensituationen bedeuten immer auch gesellschaftliche Veränderungen und Umbrüche, wo vieles infrage gestellt und möglich wird. Diese Rahmenbedingungen wollten Regierungen, Globalisten, Transhumanisten, Sozialisten und Pharmakonzerne für ihre Ziele nutzen. Die Bekämpfung der Seuche war oftmals nur Vorwand oder Nebenaspekt, das Krisenmanagement und die Erfolge bei der Eindämmung der Pandemie waren entsprechend unterirdisch und die Kollateralschäden hoch.

Obwohl jeder, der es wollte, sah, dass »der Kaiser nackt war«, welche Ziele das politmediale Establishment mit seiner Coronapolitik verfolgte, regte sich in Medien, Wissenschaft und Zivilgesellschaft wenig Widerstand. Sie alle stützten – aus unterschiedlichen Motiven – das offizielle Coronanarrativ und die Coronapolitik.

Ein neuartiger Impfstoff, ohne ausreichende Studien, Tests und Erfahrungen, der im Eiltempo auf den Markt geworfen und von der EU nur eine »bedingte Zulassung«[13] erhalten hatte, wurde den Bürgern als erste Impfung der Welt angepriesen, die keine Nebenwirkungen habe – das wurde tatsächlich behauptet. Das ist nicht nur mit dem distanzierten Blick aus heutiger Perspektive völlig verrückt, das war auch schon damals, in dieser von Politik und Medien vergifteten Atmosphäre, extrem verantwortungslos. Je länger die Pandemie und die Coronahysterie zurückliegen, je schwieriger sich die Folgen des Impfwahns noch relativieren lassen, weil immer mehr Daten und Fakten an die Oberfläche kommen, die das offizielle Coronanarrativ widerlegen, je mehr die damaligen Wahrheiten als Lügen entlarvt werden, desto mehr zeigt sich das Ausmaß der Verantwortungslosigkeit der Regierenden und ihrer Helfershelfer und desto mehr zeigt sich, wie monströs ihr Handeln oftmals war. Wo blieb der mediale Aufschrei, als Karl Lauterbach behauptete, die Coronaimpfung hätte keine Nebenwirkungen? Jetzt, nachdem viele an den Folgen dieser Impfung leiden, schreibt *Der Spiegel* lapidar: »Keine Wirkung ohne Nebenwirkung«.[14]

Wie auch die eingangs erwähnte Studie bestätigt, war die Therapie gefährlicher und tödlicher als die Krankheit, wenn man die Kollateralschäden von Lockdowns, Impfungen, Ausgangssperren, Isolation etc. in Rechnung stellt. So belegen aktuelle Studien,[15] dass Funktionsstörungen des Herzens nach einer mRNA-Impfung weitaus häufiger auftreten als lange angenommen. Im Schutz der Coronaherde und mit dem Hinweis auf die zur Religion erhobene respektive degradierte Wissenschaft fühlten sich die politisch Verantwortlichen und deren Helfershelfer mit ihrem Framing und dem Verbreiten von Halbwahrheiten sicher. Man gab sich gegenseitig argumentativen Feuerschutz, war von Gleichgesinnten umgeben.

Der Großteil der Verantwortungsträger und Bürger hielt sich, wie schon öfter in der jüngeren deutschen Geschichte, an die Weisheit: Lieber mit der Mehrheit irren, als gegen sie recht zu haben. Politiker, Journalisten und Experten bestätigten und bestärkten sich in ihrer Haltung, verdammten jeden kritischen Einwand und Widerspruch als Schwurbelei und Verschwörungstheorie. Man schloss sich in seiner Coronaechokammer ein, hörte nur noch, was man hören wollte.

Alle relevanten politischen und meinungsbildenden Kräfte des Landes verbreiteten das Schreckensnarrativ vom todbringenden Virus, das nur mit restriktiven und alternativlosen Maßnahmen zu bekämpfen sei. Ein großer Teil der Bürger hat dieser offiziellen Darstellung geglaubt – wollte sie glauben –, viele beteiligten sich auch aktiv daran, sie zu verbreiten. Die Angstkulisse, die damals von Politik, Medien und sogenannten Experten geschaffen wurde, war tatsächlich für viele Bürger Furcht einflößend. Man erzeugte von Anfang an gezielt Panik, spielte mit einer Urangst der Menschen, dem qualvollen Ersticken, und drohte mit einem Massensterben. Experten prognostizierten 40 Millionen Tote weltweit[16], und in Österreich sagte der damalige Bundeskanzler Sebastian Kurz im März 2020: »Bald wird jeder von uns jemanden kennen, der an Corona gestorben ist.«[17]

Viele Bürger lebten ob solch dunkler Prognosen jahrelang in Todesangst, kapselten sich von der Außenwelt ab, mieden soziale Kontakte, selbst zu ihren engsten Angehörigen. Vor allem alte Menschen wurden aufgrund von Kontaminations- und Todesängsten sowie der strengen Isolationsmaßnahmen in Pflegeheimen und Spitälern alleine gelassen, Kinder durften nicht in die Schule, Unternehmen wurden geschlossen, die Wirtschaft wurde heruntergefahren, das soziale Leben auf ein Minimum reduziert. Für eine Krankheit, die nicht tödlicher als eine saisonale Grippe ist.

Und wozu? Wer Menschen in Angst, ja in Todesangst versetzt, kann sie leicht steuern und manipulieren, kann sich als Retter in der Not und als unverzichtbarer Helfer inszenieren. Das politmediale Establishment nutzte Angst als politisches Steuerungsinstrument und nahm die Schäden, die man damit bei den Menschen verursachte, billigend in Kauf: »Bereits die Sorge vor einer Coronainfektion kann zu psychischen Beeinträchtigungen führen«,[18] heißt es im bayerischen Psychiatriebericht. Ein dauerhafter Angstzustand und die strengen Coronaregeln haben bei vielen Menschen zu psychischen Problemen geführt. In dem Psychiatriebericht heißt es weiter: »Für über 75-Jährige ist die Angst vor einer Infektion teils regelrecht zu einer Todesangst geworden. Die Betroffenen können sich oftmals niemandem mitteilen und quälen sich mit der Erwartung, wegen Corona allein zu sterben.«[19] Wie viel Leid, Ängste und Qualen ihre verfehlte Coronapolitik und Propaganda verursacht hat, muss den dafür Verantwortlichen in Politik, Medien, staatlichen Gremien etc. in einem öffentlichen Aufarbeitungsprozess vor Augen geführt werden. Das ist auch eines der Ziele dieses Buches, das über 400 Zitate von Journalisten, Ärzten, Politikern, Wissenschaftlern, Kirchenvertretern und Prominenten enthält.

Verheerende Folgen hatte das politische Spiel mit der Angst auch für Kinder und Jugendliche. Während des zweiten Lockdowns ist die Zahl der Suizidversuche in der Bevölkerungsgruppe junger Menschen stark gestiegen.[20] Nur ein kleiner Teil der Gesellschaft konnte und wollte sich nicht vor dem für sie errichteten Coronapopanz fürchten, sah die strengen Maßnahmen mit Skepsis, betrachtete die Pandemie von Anfang an als das, was sie war: eine durchaus gefährliche Krankheit; aber keine, die solche unverhältnismäßigen Maßnahmen rechtfertigten würde. Auch die täglichen Horrormeldungen, die vielen Zahlen von Hospitalisierten, Infizierten, 7-Tage-Inzidenzen, die ohne entsprechende Vergleiche und Kontextualisierung wenig Aussagekraft hatten und haben und die Bürger permanent in Angst halten sollten, die einseitigen Berichte von Intensivmedizinern und die angeblich immer tödlicheren Varianten des Coronavirus (Omikron, Delta, XBB.1.5n etc.), nichts davon konnte sie auf den richtigen Kurs bringen. Damit gefährdeten sie die Angststrategie, das Coronanarrativ und den Umbau der Gesellschaft – Stichwort Great Reset –, weshalb man sie zum Feindbild und Sündenbock machte.

Der Preis dafür, seine Meinung offen auszusprechen, wurde im Verlauf der Pandemie immer weiter nach oben geschraubt. Viele bezahlten ihre kritische Haltung und das Beharren auf Meinungsfreiheit mit dem Verlust des Jobs. Tausende berufliche und soziale Existenzen wurden zerstört, nur weil die Betreffenden ihre Grundrechte in Anspruch genommen hatten. Die Impfung wurde den Bürgern als »Gamechanger« und einzige Rettung vor dem großen Massensterben verkauft. Sie war laut offizieller und medialer Darstellung so alternativlos wie auch die Massenzuwanderung, die Energiewende und viele andere für Linke und Globalisten zentrale Zukunftsprojekte. Alternativlos ist nur ein Euphemismus für autoritär beziehungsweise totalitär. In einer Demokratie und einer freien Gesellschaft sind politische Entscheidungen niemals alternativlos, dürfen den demokratischen Entscheidungsprozessen nicht entzogen werden. Bei den Coronamaßnahmen passierte genau das, mit dem Hinweis, dass diese Not- und Krisensituation solche autoritären Maßnahmen unumgänglich machen würde. Für Diskussionen und andere demokratische Prozesse habe man ob der Dringlichkeit der Lage einfach keine Zeit. Damit hat man jede Diskussion, Abstimmung und kritische Auseinandersetzung abgewürgt. Wer trotzdem auf eine offene Diskussion, auf Mitbestimmung und eine Abwägung von Nutzen und Risiken der verordneten Maßnahmen bestand, wurde als Gefährder und Staatsfeind eingestuft. Coronamaßnahmen wurden vielfach wie Gottesurteile in einem Gottesstaat verkündet und umgesetzt. Wer sich den Regeln und Verordnungen nicht unterwarf, wurde verfolgt und bestraft. Dabei konnten sich die Coronahardliner auf die breite Unterstützung aus dem Volk verlassen. Für viele Bürger waren die Maßnahmen und Strafen viel zu lau. Sie fühlten sich in der neuen Normalität mit Impfdruck, Maskenpflicht, Lockdowns, Isolation, Testzwang und einrichtungsbezogenen De-facto-Impfpflichten wohl. Viele empfanden dieses neue staatliche und gesellschaftliche Umfeld mit seinen strengen Sicherheits-, Überwachungs- und Kontrollsystemen attraktiver als die alte, freie Gesellschaft. Zumal die Regierung ihren Coronauntertanen unablässig versicherte, dass all die Maßnahmen und Einschränkungen auf Erkenntnissen »der« Wissenschaft beruhten.

Die Wissenschaften wurden während der Pandemie zu einer Institution, die mit einer Stimme sprach, eine Meinung vertrat, und die wie ein Richter oder Priester verbindliche Urteile fällte. Die Wissenschaft war nicht länger ein System aus konkurrierenden Wissenschaftlern und Theorien, sondern ein einheitlicher Komplex. Menschen, die nie einen Hörsaal von innen gesehen haben, beriefen sich plötzlich voller Überzeugung auf »die« Wissenschaft und verdammten jene als wissenschaftsfeindlich, die am »alten« Wissenschaftsbild festhielten. Als letzte Bastion von Wahrheit und Erkenntnis in einer weitgehend atheistischen Welt wurde die Wissenschaft, wie viele andere Institutionen, Einrichtungen und Kontrollmechanismen auch, während der Pandemie für politische Zwecke missbraucht. Und die meisten Wissenschaftler und Ärzte ließen sich missbrauchen.

Sie degradierten sich aus Feigheit, Opportunismus, monetären Gründen oder Geltungssucht zu Handlangern der Politik, lieferten, was von ihnen erwartet wurde. Dafür wurden sie mit Medienpräsenz, Aufmerksamkeit und Bekanntheit belohnt. Plötzlich wurden Forscher in Disziplinen, die unter normalen Umständen von der Öffentlichkeit weitgehend unbeachtet sind, zu »Starvirologen«, zu gefragten TV-Experten, die von Talkshow zu Talkshow, von Nachrichtensendung zu Nachrichtensendung herumgereicht wurden. Und auch viele fachfremde Wissenschaftler, Physiker, Verkehrsplaner, Ökonomen, Klimatologen, Komplexitätsforscher etc. nutzten die Gunst der Pandemie, um sich mit ihrer Meinung der Obrigkeit anzudienen, um ihr vorzurechnen, welch positive Wirkung Masken, Impfungen oder Lockdowns für die Gesellschaft hätten. Der französische Soziologe Pierre Bourdieu bezeichnet solche »Experten« als »manipulierte Manipulatoren«, weil sie vom Establishment ausgesucht und eingesetzt werden, damit sie mit ihren Expertisen die politischen Entscheidungen wissenschaftlich untermauern und so legitimieren. Die Politik wählte sich während der Pandemie ihre Experten und wissenschaftlichen Berater vor allem nach politischen Kriterien aus. Ihre tatsächliche Fachkompetenz und ihre Reputation als Wissenschaftler waren zweitrangig. In der österreichischen Gesamtstaatlichen COVID-Krisenkoordination (GECKO) saß mit Ingrid Brodnig etwa eine linkslinke Jungjournalistin, deren Expertentum in Sachen Corona darin bestand, tendenziöse Texte über Rechte und Verschwörungstheoretiker zu schreiben.

Wer hingegen die Coronapolitik hinterfragte und die zentralen Aussagen »der« Wissenschaft zu Corona anzweifelte, wurde aus der Wissenschaftscommunity verstoßen, zum »umstrittenen« Forscher erklärt und landete als »Schwurbler« auf dem Scheiterhaufen der öffentlichen Meinung. Wissenschaft war plötzlich ein Instrument der Politik. Man hat diese zentrale Säule der westlichen Gesellschaft schwer beschädigt. Vieles von dem, was unsere freie, aufgeklärte, demokratisch verfasste Gesellschaft auszeichnet, wurde während der

Pandemie zerstört. Freiheit, einer der zentralen Werte unserer Kultur, wurde zum Schmähwort, wurde mit Egoismus und Rücksichtslosigkeit gleichgesetzt. Freiheit wurde für viele Geimpfte und Geboosterte, die sich aus »Sicherheitsgründen« mit Maske und Desinfektionsmittel in den Coronakäfig eingeschlossen hatten, zu einer tödlichen Bedrohung. Frank Ulrich Montgomery, Chef des Weltärzteverbandes, geißelte den »falschen Freiheitsfetisch«, und Boris Palmer, der Oberbürgermeister von Tübingen (Grüne), konstatierte: »Wer für Freiheit ist, kann logisch nicht gegen Impfen sein.«[21]

»Wahre« Freiheit wurde plötzlich umgedeutet in »Sich-dem-Kollektiv-unterwerfen«. Der Kolumnist der Tageszeitung *Der Standard* Hans Rauscher: »Die persönliche Freiheit des Einzelnen hat Grenzen, die durch das Allgemeinwohl gezogen werden.«[22] Während der Pandemie hatte die persönliche Freiheit gar keine Grenzen, weil sie nicht mehr existierte. Es war erschreckend, mit wie viel Begeisterung viele Menschen auf ihre persönliche Freiheit verzichtet, ihre Gesundheit und ihr Leben dem Staat blind anvertraut haben. Freiheit, egal ob die der Meinung, Presse, Religionsausübung oder die körperliche Selbstbestimmung, all diese elementaren Rechte wurden ohne breite öffentliche Diskussion auf dem Coronaaltar geopfert. In Diktaturen jeglicher Ausprägung und autoritären Systemen gilt der Einzelne nichts, das Kollektiv steht, egal ob als Rasse, Klasse, Rechtgläubige oder Geimpfte, über dem Individuum.

Die Bürger haben Freiheit, Demokratie und Bürgerrechte im Tausch gegen eine Sicherheit aufgegeben, die der Staat nie gewährleisten konnte. Das politmediale Establishment hat die Pandemie benutzt, um den Staat und die Gesellschaft nach seinen Vorstellungen umzubauen. Das ist ein simples Prinzip: Eine reale oder inszenierte Krise erfordert alternativlose, schnelle und tiefgreifende Maßnahmen, die auch den Rahmen von Demokratie und Rechtsstaat sprengen dürfen und die man, sind sie einmal eingeführt, zur dauerhaften Regel werden lässt. So ist jede neue Krise ein Schritt weg von Demokratie und Selbstbestimmung, hin zu einem allmächtigen Kontroll- und Überwachungsstaat. Die Macht, die der Staat während der Pandemie an sich gerissen hat, gibt er ohne Druck von unten nicht mehr ab. Diese Verschiebung der Kräfteverhältnisse von den Bürgern hin zum Staat ist dauerhaft, viele der entstandenen Schäden an der Demokratie und dem gesellschaftlichen Bewusstsein sind irreversibel. Die alte Normalität wird nicht mehr zurückkommen, freute sich ein Tagesschaukommentator der ARD nach Beginn der Pandemie, und der Deutschlandfunk höhnte, Normalität sei nur ein »populistischer Sehnsuchtsort«.[23]

Wie konnte es so weit kommen? Warum haben die demokratischen Kontrollmechanismen versagt? Die Medien als »Vierte Gewalt«, die Gerichte als Wächter der Verfassung, die Kirchen als Verkünder der Nächstenliebe, die Zivilgesellschaft als Schützer der Menschenrechte, die Experten als unabhängige Vermittler von Wissen, die Politiker als Vertreter des Volkes?

Von dem bekannten österreichischen Journalisten Robert Hochner (1945–2001) stammt das Zitat: »Die Rache der Journalisten an den Politikern ist das Archiv.« In diesem Buch geht es allerdings nicht um Rache, sondern darum, zu dokumentieren und aufzuzeigen, wie es so weit kommen konnte. Wer ganz konkret mitgemacht hat, wer Täter, Profiteur, Mitläufer, Brandstifter und Claqueur war. Wie schnell unter bestimmten Voraussetzungen ein demokratisches System in ein autoritäres kippen und die Mitte der Gesellschaft verrohen kann. Wie schnell Werte wie Toleranz, Freiheit oder Mitbestimmung, die die Gesellschaft und ihre Institutionen jahrelang plakativ hochgehalten haben, bei einer nur mäßigen Gefahr mit Füßen getreten werden.

Was Politiker, Journalisten und andere sogenannte moralische Instanzen über Demokratie und Freiheit in ihren Sonntagsreden verkündet haben, waren vielfach nur Lippenbekenntnisse. Das ist eine der Lehren aus der Coronapandemie. Das vorliegende Buch dokumentiert und kommentiert, wie sich die verantwortlichen Politiker, Experten und anderen Personen des öffentlichen Lebens während der Pandemie verhalten, was sie gesagt, wie sie agiert haben. Ihre Aussagen in Buchform für die Nachwelt festzuhalten ist wichtig, weil das Internet kein verlässlicher Wissensspeicher, keine verlässliche historische Quelle ist. Was im Netz, in der Cloud und anderswo digital gespeichert ist, hat keinen Bestand, kann und wird nach Bedarf gelöscht, geändert und manipuliert. Bei den Recherchen zu diesem Buch stieß der Autor immer wieder auf die Meldung »404 Not Found«, sprich: Diese Seite wurde zwischenzeitlich gelöscht, ihr Inhalt existiert nicht mehr. So hat etwa die *Welt* einen Onlineartikel über die verbalen Entgleisungen von Prominenten und Politikern gegenüber Ungeimpften aus dem Netz genommen, nachdem er in sozialen Medien große Verbreitung gefunden hatte. Auf Nachfrage der *Jungen Freiheit* bestätigte man die Löschung. Der Text habe – so die Ausrede – nicht den »Qualitätskriterien« entsprochen.[24]

Auch die linkslastige Onlineenzyklopädie *Wikipedia* ist keine verlässliche und brauchbare Informationsquelle. Die woken und anonymen Autoren passen die Inhalte, sprich die Vergangenheit, stets dem linken Zeitgeist und den aktuellen politischen Erfordernissen an, so wie es George Orwell in seiner Dystopie *1984* beschrieben hat: »Wer die Vergangenheit kontrolliert, kontrolliert die Zukunft. Wer die Gegenwart kontrolliert, kontrolliert die Vergangenheit.«

Auch das verdienstvolle Projekt des Journalisten Burkhard Müller-Ullrich, der auf Ich-habe-mitgemacht.de Hunderte von Zitaten im

Zusammenhang mit der Coronapandemie gesammelt hat, und dessen Zusammenstellung auch eine Quelle für dieses Buch war, kann, wenn es Politik und Behörden wollen, jederzeit vom Netz genommen werden. Zumal gegen den Betreiber eine regelrechte Hetzkampagne gestartet wurde. Man wirft ihm vor, Menschen an den Pranger zu stellen, gegen sie Stimmung zu machen. Seine Zitatensammlung im Internet wurde von den Mainstreammedien als »Hass-Seite«[25] beschimpft. Der Bayerische Rundfunk schreibt über die Internetseite: »Warum Coronaleugner immer noch Hass säen.« Und weiter: »Mit dem Wegfall fast aller Coronaschutzmaßnahmen sollte eigentlich Ruhe einkehren.«[26]

Darum geht es jenen, die während der Pandemie gegen Maßnahmenkritiker und Ungeimpfte gehetzt, sie beschimpft, diskriminiert und entmenschlicht haben. Jetzt soll ohne Aufarbeitung Ruhe einkehren, als ob nichts geschehen, niemandem Unrecht zugefügt worden wäre. Schwamm drüber.

Die Hetzer und Spalter von damals wollen nicht, dass das, was sie im Eifer des Coronagefechts geschrieben, gepostet und gesagt haben, archiviert, dokumentiert und analysiert wird. Jene, die während der Pandemie die strengsten Maßnahmen gefordert, die Maßnahmenkritiker ausgegrenzt, zur Gewalt gegen sie aufgerufen und Ungeimpften den Tod gewünscht haben, versuchen nun, nachdem neue Erkenntnisse zu der Krankheit und den Impfungen das Meinungsklima zu drehen drohen, ihre (digitalen) Spuren zu verwischen. Sie versuchen das offizielle Coronanarrativ aufrechtzuerhalten. Da sie über die Deutungshoheit in unserer Gesellschaft verfügen, an den Schalthebeln der Macht sitzen, die Gatekeeper der Mainstreammedien sind und so die öffentliche Debatte bestimmen können, gelingt ihnen das nach wie vor ganz gut. Parallel dazu versuchen sie ihre eigene Rolle während der Pandemie herunterzuspielen und ihre Spuren zu verwischen. Viele widerliche, verhetzende und verletzende Twitter-Postings, Facebook-Einträge, Blog-Artikel und YouTube-Videos sind längst gelöscht und viele Mediatheken gesäubert worden.

Das funktioniert deshalb gut, weil alle relevanten gesellschaftlichen Kräfte mitgemacht und deshalb kein Interesse an einer ehrlichen Aufarbeitung der Pandemiejahre haben. Im Nachhinein will niemand an den Coronaexzessen, und dieser Ausdruck ist nicht überzogen, wie Sie nach der Lektüre dieses Buches feststellen werden, beteiligt gewesen sein. Viele der Coronahardliner behaupten jetzt, man habe es damals nicht besser wissen können. Doch, hätte man. Da verlangten Politiker, etwa der Landeshautmann von Kärnten, Geimpfte sollten gelbe (!) Bänder tragen, damit man Ungeimpfte von Geimpften sofort und jederzeit unterscheiden könne. Man erklärte normale Bürger, die sich keinen der umstrittenen Impfstoffe injizieren lassen wollten, zu Terroristen, Geiselnehmern, Todesengeln und Asozialen. Ungeimpfte wurden, als hätte man nichts aus den Verbrechen der Diktaturen des 20. Jahrhunderts gelernt, als Schädlinge beschimpft, man versuchte sie zu pathologisieren, als Wirrköpfe und Geisteskranke abzustempeln.

Jene Gesetze, die Personen und Gruppen vor solchen Hassattacken und verbaler Gewalt schützen sollen, wurden während der Pandemie von Politikern und Behörden ignoriert, de facto außer Kraft gesetzt. Wer Kritiker der Coronamaßnahmen entmenschlichte, indem er sie mit Tieren oder Krankheiten verglich, wer zu Gewalt gegen sie aufrief, hatte keine Konsequenzen zu befürchten. Politik, Medien und Justiz schauten weg und stachelten damit die niederen Instinkte und den Hass, die in jeder Gesellschaft latent vorhanden sind, erst so richtig auf. Man ermutigte Denunzianten, verkappte Blockwarte und andere zwanghafte Charaktere. Sie hatten endlich freie Bahn, um ihre schädlichen Neigungen unter dem Applaus des Mainstreams auszuleben. ZDF-»Satiriker« Jan Böhmermann twitterte: »Gespaltene Gesellschaft ist scheißegal, solange alle geimpft sind.«[27] Die moralischen Instanzen in Politik, Kirchen und Kultur, die sich sonst gewohnheits- oder berufsmäßig um Frieden, Toleranz und Demokratie sorgen, blieben stumm oder beteiligten sich an dieser gesellschaftlichen Treibjagd.

Im Anhang dieses Buches finden sie ein Coronaschimpfwörterbuch mit zahlreichen abwertenden, menschenverachtenden, beleidigenden und verhetzenden Bezeichnungen, mit denen ganz normale Bürger, deren einziges Vergehen eine andere Meinung war, damals bedacht worden sind. Diese Auflistung veranschaulicht, wie tief der Hass war, der da an die Oberfläche der Gesellschaft gespült wurde, und wie wichtig es ist, diesen Hass der »Guten« und politisch Korrekten zu dokumentieren und analysieren. Zumal sie es sind, die Hass und Hetze immer nur bei ihren politischen Gegnern ausmachen können.

Von Politikern, Medien und Promis aufgehetzt und mit der Gewissheit, dass Impfgegner quasi vogelfrei sind, schaukelte sich der Hass des Coronamainstreams immer weiter auf. Wäre er gegen andere Gruppen und Minderheiten gerichtet gewesen, hätte das für Schlagzeilen, bundesweite Empörung, staatsanwaltschaftliche Ermittlungen und politische Krisensitzungen gesorgt. Im Fall der Maßnahmenkritiker wurde er nicht nur geduldet, er war erwünscht, geradezu eine Bürgerpflicht. Altbundespräsident Joachim Gauck beschimpfte Maßnahmenkritiker als »Bekloppte«.

Sogar Nazi-Jargon wurde salonfähig. Im öffentlich-rechtlichen Rundfunk wurden Kritiker der Coronamaßnahmen als »Blinddarm« bezeichnet, und ein prominenter Interviewgast verkündete unter dem Gelächter einer RBB-Journalistin, dass die Pandemie erst vorbei sei, wenn die Impfgegner »ausgerottet seien«. Was für ein Spaß. Im Coronadeutschland wurde von Menschen als Schädlingen gesprochen, und eine Werbeagentur kreierte den Slogan: »Querdenker müssen sterben«. Gewaltfantasien und -aufrufe wurden notdürftig als Satire getarnt oder mit Wortspielen camoufliert.

Und man fragt sich, was geschehen wäre, wenn das Coronavirus nur halb so gefährlich und tödlich gewesen wäre wie vom Mainstream behauptet, wenn die harmlosen Coronavarianten die Pandemieerzählung nicht nach rund 3 Jahren, sondern erst nach 5 oder 6 Jahren beendet hätten. Selbst in dieser für politische Umwälzungen kurzen Zeitspanne wurden Menschen zu Bürgern zweiter Klasse degradiert, wurden Demonstrationen verboten, galten die Menschenrechte nicht mehr ungeteilt. Faschistische Denkmuster und Strukturen traten an die Oberfläche und verfestigten sich, vor allem in jenen gesellschaftlichen Schichten, in denen der Kampf gegen rechts und der Antifaschismus den Kern des politischen Bewusstseins und Selbstverständnisses bilden.

Es ist wichtig zu dokumentieren, wie schnell eine Demokratie trotz aller Schutzmechanismen in ein autoritäres System abzugleiten droht, wie schnell scheinbar aufrechte Demokraten zu Faschisten und Tolerante zu Hassern werden können, wie schnell Pazifisten nach Polizeistaatmethoden rufen, wie schnell die Freiheit des Einzelnen auf dem Altar des Kollektivismus und der Volksgesundheit geopfert wird. Dafür reichten eine bestimmte politische Konstellation und ein Krankheitserreger aus, der nicht tödlicher als das jährlich wiederkehrende Grippevirus war. Einiges, was dieser »schwarze Schwan«, diese Krise in Staat und Gesellschaft, ausgelöst hat, erinnert an die überwunden geglaubten totalitären Ideologien des vergangenen Jahrhunderts. Nein, man kann die Zeit der Coronapandemie nicht mit den dunklen Jahren des Nationalsozialismus oder mit dem Stalinismus vergleichen. Erstaunlich ist aber, wie schnell sich vor allem in Deutschland und Österreich faschistische Denkmuster in allen Bereichen der Gesellschaft abgezeichnet haben, obwohl die Gräuel der Vergangenheit hier seit Jahrzehnten intensiv aufgearbeitet werden.

Der Autor zeigt auf, wer während der Pandemiejahre die Feinde der Freiheit waren und wer Demokratie und Rechtsstaat gefährdet hat. Das in gedruckter Form festzuhalten ist wichtig, denn je länger die Pandemie zurückliegt, desto mehr Verantwortliche und Mitläufer werden die Seiten wechseln: »Je länger das Dritte Reich tot ist, umso stärker wird der Widerstand gegen Hitler und die Seinen«, konstatierte der Journalist Johannes Gross. Ähnliches dürfte auch auf die Coronapandemie zutreffen: Je größer der zeitliche Abstand zur Pandemie, desto weniger Menschen werden die Coronamaßnahmen mitgetragen und befürwortet haben, desto größer wird der Widerstand gegen sie gewesen sein. Schon jetzt versuchen viele Politiker, Experten und Promis ihre eigene Rolle während der Pandemie als möglichst unbedeutend darzustellen. Oder sie behaupten, sie hätten es damals nicht besser wissen können. Oder sie versuchen den Schwarzen Peter anderen zuzuschieben. So hat der österreichische Bundeskanzler Karl Nehammer nach der Pandemie betont: »Wir waren expertenhörig, nun sollen Experten erklären, warum sie zu diesen Entscheidungen gekommen sind.«[28]

Die angesprochenen Experten und Regierungsberater spielten den Ball empört zurück und betonten, sie hätten nur beraten, die Entscheidungen hätte die Politik allein getroffen und damit auch allein zu verantworten. »Ein skandalöser Sager, der vom Missverständnis der Rolle der Experten zeugt. Politiker – und nur diese – entscheiden«,[29] so der Molekularbiologe und Coronaexperte Ulrich Elling.

Mein Name ist Hase … Die Protagonisten der Coronapandemie wollen nun die Schuld und Verantwortung auf den jeweils anderen abwälzen.

Auch Gesundheitsminister Karl Lauterbach versuchte nach der Pandemie etwa die langen Schulschließungen »der« Wissenschaft anzulasten. Im ARD-Morgenmagazin sagte er: »Damals war die Wissenschaft in Deutschland: Die Schulen müssen geschlossen werden, weil es dort zu Übertragungen kommt.«[30] Weil weder die Politik noch die Experten und all die anderen, die die Coronapolitik mitgetragen haben, an einer öffentlichen Aufarbeitung der Pandemie interessiert sind, sind Bücher wie das vorliegende wichtig. Die Wunden können nur heilen, die Spaltung der Gesellschaft nur beendet werden, wenn die Verantwortlichen ihre Fehler eingestehen, ehrliche Reue zeigen, sich entschuldigen und alle, die anderen wissentlich Schaden zugefügt haben, auch strafrechtlich zur Verantwortung gezogen worden sind. Pro-forma-Entschuldigungen à la »Wir alle haben Fehler gemacht« oder »Keiner ist unfehlbar« und die Taktik, kleine Fehler einzugestehen, um die großen zu vertuschen, vertiefen nicht nur die Gräben in der Gesellschaft, sondern tragen auch dazu bei, dass sich Bürger und das politmediale Establishment noch weiter voneinander entfernen und die tragenden Teile unserer Gesellschaft noch morscher werden. Zumal das politmediale Establishment auch in Zukunft nicht auf jene Methoden und Instrumentarien verzichten wird, die man während der Pandemie entwickelt, angewandt und perfektioniert hat. Man möchte jene autoritären Strukturen, die während des Coronanotstandes geschaffen wurden, dauerhaft aufrechterhalten, das politische System transformieren. Dafür hat zum Beispiel in Österreich die Regierung das »Krisensicherheitsgesetz« beschlossen. Mit diesem Gesetz kann sie künftig quasi auf Knopfdruck die Grundrechte und die demokratischen Entscheidungsprozesse einschränken. Dauerhaft.

Die »Rechtsanwälte für Aufklärung« schreiben über das Krisensicherheitsgesetz: »Der Begriff ›Krise‹ ist nicht näher definiert. Er wird bloß mit weiteren schwammigen Begriffen umschrieben. Es gibt keine klaren Kriterien. Das gibt dem Gesetzesanwender – beziehungsweise der Regierung, die die Macht darüber hat, ob eine ›Krise‹ deklariert wird – weiten Spielraum. Aus fast jeder potenziellen Bedrohung jeder Art könnte eine ›Krise‹ konstruiert werden. Beispiel: der drohende Klimawandel. […] Somit wäre der Willkür Tür und Tor geöffnet. Wird eine Krise ausgerufen, können parlamentarische und rechtsstaatliche Abläufe ausgeschaltet werden.«[31]

Ähnliche Bestrebungen gibt es überall auf nationaler und internationaler Ebene. Die Pandemie war ein Hebel, um die Transformation der westlichen Gesellschaften, wie sie unter anderem der Chef des Weltwirtschaftsforums Klaus Schwab in seinem Buch *COVID-19: Der große Umbruch* skizziert hat, in Gang zu setzen. Deshalb ist es wichtig zu dokumentieren, wie es dazu kommen konnte. In diesem Buch finden sie rund 400 Zitate von Ärzten, Wissenschaftlern, Politikern, Journalisten, Kirchenvertretern, TV-Promis und anderen Personen des öffentlichen Lebens, die anschaulich zeigen, wie man die damaligen Maßnahmen gerechtfertigt und begründet, Kritiker diffamiert hat. Wer gegen die »Covidioten« gehetzt hat, wer Ungeimpfte wegsperren oder ihnen die medizinische Behandlung verweigern wollte etc. Hier finden sie das ganze Spektrum von Überzeugungstätern, Trittbrettfahrern, Opportunisten, Profiteuren und nützlichen Idioten. Alle in diesem Buch zitierten Aussagen wurden von den betreffenden Personen in Interviews, TV-Talkrunden, auf Blogs, in sozialen Medien, auf Pressekonferenzen oder bei Ansprachen getätigt. Sie waren also für die Öffentlichkeit bestimmt. Dieses Buch verschafft ihnen eine etwas größere und vor allem dauerhaftere Öffentlichkeit, auch wenn das vielen der Zitierten nicht gefällt, weil sich die Zeiten und die allgemeine Stimmungslage geändert haben. Der Autor dieses Buches setzt ihre damaligen Aussagen in einen größeren Zusammenhang und ordnet sie politisch ein.

Daraus ergibt sich ein politisches und gesellschaftliches Sittenbild der Coronapandemie. Eines, von dem sich viele wünschen, nicht darauf abgebildet zu sein. Aus gutem Grund. Das Buch soll dazu beitragen, dass das, was während der Pandemie vielen Menschen angetan worden ist, nicht relativiert, umgedeutet und vergessen wird.

Werner Reichel
Wien, 20.04.2023

Journalisten – Propagandisten der Coronapolitik

Politik und Medien sind während der Pandemie noch enger zusammengerückt, kein Blatt passte mehr zwischen Regierung und Presse. Leitmedien wie ARD, *Der Spiegel* oder *Die Zeit* unterstützten geschlossen die Coronapolitik der Regierungen von Angela Merkel und Olaf Scholz, der Rest der Presse folgte ihnen. Kaum ein Medium, kaum ein Journalist wollte den vorgegebenen Meinungskorridor verlassen. Man nennt das Rudeljournalismus oder Gleichschaltung. Kritik an der Coronapolitik kam vom Mainstream in der Regel nur, wenn die Journalisten der Ansicht waren, die Regierung würde nicht hart genug durchgreifen, die Maßnahmen und die Strafen für Coronasünder seien zu lasch, die Lockdowns zu kurz. Die sich aufschaukelnde Wechselwirkung, dieser Rückkoppelungseffekt zwischen Medien und Politik, ermöglichte es dem politmedialen Establishment, autoritäre Maßnahmen in einem bis dahin stabilen demokratischen System ohne breiten Widerstand durchzusetzen.

Die Medien nahmen ihre Aufgabe als Kritiker der Herrschenden nicht mehr wahr, sie bestätigten und unterstützten sie vielmehr in ihrer Politik und bei der Umsetzung ihrer Strategien zur Akkumulation von Macht. Diese sich gegenseitig verstärkende Bestätigung verschaffte der Regierung einen politischen Handlungsspielraum, der weit über den Rahmen des Rechtsstaats und der Demokratie hinausging. Die Regierung schränkte etwa das soziale Leben auf ein Minimum ein, verhängte Ausgangssperren, verordnete Maskenpflichten und fuhr die Wirtschaft herunter.

Bei der Umsetzung solcher Maßnahmen beriefen sich die politisch Verantwortlichen auf »die« Wissenschaft. Zu diesem Zweck wählten Politiker und Journalisten gemeinsam jene Experten aus, die ihre Politik respektive Berichterstattung unterstützten und legitimierten. Das war mehr oder weniger das einzige Auswahlkriterium. Diese handverlesenen Experten repräsentierten für Politik und Medien »die« Wissenschaft, auf die sie sich auf ihrem Weg in die neue postdemokratische Normalität berufen konnten. Diese linientreuen Wissenschaftler und Experten kamen in Talkrunden, Nachrichtensendungen, in staatlichen Gremien und als Berater für die Coronapolitik zum Einsatz. Die Blase, in der es sich Politik, Medien und Experten eingerichtet hatten, verließen nur noch Informationen, Statistiken und Erkenntnisse in Richtung Öffentlichkeit, die das offizielle staatliche Coronanarrativ und die restriktiven Maßnahmen stützten.

Wer dieses Vorgehen, diese Machtkonzentration zulasten der Demokratie kritisierte, die Coronapolitik hinterfragte, wurde von diesem Machtblock aus Medien, Politik und Experten an den gesellschaftlichen Rand gedrängt. Die Journalisten hatten während der Pandemie die Aufgabe, den Boden für die Coronapolitik in der Bevölkerung zu bereiten, die öffentliche Meinung entsprechend der

Vorgaben der Regierung zu beeinflussen. Ohne diese Komplizenschaft der Medien hätte die Regierung ihre Angstkulisse, die als Druck- und Erpressungsmittel zur Durchsetzung ihrer autoritären Politik diente, nicht errichten können. Hätten die Medien ihre Funktion als unabhängige Berichterstatter und »Vierte Gewalt« im Staat wahrgenommen, das Handeln der Regierung kritisch beobachtet und kommentiert, wäre den Bürgern wohl viel Leid erspart geblieben, hätte die Coronapolitik vermutlich jener Schwedens geglichen. Das skandinavische Land ist trotz des weitgehenden Verzichts auf Zwangsmaßnahmen besser durch die Pandemie gekommen als Deutschland oder Österreich. »Bravo Schweden! Keine Lockdowns, keine Schulschließungen – am wenigsten Tote«,[32] titelte der *Exxpress* nach der Veröffentlichung europäischer Sterbestatistiken im April 2023. Dass Deutschland diesen Erfolgsweg nicht gegangen ist, liegt nicht allein an den politisch Verantwortlichen, sondern maßgeblich an den Mainstreammedien.

Die Haltungsjournalisten versetzten die Bürger von Beginn der Pandemie an mit wahren Horrormeldungen in Todesangst, machten mit geframten Berichten, gesiebten Informationen und nach politisch-strategischen Kriterien ausgewählten Zahlen Stimmung für die Coronamaßnahmen. Sie hetzten auf oftmals menschenverachtende Weise gegen Ungeimpfte, drückten beide Augen zu, wenn die Coronaregeln den rechtsstaatlichen Rahmen sprengten und Grund- und Menschenrechte verletzten. Viele Medien und Journalisten waren päpstlicher als der Papst, forderten noch strengere Maßnahmen, längere Lockdowns, verlangten ein hartes Vorgehen der Polizei gegen Demonstranten und Coronasünder. Sie unterstützten die Politiker nicht nur in ihrer autoritären Politik, sie trieben sie oftmals vor sich her: »Corona: Lockern wir die Maßnahmen zu früh?«,[33] fragte sich etwa der WDR. Die *FAZ* kritisierte, wie viele andere Medien, das für sie zu wenig harte Eingreifen der Polizei bei einer Demonstration in Leipzig im November 2020: »In Leipzig scherten sich die Coronaleugner nicht um die Maskenpflicht. Die Polizei ließ sie gewähren. Doch Selbstkritik ist aus den Reihen der Ordnungshüter nicht zu hören.«[34]

An vorderster Coronafront kämpften die öffentlich-rechtlichen Anstalten, die sich als De-facto-Staatsmedien bei der Merkel- und später der Ampelregierung unentbehrlich machen wollten. Man spielte sich den Ball gegenseitig zu. Viele Medien haben während der Pandemie die letzten Reste ihres journalistischen Anstands entsorgt, sind von Berichterstattern und kritischen Beobachtern zu politischen Akteuren respektive Handlangern geworden. Statt Informationen verkauften sie Haltung, selbstredend die »richtige«. Die Mainstreammedien degradierten sich selbst zu Verlautbarungsorganen der Regierung, schrieben und sendeten nicht für die Bürger, sondern für den Staat. Neu war diese Art des Journalismus freilich nicht, er wurde während der Pandemie nur auf die Spitze getrieben, das Doppelpassspiel von Politik, Journalismus und Experten perfektioniert. Schon während der Flüchtlingskrise in den Jahren 2015 und 2016 haben sich die Mainstreammedien in den Dienst der Regierungspolitik beziehungsweise der dominanten Multikulti-Ideologie gestellt und mit Desinformation, Propaganda, Framing und Nudging einen kurzfristigen Willkommenshype erzeugen können.

Man zeigte den Menschen manipulative TV-Bilder von Flüchtlingskindern mit Kulleraugen und zerlumpten Frauen, obwohl fast ausschließlich Männer in Markenklamotten über die offenen Grenzen strömten, und unterdrückte Informationen, die der Willkommensstimmung abträglich gewesen wären: Über die sexuelle Massenbelästigung in der Silvesternacht 2015 in Köln berichtete der Mainstream erst, als die sozialen Medien die von Politik, Behörden und Medien errichtete Mauer des Schweigens längst durchbrochen hatten. Nach diesem kommunikativen Desaster und Verlust an Vertrauen machten Regierung und Journalisten gegen die alternativen Medien mobil, warfen ihnen vor, Hass und Hetze zu verbreiten, um sie bei den Bürgern in Verruf zu bringen, sie verabschiedeten Gesetze, um oppositionelle Meinungen kriminalisieren zu können, und setzten Facebook und Co. derart unter Druck, dass diese Löschteams installierten, die seither die sozialen Medien von politisch inkorrekten Inhalten säubern. Nach der Kölner Silvesternacht wurde auch der Begriff »Fake News« populär. Mainstreammedien und Politik etablierten ihn als Kampf- und Gegenbegriff zur »Lügenpresse«, um in der Auseinandersetzung um die Deutungshoheit die alternativen Medien zu schwächen. Die nach 2015 vom politmedialen Establishment geschaffenen Strukturen im Kampf um die kulturelle Hegemonie erwiesen sich während der Pandemie als äußerst hilfreich. Mit der Etablierung der Cancel Culture und des Wokeismus in den vergangenen Jahren schaffte man ideale Voraussetzungen für die Umsetzung der autoritären Coronapolitik. Die Gatekeeper der »seriösen« Mainstreammedien sperrten die Kritiker der Coronamaßnahmen von Anfang an vom öffentlichen Diskurs aus. Gegen diese politmediale Machtsymbiose hatten kritische Stimmen kaum eine Chance, sie wurden marginalisiert und konnten ihre Informationen und Meinungen nur noch über alternative Medienkanäle verbreiten. Und selbst dort wurden Andersdenkende verfolgt, zensiert und bedroht. Der Wirtschaftswissenschaftler Stefan Homburg, der während der Pandemie regelmäßig kritische Beiträge zur Coronapolitik auf Twitter postete, schrieb in seinem Buch *Coronagewitter:* »Einige Tausend gegen mich gerichtete Löschanträge später sehe ich darüber hinweg und bin ganz froh, wenn nur meine elektronische Eliminierung gefordert wird. Denn es gab natürlich auch konkrete Mordaufrufe.«[35]

Von den öffentlichen Diskussionen waren die Kritiker der Coronapolitik in der Regel von Anfang an ausgeschlossen, weshalb die in den Medien geführten Debatten immer nur Scheindebatten waren, da an ihnen nur Akteure teilnehmen durften, deren Meinung mit der offiziellen Coronapolitik kompatibel war. Selbst diese massive Manipulation der öffentlichen Meinung, diese penetrante Indoktrination der Bürger ging Regierung und Mainstreammedien nicht weit genug. Man versuchte die alternativen und sozialen Medien nicht nur mit Schmutzkampagnen zu verleumden, sondern gleich ganz abzuwürgen. So wurde ein Verbot von Telegram diskutiert. Selbst kleinste Widerstandsnester und Oasen in der Coronameinungswüste wollten die Arm in Arm agierenden Politiker und Journalisten vernichten. Bundesinnenministerin Nancy Faeser drohte Telegram mit Abschaltung, weil der Dienst nicht auf Zuruf der Politik coronamaßnahmenkritische Postings zensieren wollte, wie das Facebook und Twitter mit der hauseigenen Meinungspolizei eifrig taten. Faeser: »Wir sind ein Rechtsstaat, aber können auch das nicht per se ausschließen.« Das Verbot von Telegram nämlich. Dieses »Rechtsstaat, aber …«, »Demokratie, aber …«, »Grundrechte, aber …«, »Freiheit, aber …« prägte die Politik während der Pandemie. Ganz nach dem Motto: Demokratie, Menschenrechte, Meinungsfreiheit und ähnlicher Firlefanz schön und gut, aber jetzt haben wir eine echte Notsituation, da müssen wir Nägel mit Köpfen machen.

Der Aufschrei der Medien, deren Aufgabe es als sogenannte »Vierte Gewalt« wäre, das Handeln der Regierung kritisch zu beobachten, blieb aus. Man unterstützte die Politik dabei, demokratische Grundrechte auszuhebeln, ganz im Sinne der Utopien von Klaus Schwab, dem Chef des Weltwirtschaftsforums: »Auf diese Weise wird eine ›neue Normalität‹ entstehen, die sich radikal von jener unterscheidet, die wir nach und nach hinter uns lassen werden.«[36]

Journalisten und Medien verspielten damals in weiten Teilen der Bevölkerung ihre letzten Reste an Glaubwürdigkeit. Sie haben auf dem Feld des Vertrauens verbrannte Erde hinterlassen, auf der lange nichts mehr wachsen wird. Und sie haben, wie nach der Flüchtlingskrise, auch nach der Pandemie nichts dazugelernt, sind von ihrem journalistischen Irrweg und ihrer neuen Rolle als linke Politaktivisten und globalistische Avantgarde weiterhin überzeugt, weshalb sie die massiven Kollateralschäden der Coronapolitik, die sie als deren Propagandisten mitzuverantworten haben, bis heute relativieren, verleugnen und vertuschen. Sie haben sich während der Pandemie zu weit aus dem Fenster gelehnt, ein Zurück gibt es aus ihrer Sicht nicht mehr, weshalb man sich selbst und den Bürgern weiter etwas vormacht.

Die linken Haltungsjournalisten reagieren bockig auf jene Zahlen, Fakten und Entwicklungen, die beweisen, dass die Schwurbler mit fast allem recht behalten haben. Uneinsichtig und unfähig zur kritischen Selbstreflexion setzen sie ihre Desinformationskampagnen fort. Ukrainekrieg und noch mehr Klimahysterie haben die Coronapandemie mittlerweile als Angstkulisse und Instrument zum Umbau der Gesellschaft nahtlos abgelöst. Immer mehr Bürgern wird angesichts dieser staatlichen Dauerpropaganda bewusst, dass die größten Fake-News-Schleudern nicht Kanäle wie Telegram, nicht alternative Medien wie Reitschuster.de sind oder waren, sondern die Leit- und die öffentlich-rechtlichen Medien, also *Der Spiegel*, ARD, *Süddeutsche*, ZDF, *Die Zeit* etc. Die einzige Lehre, die Journalisten aus ihrem Coronadesaster, das sie selbst nicht als solches erkennen können oder wollen, ziehen werden, ist, noch aggressiver gegen ihre Kritiker und gegen Andersdenken vorzugehen. Einmal mehr rufen die Coronaschreibtischtäter: Haltet den Dieb!

Die Medien haben, so wie praktisch alle Institutionen des Staates und der Gesellschaft, auf ganzer Linie versagt. Inklusive jener Kontrollorgane und Watch-Dogs, die solche Tendenzen verhindern sollten. Der Pressekodex und der Programmauftrag der öffentlich-rechtlichen Sender waren während der Pandemie das Papier nicht wert, auf dem er gedruckt ist. »Die Achtung vor der Wahrheit, die Wahrung der Menschenwürde und die wahrhaftige Unterrichtung der Öffentlichkeit sind oberste Gebote der Presse«,[37] steht im Pressekodex, und in dem im Medienstaatsvertrag festgeschriebenen Programmauftrag von ARD und ZDF heißt es: »Auftrag der öffentlich-rechtlichen Rundfunkanstalten ist, durch die Herstellung und Verbreitung ihrer Angebote als Medium und Faktor des Prozesses freier individueller und öffentlicher Meinungsbildung zu wirken und dadurch die demokratischen, sozialen und kulturellen Bedürfnisse der Gesellschaft zu erfüllen. […] Die öffentlich-rechtlichen Rundfunkanstalten haben bei der Erfüllung ihres Auftrags die Grundsätze der Objektivität und Unparteilichkeit der Berichterstattung, die Meinungsvielfalt sowie die Ausgewogenheit ihrer Angebote zu berücksichtigen.«

Nach den Erfahrungen während der Coronapandemie klingt dieser Auftrag wie ein schlechter Scherz. Keine dieser Vorgaben wurde von den öffentlich-rechtlichen Sendern eingehalten. Man hat sich nicht einmal die Mühe gemacht, so zu tun, als ob man unabhängig, unvoreingenommen und objektiv berichten würde, sondern hat den Bürgern mit dem Holzhammer die von Staat und Globalisten vorgegebene Meinung eingebläut, die öffentliche Debatte im Sinn der Regierung beeinflusst und damit gegen alle Grundregeln des öffentlich-rechtlichen Rundfunks verstoßen. Was aber weder den Rundfunkrat, das Kontrollgremien des öffentlich-rechtlichen Rundfunks, noch die anderen Medien oder die Politik störte. Die öffentlich-rechtlichen und die privaten Medien in Deutschland produzierten einen ungenießbaren Coronameinungsbrei nach staatlichem Rezept, anstatt einer Vielzahl von Stimmen eine Bühne zu geben. Hunderte Sender, Zeitungen, Magazine, Onlinemedien, und nur eine durchgängige »alternativlose« Meinung und Perspektive. Wer es wagte, darauf hinzuweisen, dass aus der bunten und vielfältige Medienlandschaft längst eine eintönige Meinungsmonokultur geworden ist, wurde von Politik und Medien zum Staatsfeind erklärt, als Nazi und Verschwörungstheoretiker beschimpft. Für *Die Zeit* ist die Gleichschaltung der Presse ohnehin nur ein »Verschwörungsmythos«[38], und der *Tagesspiegel* schreibt von der »Mär von einer Kumpanei in der Coronabekämpfung«.[39] Die gleichgeschaltete Presse reagiert auf den Vorwurf ihrer Gleichschaltung mit mehr oder weniger gleichgeschalteten Gegenargumenten. Und es fällt ihnen nicht einmal auf.

Die unter dramatischem Auflagenschwund leidenden Printmedien haben während der Coronapandemie ihr Geschäftsmodell umgestellt und berichteten nicht mehr für die Leser, die ihnen ohnehin abhandengekommen waren, sondern für die Regierung. Die Inhalte richteten sich nicht an die Bürger, sondern an die Obrigkeit, die sich für diesen medialen Hilfsdienst erkenntlich zeigte. So hat die deutsche Bundesregierung ihre Werbeausgaben während der Pandemie kräftig erhöht: Der Branchendienst *Kressreport* schreibt: »Allein das Bundesgesundheitsministerium hat im Jahr 2021 mit 144,6 Millionen Euro rund 2,5-mal so viel Geld für Kampagnen ausgegeben wie die gesamte Bundesregierung in Vor-Corona-Zeiten in einem durchschnittlichen Jahr für alle Werbemaßnahmen.«[40]

Auch in Österreich ergoss sich ein Steuergeldregen über die Mainstreammedien in Form von Subventionen, Förderungen und vor allem Werbeschaltungen. Allein im ersten Pandemiejahr hat die öffentliche Hand über 222 Millionen Euro für die Schaltung von

Inseraten und Werbespots ausgegeben. In den Genuss der Werbemillionen kamen nur Medien, die freundlich über die Regierungspolitik berichtet hatten. Der Salzburger Sender ServusTV, der den Coronamaßnahmen stets kritisch gegenüberstand, ging mehr oder weniger leer aus. Der Großteil der Journalisten hat die oftmals menschenverachtenden Coronamaßnahmen mitgetragen, sich eindeutig im Spannungsfeld der Macht zwischen Bürgern und Staat positioniert und damit den Boden für die autoritäre Coronapolitik bereitet. Die Medien haben ihre eigentlichen Aufgaben vernachlässigt, sich in die Coronafront eingereiht, Gegenstimmen unterdrückt, gegen Maßnahmenkritiker gehetzt und die Gesellschaft gezielt gespalten. Medien und Politik haben während der Pandemie eng zusammengearbeitet und jede professionelle Distanz vermissen lassen. Die Journalisten haben sich als politische Akteure aktiv an der Umsetzung der verheerenden Coronapolitik beteiligt und sind deshalb für alle Schäden, die die Coronamaßnahmen in der Gesellschaft verursacht haben, in hohem Maße mitverantwortlich.

Zitate Journalisten

Stephanie Probst,
Journalistin (Bayerischer Rundfunk), 30.01.2020

»In den sozialen Medien häufen sich Fake News, Verschwörungstheorien und Gerüchte, die Angst vor dem Coronavirus machen sollen. […] Die Bevölkerung soll beunruhigt werden, was das Vertrauen in den Staat und dessen Glaubwürdigkeit erschüttern soll.«[41]

Als zu Beginn des Jahres 2020 die ersten Meldungen über ein neuartiges Virus aus China in den Medien auftauchen, taten sich Journalisten und Politiker noch schwer, diese Nachrichten und Entwicklungen einzuordnen. In dieser kurzen politischen Orientierungsphase vertraten viele spätere Coronahardliner die Meinung, das Virus sei harmlos und würde von Rechtsextremen missbraucht, um Panik und Angst zu verbreiten. BR-Moderator Christoph Süß sagte in einer Folge von *quer:* »Ieeh, das Chinesenvirus – daran können ja nur Rassisten glauben.«[42] Und er zitierte einen Tweet von Martin Sellner, einen der führenden Köpfe der Identitären Bewegung: »Offene Grenzen bedeuten auch offene Grenzen für Viren.« Die Pandemie galt vielen Linken Anfang 2020 als rechte Verschwörung. Um das zu untermauern, argumentierte der Bayerische Rundfunk, an der Grippe würden mehr Menschen sterben als an Corona. Ein Argument, von dem der öffentlich-rechtliche Sender wenige Tage später nichts mehr wissen wollte. Als die Linke das politische Potenzial dieser Pandemie erkannte, machte sie, was sie zuvor den Rechten unterstellt hatte: Angst verbreiten, um daraus politisches Kapital zu schlagen. Die Folge von *quer* ist, nachdem man seine Position um 180 Grad gedreht hatte, aus der Mediathek und von YouTube entfernt worden.

BILD.de, 19.03.2020

»Es sind Szenen aus Europa, die kaum zu realisieren sind. In Bergamo fahren Militärwagen am Zentralfriedhof vor. Ihr Auftrag: Die Körper der durch Corona gestorbenen Menschen in umliegende Krematorien fahren.«[43]

Am 18. Februar 2020 fotografiert der 28-jährige Flugbegleiter Emanuele di Terlizzi im italienischen Bergamo mit seinem Handy einen Konvoi mit neun Militärlastern. Die Lkw transportieren Särge. Terlizzis Bild geht weltweit durch die Mainstreammedien, die Militärlaster werden zum Symbol für die Tödlichkeit des Coronavirus. Politik und Medien nutzen das Foto, um Angst zu schüren. »Italien wird zur Coronahölle der Welt«[44] schreibt die *Bild*-Zeitung, wenige Tage nach der Veröffentlichung des »ikonischen Coronafotos«.[45] Der bayerische Gesundheitsminister Klaus Holetschek (CSU) rechtfertigte den ersten Lockdown in Bayern, den das Bundesverwaltungsgericht in Leipzig für unverhältnismäßig erklärt hat, mit diesem Foto: »Wir hatten die Bilder von Bergamo vor Augen und haben einfach gehandelt.«[46] Wie sich später herausstellte, war die Situation damals in Bergamo keineswegs so dramatisch wie von den Mainstreammedien dargestellt. Es gab in der Region nicht mehr Tote als bei einer gewöhnlichen Grippewelle. Die Stadt wollte die Toten lediglich schnell verbrennen und transportierte deshalb die Leichen in umliegende Krematorien.

Rainald Becker, Journalist (ARD), 06.05.2020

»All diesen Spinnern und Coronakritikern sei gesagt: Es wird keine Rückkehr zur Normalität mehr geben.«[47]

In den Tagesthemen wurden all jene, die sich normale Verhältnisse, also offene Geschäfte, maskenlose Gesichter, demokratische und keine »alternativlosen« politischen Entscheidungen etc., wünschten, als Spinner beschimpft. Journalisten und Politiker arbeiteten im Mai längst an der Etablierung der neuen Normalität, die der Chef des Weltwirtschaftsforums Klaus Schwab in seinem Buch *COVID-19: Der große Umbruch* skizziert: »Die Pandemie bietet uns diese Chance: Sie stellt ein seltenes, aber enges Zeitfenster zum Umdenken, Neuerfinden und Neustarten unserer Welt dar.«[48]

Ingmar Volkmann,
Journalist (*Stuttgarter Zeitung*), 16.05.2020

»Jetzt […] kommen sie aus ihren Löchern gekrochen: die Aluhutbürger. Während bei vielen Menschen seit der Krise mehr vorhanden ist, zum Beispiel mehr Hüftgold in Form von Coronakilos, haben die Aluhutbürger das Wenigste zu bieten: krude Verschwörungstheorien. […] Und der Lockdown sei eine Generalprobe für eine neue Weltordnung. Was man halt so denkt, wenn die Alufolie am Oberstübchen etwas zu eng sitzt.«[49]

Kurz nach Beginn der Pandemie beginnen auch die Mainstreammedien die Andersdenkenden zu diffamieren, zu beschimpfen und als Sündenbock für die Krise aufzubauen. Dabei unterbieten sich die Journalisten gegenseitig. Selbst vor Tiervergleichen – die Ratten kommen »aus ihren Löchern« – scheut man nicht zurück. Wer Bürger mit solchen Anspielungen entmenschlicht, macht das nicht ohne Hintergedanken, nicht ohne ein bestimmtes Ziel damit zu verfolgen. Die Sprache wird zur Waffe. Was mit der Entmenschlichung von Andersdenkenden bezweckt wird, beschreibt die linke Amadeu Antonio Stiftung so: »Über Sprache wird ein Klima geschaffen, in dem die psychischen Hemmschwellen zur Gewaltausübung gegen bestimmte Personengruppen gesenkt sind. Gewalt gegen Angehörige dieser Gruppen ist in Folge gesellschaftlich akzeptierter und ruft auch weniger Mitgefühl in der breiten Masse hervor.«[50]

Diese Strategie wurde während der Pandemie von Politik und Medien erfolgreich umgesetzt. So forderten viele Journalisten und Bürger ein besonders hartes und brutales Vorgehen der Polizei gegen Demonstranten, die friedlich gegen die Coronamaßnahmen protestierten. In dem von Journalisten wie Volkmann erzeugten Klima des Hasses wurden auch Forderungen laut, Ungeimpften intensivmedizinische Versorgung zu verweigern, und selbst Mordaufrufe gegen Impfgegner riefen keine allgemeine Empörung hervor und wurden auch nicht von Justiz und Behörden geahndet (siehe Seite 33).

Julius Betschka, Journalist (*Tagespiegel*), 27.08.2020
»Der Staat zeigt Zähne, aber die Protestler schreien jetzt laut ›Diktatur‹. Dabei sind sie es, die die Freiheit und Gesundheit aller bedrohen.«[51]

Nachdem die Berliner Versammlungsbehörde eine Coronademonstration verboten hatte, versuchten die Medien diesen Verfassungsbruch, diese Einschränkung der bürgerlichen Freiheiten, nicht nur zu rechtfertigen, sondern jene, denen diese Grundrechte verwehrt wurden, als Gefahr für den Rechtsstaat darzustellen. Bei der Debatte und diesen Anschuldigungen ging es dem Mainstream aber nicht um den Schutz von Demokratie und Rechtsstaat, sondern darum, zu verhindern, dass sich die »Coronaleugner« in der breiten Öffentlichkeit Gehör verschaffen können. Man wollte nicht nur die digitalen Kommunikationskanäle zensieren und sperren, sondern auch mit Versammlungs- und Demonstrationsverboten unterbinden, dass die Maßnahmenkritiker sich organisieren und ihre Anliegen verbreiten können. Betschka befürchtet zudem, dass das die Bürger realisieren könnten: »Die Coronaprotestanten versuchen nun, […] das Verbot zum Verfassungsbruch zu stilisieren. Schon dreht sich die Debatte zu ihren Gunsten: […] Sellner, Kubitschek, Höcke und Co. werden Tränen lachen.«[52]

Nikolaus Blome,
Ressortleiter Politik bei RTL und n-tv, 07.12. 2020

»Ich hingegen möchte an dieser Stelle ausdrücklich um gesellschaftliche Nachteile für all jene ersuchen, die freiwillig auf eine Impfung verzichten. Möge die gesamte Republik mit dem Finger auf sie zeigen.«[53]

Nachrichtensender n-tv, 21.02.2021

»Biontech-Geimpfte sind nicht ansteckend.«[54]

Die Schlagzeile auf n-tv.de bezieht sich auf eine Studie aus Israel. Weiters heißt es: »Geimpfte seien damit nicht nur vor einer Erkrankung geschützt, sondern können offenbar andere Menschen zu hoher Wahrscheinlichkeit auch nicht mehr anstecken.«[55] Mit solchen und ähnlichen fragwürdigen Erfolgsmeldungen versuchen die Mainstreammedien Stimmung für die Impfung zu machen.

Beat Balzli,
Chefredakteur (*WirtschaftsWoche*), 25.02.2021

»Was wäre die Alternative? Es gibt sie nicht.«[56]

Was wäre die Alternative zur Impflicht? Das ist nicht nur für den Chefredakteur der *WirtschaftsWoche*, sondern zu diesem Zeitpunkt für einen großen Teil des politmedialen Establishments eine rhetorische Frage. Dabei ist »alternativlos« nur ein Euphemismus für totalitär beziehungsweise autoritär. Nur in solchen Systemen sind politische Entscheidungen alternativlos, sprich: dem öffentlichen Diskurs und demokratischen Entscheidungsfindungsprozessen entzogen. In diese Richtung steuert das Justemilieu Deutschland während der Pandemie. Wer diese demokratiefeindlichen Tendenzen kritisiert, wird entweder selbst zum Staatsfeind erklärt oder einfach als lästiger Schwurbler abgetan: »Die ethische Frage nach der Unversehrtheit des eigenen Körpers birgt viel Shitstormpotenzial«, so Balzli.

Muriel Kalisch, Journalistin (*Die Zeit*), 24.03.2021
»Warum greift die Polizei nicht härter durch?«[57]

Linke Haltungsjournalisten wie Kalisch, die der Polizei grundsätzlich kritisch gegenüberstehen, die in der Staatsgewalt vor allem ein Feindbild sehen und jeden Polizeieinsatz bei Demonstrationen von Klimaklebern, Linksextremisten oder Black-Lives-Matter-Aktivisten als überschießend und unverhältnismäßig anprangern, kritisieren während der Pandemie vor allem, dass die Sicherheitskräfte zu wenig hart durchgreifen würden. Deeskalierende Maßnahmen, die linke Haltungsjournalisten ansonsten stets bei Polizeieinsätzen einfordern, werden während der Pandemie dem Staat nicht nur als Schwäche, sondern sogar als Unterstützung der »Coronaleugner« ausgelegt. Obwohl die Polizei ohnehin oftmals übertrieben hart gegen Demonstranten vorging, wollte die politisch korrekte Coronameute mehr davon.

Aus diesem Grund versuchten die Mainstreammedien die zumeist friedlichen Demonstranten als möglichst gewalttätig darzustellen. Die Journalisten schrien im Chor mit Linksextremen nach einem starken Staat, der möglichst aggressiv gegen friedlich protestierende Senioren, Mütter, besorgte Arbeiter etc. vorgeht. Es sind oftmals dieselben Journalisten, die nach linken Gewaltexzessen wie beim G20-Gipfel in Hamburg 2017, bei dem 600 Polizisten verletzt wurden, die Schuld an den Ausschreitungen der Polizei in die Schuhe schieben wollten: Jahrelang wurde darüber diskutiert, ob die Polizei für die Gewaltexzesse verantwortlich gewesen sei, obwohl Beamte mit Betonplatten, Eisenstangen und Molotowcocktails attackiert worden sind. Noch 2022 titelte die *Hamburger Morgenpost:*

»Wegen Polizeigewalt: G20 erregt weiter die Gemüter in Hamburg«.[58]

Bei den Demonstrationen gegen die Coronamaßnahmen passierte nichts dergleichen, hier wurde die Verletzung mehr oder weniger willkürlich festgelegter Abstandsregeln von den Medien bereits als schweres Vergehen dargestellt und dafür genutzt, um nach brutaler Polizeigewalt zu rufen. Österreichische Medien versuchten sogar eine Eskalation der Gewalt bei Coronademos herbeizuschreiben, weil dort mit Schneebällen geworfen worden war.[59]

Stephan Anpalagan,
Autor und Journalist (*Frankfurter Rundschau*), 09.04.2021

»Neuerdings besuchen Coronaleugner die Anti-Corona-Demonstrationen immer häufiger in Begleitung ihrer minderjährigen Kinder. Chatprotokolle belegen, dass diese explizit als menschliche Schutzschilde vorgesehen sind.«[60]

Die Hetze und die Anschuldigungen gegen Maßnahmenkritiker nehmen im Verlauf der Pandemie immer bedenklichere Züge an. Man versucht, sie als Fanatiker, Nazis und Extremisten darzustellen, denen jede noch so widerliche Schandtat zuzutrauen ist, selbst dass sie ihre eigenen Kinder als Schutzschilder missbrauchen. Was sie auf eine Stufe mit islamistischen Terroristen und radikalen Palästinensern stellen soll, die das tatsächlich fallweise praktizieren. Es gibt nichts, was man den Coronasündenböcken nicht unterstellen würde, um sie zu dämonisieren.

Imre Grimm,
Journalist (Redaktionsnetzwerk Deutschland), 23.04.2021

»In 53 kurzen Videos lästern die Damen und Herren […] über die Angst vor dem Virus. Sie raunen Wirres. Sie

machen sich lustig über Menschen […]. Sie erzählen schlicht dummes Zeug. Sie ätzen gegen die Medien, sie unterfüttern munter den saublöden Irrtum, es sei unmöglich in diesem Land, eine eigene Meinung zu entwickeln. Kurz: Sie bedienen vollständig und vorsätzlich das Narrativ all der Schwurbler und Verschwörungstheoretiker […].« [61]

53 Schauspieler, darunter Stars wie Jan Josef Liefers und Ulrich Tukur, kritisieren und hinterfragen in YouTube-Videos die Coronapolitik der Bundesregierung. Sie prangern auch die unkritische Berichterstattung der Mainstreammedien an. Doch Kritik, selbst dezente, ist in dieser aufgeheizten Stimmung nicht erwünscht. Zwar hetzen Journalisten wie Grimm gegen alle, die nicht im Coronagleichschritt marschieren, und behaupten, dass in Deutschland jeder seine Meinung frei sagen dürfe, ohne jedoch zu erwähnen, dass der Preis für öffentlich ausgesprochene Kritik an der Coronapolitik oft genug die Vernichtung der beruflichen und sozialen Existenz ist. Ihre Einstellung zu Presse- und Meinungsfreiheit erinnert an jene von Idi Amin, dem ehemaligen Diktator von Uganda. Ihm wird das Zitat zugeschrieben: »There is freedom of speech, but I cannot guarantee freedom after speech.«

Die Journalisten reagieren auf die Aktion der rebellischen und mutigen Promis deshalb so aggressiv, weil diese als Mitglieder der linken bewusstseins- und meinungsbildenden Klasse großen Einfluss auf die Bevölkerung haben und damit die Deutungshoheit des politmedialen Establishments über die Coronakrise gefährden könnten. Zudem beweisen Liefers und Co. mit ihren mutigen Videos, dass das Coronaduckmäusertum der Kulturschaffenden nicht »alternativlos« ist.

Daniel Hadler, Journalist (*Kleine Zeitung*), 23.04.2021

»53 Schauspieler und ihr spektakulärer Griff ins Klo. […] Ein bitterer Reinfall, der zum Schämen ist.«[62]

Ocke Bandixen, Redakteur (NDR), 23.04.2021

»So geben Sie denen Futter, die sich in einer Diktatur wähnen, die wirklich glauben, Widerstand leisten zu müssen gegen lebensrettende Maßnahmen, die sich in ihrer Not oder ihrer Einsamkeit ein Weltbild zurechtgoogeln […]. Wollten Sie eigentlich darüber diskutieren, streiten um das, was gerade wichtig ist? […] Dann machen Sie das doch einfach. Geht nämlich. Ganz ohne Ironie.«[63]

Dass die 53 Promis den Mut haben, aus der Coronaeinheitsfront auszubrechen, sorgt im politmedialen Establishment für große Aufregung. Man fällt über die Abweichler her, unterstellt ihnen Geltungsdrang, Egoismus, Dummheit etc. Wenn kulturelle Leitschafe vom Weg abkommen, ist das für die herrschende Klasse besonders gefährlich. Die Medien bestätigen mit ihren harschen Reaktionen die Prominenten in ihrer Kritik. Meinungsfreiheit und andere Bürgerrechte hat man längst zugunsten der staatlich verordneten Volksgesundheit geopfert.

Philip Kreißel,
semiprofessioneller Journalist (Volksverpetzer), 27.07.2021

»Ungeimpfte Hospitalisierte sind weitgehend komplett sinnlose Verschwendung von Leben und Kapazität im Gesundheitssystem, da 93% von ihnen durch eine Impfung geschützt worden wären.«[64]

Weil Ungeimpfte asoziale Arschlöcher, Terroristen oder der Blinddarm der Gesellschaft sind (siehe Coronaschimpfwörterbuch ab

Seite 210), verschwenden sie unnötig die Kapazitäten des Gesundheitswesens, sie sind sozusagen unwertes Leben. Um seiner tiefen Menschenverachtung einen rationalen Anstrich zu geben, werden irgendwelche Zahlen – 93 Prozent – mehr oder weniger frei erfunden.

Edwin Baumgartner, Redakteur (*Wiener Zeitung*), 05.08.2021

»Tatsächlich ist es schwer, mit Argumenten an sie heranzukommen. Sie befinden sich in einer Informationsblase [...]. Ein Herabsetzen und Lächerlichmachen der Impfgegner und Impfskeptiker führt zur Verhärtung der Fronten. Aufklärung und Argumente sind am wichtigsten. Vor allem muss im Zentrum stehen: [...] Nicht die Impfgegner stehen für Freiheit, sondern die Impfwilligen.«[65]

Im Umgang mit »Covidioten« gibt es seitens des Coronamainstreams zwei Herangehensweisen. Erstens: Impfskeptiker mit Repressalien zur Impfung zu zwingen. Dieser harte Kurs definiert Impfgegner als (Staats-)Feinde und Asoziale. Zweitens: Jener Kurs, der von Baumgartner präferiert wird. Er sieht in Impfskeptikern keine Feinde, sondern dumme, unmündige Kinder, die man an der Hand nehmen muss. Dieser paternalistische Zugang ist nur auf den ersten Blick verständnisvoller und toleranter, denn er geht ebenfalls davon aus, dass die Maßnahmenkritiker der Gruppe der Geimpften moralisch und intellektuell unterlegen sind. Beide Positionen verweigern den in einer freien Gesellschaft notwendigen Dialog, also den Austausch von Argumenten auf Augenhöhe.

Michael Völker, Redakteur (*Der Standard*), 07.10.2021

»Spaltet die Gesellschaft! Die Ungeimpften brauchen Schutz – vor allem vor sich selbst«[66]

Diesen Aufruf zur Spaltung begründet Völker so: »Es ist eine Tatsache: Ohne Impfung ist das Risiko, sich zu infizieren, einen schweren Krankheitsverlauf zu erleiden und womöglich daran zu sterben, ungleich höher als mit Impfung. Da sollte es eigentlich keine Diskussionen geben – gibt es aber.« Das veröffentlicht eine Zeitung, die sich selbst als Vorkämpfer für Demokratie und eine offene Gesellschaft sieht, fordert alle Diskussionen zu beenden und die Gesellschaft zu spalten. Andersdenkende sollen außerdem entmündigt werden: Sie müssen vor sich selbst geschützt werden. Begründet wird dieser demokratiepolitische Amoklauf mit wissenschaftlichen Tatsachen, die zu diesem Zeitpunkt längst keine mehr waren.

Oliver Klein, Katja Belousova, Journalisten (ZDF), 20.10.2021
»Coronaimpfstoffe: Warum es keine Langzeitnebenwirkungen gibt.«[67]

Das ZDF weiß schon, dass die Impfstoffe keine Langzeitnebenwirkungen haben, noch bevor sie überhaupt großflächig angewandt worden sind. Während der Pandemie werden viele Journalisten quasi über Nacht zu Coronaauskennern, die ihrem Publikum scheinbar fachkundig alles zum Thema erklären können. Das Expertentum dieser »Coronaerklärbären« beruht zumeist darauf, die offiziellen Informationen der Pharmaindustrie, von Politik und einigen ausgewählten Wissenschaftlern in fehlerfreiem Deutsch nachplappern zu können. Damit wissen sie oftmals deutlich weniger als viele interessierte Bürger. Denn während der Pandemie verzichten viele Journalisten auf eine der wichtigsten Rechercheregeln: Check – Recheck – Double Check. Also jede Information mehrfach zu prüfen und nicht nur eine Seite anzuhören. Das ist während der Pandemie in den Mainstreammedien unerwünscht. Gegenmeinungen zum offiziellen Coronanarrativ werden von ZDF und anderen Mainstreammedien ausgeblendet oder verteufelt.

René Dankert,
Journalist (*Badische Neueste Nachrichten*), 24.10.2021

»Die sogenannten Impfskeptiker werden fortan auf ihn als Promi-Anwalt ihrer Bedenken verweisen.«[68]

Fußballstar Joshua Kimmich erregt mit seiner Aussage, er werde sich vorerst nicht gegen Covid impfen lassen und Langzeitstudien abwarten, die Medienöffentlichkeit. Obwohl es aus naheliegenden Gründen keine Erfahrungen mit Langzeitfolgen geben kann, wird Kimmich Ignoranz und Verantwortungslosigkeit vorgeworfen.

Oskar Beck, Journalist (*Welt*), 24.10.2021

»Kimmich outet sich als Impfzweifler, und auf den Isolierstationen der Klubs stapeln sich die Infizierten.«[69]

Beck versucht Kimmich, mit dem Vorwurf, dass sich aufgrund seiner Verantwortungslosigkeit die »Infizierten stapeln« würden, moralisch zu erpressen. Ungeimpfte Stars werden von Politik und Medien ob ihrer Vorbildwirkung massiv unter Druck gesetzt.

Florian Kinast, Journalist (*Spiegel Online*), 24.10.2021

»Warum darf man als Ungeimpfter zwar unten Fußball spielen, aber nicht oben auf der Tribüne sitzen? Weil man seiner Arbeit nachgeht? Es ist naheliegend, dass wieder eine Diskussion darüber beginnen könnte, welche Sonderrechte und Privilegien Fußballer haben.«[70]

Der Fall Kimmich erregt über Tage die Medienöffentlichkeit. Ungeimpft zu sein und trotzdem arbeiten zu dürfen, gilt in der neuen Coronanormalität als Privileg, das man schnellstens abschaffen sollte.

Marco Evers, Journalist (*Der Spiegel*), 02.11.2021

»Der Talkshow-Dauergast und Bestsellerautor Precht ist intellektuell abgestürzt und schwadroniert nun beim Coronathema auf ›Querdenker‹-Niveau. Weil viele Menschen ihn für klug halten, ist das eine Gefahr.«[71]

Weder eine linke Geisteshaltung noch Prominenz schützen Menschen davor, ins Aluhut-Eck gestellt und persönlich diffamiert zu werden, sobald sie auch nur dezente Kritik an den Coronamaßnahmen üben oder Verständnis für Impfgegner zeigen. Das bekommt auch der bekannteste Philosoph Deutschlands zu spüren, nachdem er im Laufe der Pandemie die Coronapolitik zunehmend kritischer beurteilt. *Der Spiegel*, das selbst ernannte »Sturmgeschütz der Demokratie«, bezeichnet Precht als »Dr. Wirrkopf«[72] und stuft Kritik an der Regierungspolitik und gelebte Meinungsfreiheit als Gefahr ein.

Hendrik Wieduwilt, Journalist (n-tv), 05.11.2021

»Wir sind die Geiseln der Coronaschwurbler [...] Deutschland sorgt sich mehr um Impfskeptiker als um die Coronapandemie. Verführer und Lügner haben es da leicht – die Leichensäcke schleppen andere. [...] Verschwörungsidioten konnten gefahrlos in Telegramgruppen verkünden, dass Ende September aber nun wirklich alle Geimpften tot umfallen. Anfang Oktober verzapften sie irgendeinen anderen Mist – die Impfskeptiker sind eine erstaunlich unskeptische Herde.«[73]

Wer im Glashaus sitzt ... Der Hass auf die Ungeimpften und die Projektion der eigenen Ängste, Defizite und Unzulänglichkeiten auf den Schwurbler-Sündenbock verhindern bei Mainstreamjournalisten jede kritische Selbstreflexion. Da die »Coronaleugner« für alles, was während der Pandemie schiefläuft, verantwortlich gemacht werden, bleibt die eigene Weste blütenweiß. Glaubt man.

Henryk Goldberg, Journalist (*Thüringer Allgemeine*), 13.11.2021

»Die Mehrheit der Impfverweigerer, wenigstens die in den sozialen Medien hörbare Mehrheit, ist dumm. Ich schreibe das so entspannt, weil […] es […] nicht mein Ehrgeiz ist, von intellektuell unterprivilegierten und asozialen Mitbürgern gemocht zu werden. Was sich da artikuliert, ist, mit Ausnahmen, ein dumpfes Wutgebrüll, das nur das eigene Geschrei als Resonanz toleriert.«[74]

Das Erniedrigen von Andersdenkenden dient in erster Linie der eigenen Selbsterhöhung. Der gemeine Geimpfte rankt sich moralisch an den ach so dummen, irrationalen Aluhüten empor, wertet seinen Opportunismus zur klugen, weitsichtigen Haltung auf und feiert sein aus Presseaussendungen und *Wikipedia* zusammengestoppeltes Halbwissen über Viren, Botenstoffe, Immunisierung und Pandemien als kluges Expertentum. Die Pandemie bietet den Durchschnittlichen, Feigen und Unauffälligen die Möglichkeit, sich auf ein moralisches Podest zu stellen, um von dort auf die »intellektuell Unterprivilegierten und Asozialen« heruntertreten zu können. Das ist für viele, die vor der Obrigkeit buckeln, eine Art geistiges Ausgleichsprogramm, ein großes Vergnügen.

Dunja Hayali, Journalistin und Moderatorin (ZDF), 15.11.2021

»Hallo, ich bin D. Hayali, vollständig geimpft + genervt von der Pandemie. Sie auch? Dann lassen Sie sich doch bitte impfen + boostern. Das ist der Weg raus aus dem Mist.«[75]

Die prominente ZDF-Moderatorin unterstützt auf Twitter eine der zahlreichen staatlichen Impfkampagnen. Nur ein gutes Jahr später, am 13.03.2023, postet Hayali auf Twitter: »Schmerzen, Ängste, Berufsunfähigkeit: Covid-Impfgeschädigte haben unter massiven Konsequenzen zu leiden. Bis zur Kostenübernahme ist es häufig ein langer Weg.«[76] Einen Zusammenhang zwischen ihren beiden Twitter-Postings, aus dem man eine Mitverantwortung der meinungsbildenden Journalistin für die »Schmerzen« und »Ängste« vieler Menschen ableiten könnte, sieht Hayali vermutlich nicht. Sie will sich ihr Gewissen schließlich nicht unnötig belasten.

Udo Knapp, Publizist (*taz*) und Linksaktivist (Sozialistischer Deutscher Studentenbund), 15.11.2021

»Viele der Impfverweigerer leben seit Jahren unbehelligt und wohlwollend toleriert von der bürgerlichen Öffentlichkeit in ihren alternativen, esoterischen Parallelwelten.«[77]

Die medialen und politischen Hetzkampagnen gegen Schwurbler, das zum Teil brutale Vorgehen der Polizei gegen friedliche Demonstranten, die in vielen Bereichen verhängten Berufsverbote gegen Ungeimpfte und deren gesellschaftliche Ausgrenzung beschreibt Knapp als »wohlwollend«. Man kann sich vorstellen, was linke Journalisten wie Knapp mit »Covidioten« anstellen würden, hätten sie das alleinige Sagen in Deutschland.

Sarah Frühauf, ARD-Hauptstadtkorrespondentin, 19.11.2021

»Sie müssen sich fragen, welche Mitverantwortung sie haben an den wohl Tausenden Opfern dieser Coronawelle. Viel zu lange haben die politisch Verantwortlichen gezögert. Sie hätten viel früher den Druck auf Ungeimpfte erhöhen müssen.«[78]

In ihrem Kommentar in der *Tagesschau* macht die Journalistin Ungeimpfte für den Tod »wohl Tausender Opfer« verantwortlich, ohne dafür belastbare Beweise vorlegen zu können. Es ist schlicht eine Unterstellung, übelste Hetze. Dass solche Ungeheuerlichkeiten nicht nur auf linksextremen Internetseiten, sondern über die wichtigste Nachrichtensendung des Landes verbreitet werden, verdeutlicht, wie massiv die Hetze gegen Ungeimpfte während der Pandemie war, wie sehr staatliche beziehungsweise staatsnahe Institutionen wie die Öffentlich-Rechtlichen gezielt Stimmung gegen eine Gruppe von Menschen gemacht haben. Eine schlimmere Anschuldigung, als für den Tod Tausender Menschen verantwortlich zu sein, gibt es nicht. Fragen sich Journalisten wie Frühauf, die solche monströsen Vorwürfe erheben, die die Ungeimpften in die Nähe von Massenmördern rücken, welche Mitverantwortung sie selbst an der Spaltung der Gesellschaft, der Zerstörung des sozialen Friedens und der hohen Zahl an Impfopfern haben?

Walter Wüllenweber, Redakteur (*Stern*), 22.11.2021

»Fundamentalistische Egoisten gibt es in allen Gesellschaften. In Deutschland werden sie nicht nur geduldet, die achtsame Mehrheit nimmt sogar Rücksicht auf die Rücksichtslosen. Niemand soll zu nichts gezwungen werden. Alles ist erlaubt, nur der Zwang, der nicht. So ist der Eindruck entstanden, als hätte jeder Einzelne ein Recht darauf, der Allgemeinheit Schaden zuzufügen, anstatt sich selbst einzuschränken. Offen asoziales Verhalten gilt als Ausübung individueller Freiheitsrechte. Wer die Ichlinge kritisiert, ist ein Spalter.«[79]

Seinen Wut-Essay betitelt Wüllenweber mit: »Keine Rücksicht auf die Rücksichtslosen! Schützt die Mehrheit!«[80] Der Journalist des auflagentechnisch sinkenden *Stern* hält eine Lobrede auf den Zwang und verdammt die Freiheit als asoziales Verhalten. Wüllenweber fasst in aggressiver Weise den in Deutschland vorherrschenden orwellschen Coronazeitgeist zusammen: Zwang ist Freiheit! Diese Umwertung soll positiv besetzte Begriffe wie Freiheit in Chiffren für Diktatur verwandeln. Erst durch den Impfzwang werde der Mensch frei. Er liegt mit Robert Habeck auf einer Wellenlänge, der einen ähnlich verqueren Freiheitsbegriff hat: »Verbote sind die Bedingung für Freiheit.«[81]

Lutz Herden, Journalist (*der Freitag*), 27.11.2021

»100 000 Tote hat das Virus gekostet, doch Deutschland sorgt sich weiterhin um die Befindlichkeiten einer Minderheit. Wir sollten aufhören, uns in die Ecke drängen zu lassen.«[82]

Lutz Herdens Appell, man solle sich von den »Covidioten« nicht in die Enge treiben lassen, erinnert an den Uraltwitz vom Autofahrer, der im Radio die Meldung »Achtung, auf der A1 kommt Ihnen ein Geisterfahrer entgegen« hört und kopfschüttelnd ausruft: »Einer? Hunderte!« In unserer woken Gesellschaft, wo das Opfersein zum Statussymbol geworden und Teil des Lifestyles ist, fühlen sich selbst Mitglieder des politmedialen Establishments als »Opfer« von Gruppen, die sie selbst diskriminieren, beschimpfen und marginalisieren.

Julia Encke, Journalistin (*FAZ*), 28.11.2021

»Die haltlosen Behauptungen der Impfskeptiker dringen immer weiter in die bürgerliche Mitte vor. Für die neue pandemische Situation ist das fatal.«[83]

Die Journalistin der *FAZ* fürchtet, das Establishment könne die Deutungshoheit über die Coronakrise verlieren. Wenn die bürgerliche Mitte an der Handlungskompetenz und den Fähigkeiten der politisch Verantwortlichen und des Staates zu zweifeln, sich selbst um die eigene Gesundheit und das Leben zu kümmern beginnt, ist das nicht für die »pandemische Situation fatal«, sondern lediglich für das bestehende Machtgefüge. Erkennt die Mehrheit der Bürger, so die Sorge des Establishments, trotz der massiven Propaganda und Desinformation, das Staatsversagen bei der Bewältigung der Krise, könnte das die eigene Vormachtstellung gefährden.

Mirko Schmid, Journalist (*Frankfurter Rundschau*), 30.11.2021
»angeblicher ›Impfdruck‹«[84]

Obwohl auf Ungeimpfte von Politik, Medien, Prominenten und Kirche ein enormer Druck ausgeübt wird, sie in ihren Freiheiten massiv eingeschränkt, beschimpft und ausgegrenzt werden, spricht die *Frankfurter Rundschau* von einem »angeblichen ›Impfdruck‹«. Die Impfgegner würden sich als Opfer inszenieren, sich in der Rolle der Verfolgten gefallen, obwohl der Opferstatus in der postheroischen, woken Gesellschaft exklusiv von den Linken, ethnischen und sexuellen Minderheiten beansprucht wird. Für Linke ist Opfersein, die Zugehörigkeit zu bestimmten Minderheiten (Schwule, Transgender etc.), mit Sonderrechten, Quotenregelungen, positiver Diskriminierung, öffentlicher Anerkennung etc. verbunden und hat nichts mit echter Benachteiligung und Verfolgung zu tun. Deshalb achtet die Linke darauf, dass nur sie und ihr nahestehende Gruppen von Medien und Politik als Opfer anerkannt werden.

Trotz der realen Diskriminierung von Ungeimpften und Maßnahmenkritikern versuchen Politik und Mainstreammedien die linken Täter- und Opferrollen sowie die Fassade von einer freien und demokratischen Gesellschaft während der Pandemie aufrechtzuerhalten. Die Bedrohung geht diesem Narrativ entsprechend ausschließlich von Rechten, sprich Coronaleugnern, aus.

Reinhard Müller, Journalist (*FAZ*), 14.12.2021

»Freiheit für die, die sie verdienen.«[85]

In der neuen Coronanormalität ist Freiheit kein Grundrecht mehr, man muss sie sich erst verdienen. Der Staat gewährt sie nur jenen, die sich seinen strikten Regeln unterwerfen. Das ist selbst für Journalisten der ehemals bürgerlichen *FAZ* offenbar kein Widerspruch.

Sheila Mysorekar, Journalistin (*nd-Aktuell*), 18.12.2021

*»[…] Tausende Coronatote, infizierte Kinder, überfüllte Krankenhäuser, soziale Isolation, Home Office oder Arbeitslosigkeit. Währenddessen laufen immer noch Dokumentationen im Fernsehen, wo Impfgegner*innen einfühlsam interviewt werden, um ihre Denkweise zu verstehen. […] Selten hat die ›false balance‹ so drastische Konsequenzen: überfüllte Intensivstationen und sterbende Menschen. ›False balance‹ nennt man eine Berichterstattung, die den irreführenden Eindruck erweckt, dass sich zwei gegensätzliche, aber gleichwertige Meinungen die Waage halten.«*[86]

Wer den deutschen Mainstreammedien während der Pandemie vorwirft, sie würden Experten und Bürgern, die der Coronapolitik kritisch gegenüberstehen, zu viel Raum geben, positiv und unvoreingenommen über sie berichten, hat jeden demokratischen Anstand und Maßstab verloren, und sehnt offenbar nordkoreanische Verhältnisse herbei.

Christina Brause, stellvertretende Ressortleiterin Investigation und Reportage (*Welt*), 27.12.2021

»Hass im Netz. Ja, Telegram gehört verboten.«[87]

Da sich die Mainstreammedien selbst gleichgeschaltet haben und statt zu berichten, Angst, Hass und Unsicherheit verbreiten, und sogar die großen amerikanischen sozialen Medien auf Linie gebracht worden sind, geraten die letzten Oasen der Informations- und Meinungsfreiheit zunehmend ins Visier linker Journalisten. Die Gleichschaltung der Medien soll offenbar lückenlos erfolgen. Die letzten echten Konkurrenten der kriselnden Mainstreammedien am Meinungsmarkt per Gesetz unschädlich gemacht werden.

Deshalb wirft man Kanälen wie Telegram die Verbreitung von Fake News und Hass vor. Politik und Medien starten gemeinsam eine Kampagne mit dem Ziel, Telegram zu verbieten. Solche Schlagzeilen wie die folgende konnte man in fast allen großen Medien lesen: »Messengerdienst Telegram – Was die Politik gegen Hetze und Gewaltaufrufe tun kann«.[88]

Irene Spiegel, Journalistin (*Augsburger Allgemeine*), 27.12.2021

»Dass Eltern ihre Kinder als menschlichen Schutzschild nutzen, […] ist eine perfide Masche.«[89]

Man unterstellt friedlichen Bürgern, die gemeinsam mit ihren Kindern gegen die Coronapolitik der Regierung protestieren, diese als »Waffe« zu benutzen. Für diesen schwerwiegenden Vorwurf reicht den Journalisten und Behörden die Tatsache, dass Kinder auf den Demos anwesend sind. Bei Protesten, deren politische Ziele sich mit jenen des Establishments decken (Klima, LGBT, Genderismus, Black-Lives-Matter etc.) gelten mitmarschierende Minderjährige, selbst wenn sie von Schulen an der Teilnahme gezwungen werden,[90] hingegen als Beweis für jugendliches Engagement und Verantwortungsbewusstsein. Man denke etwa an die medialen Lobeshymnen auf die protestierenden Schulkinder von Fridays for Future.

Dieser journalistische Doppelstandard hat zwei Gründe. Erstens sollen die Coronademonstranten als Unmenschen und Monster dargestellt werden, die sogar ihre eigenen Kinder opfern, zweitens will man freie Bahn schaffen für hart durchgreifende Polizisten und Bilder von verletzten Kindern in alternativen Medien vermeiden.

Imre Grimm,
Journalist (Redaktionsnetzwerk Deutschland, RND), 25.01.2022

»Im Grunde ist es nicht schwer, die giftspritzenden Protagonisten des Schwurbel-Undergrounds zu identifizieren. Ihre Namen sind bekannt, ihre Motivation und Methoden erst recht. Trotzdem erhalten sie immer wieder mediale Bühnen, um mal mehr, mal weniger kritisch befragt ihren Unfug zu ventilieren – und zwar direkt in den verhassten Mainstreammedien.«[91]

Man dreht an der Eskalationsschraube. In den Mainstreammedien kommen Maßnahmenkritiker nur vor, wenn sie von ihnen als Staatsfeinde und Wissenschaftsleugner vorgeführt werden. Die Behauptung, die Mainstreammedien würden Maßnahmenkritikern eine zu große Bühne, einen zu positiven Resonanzraum geben – sprich: sie zu Wort kommen lassen und fair behandeln – ist völlig absurd. Grimm gehört zu jenen Scharfmachern während der Pandemie, denen selbst der autoritäre Kurs der Regierung zu liberal, tolerant und weich ist.

Stephanie Streif, Journalistin (*Badische Zeitung*), 13.03.2022

»Geimpfte Schüler schneiden bei Wissenstest in Freiburg besser ab.«[92]

Die Impfpropaganda in den Mainstreammedien nimmt zum Teil kuriose Züge an. Streif will ihren Lesern ernsthaft weismachen, dass geimpfte Schüler klüger als ungeimpfte seien. Es gilt die Devise: Alles ist erlaubt, nichts zu blöd, solange es der Sache dient.

Lena Puttfarcken,
Redakteurin (Südwestrundfunk, SWR), 18.03.2022

»In der Coronapandemie ist der Gegner ein unsichtbares Virus – vermutet man dahinter eine Verschwörung, wird die Krise kontrollierbarer. Plötzlich gibt es Menschen, denen man die Schuld geben kann.«[93]

Einer von unzähligen Belegen dafür, wie sehr die »Coronaleugner« dem Mainstream als Projektionsfläche und Sündenbock dienen. Man projiziert seine eigenen Ängste, Defizite und Fantasien auf sein Gegenüber, um sie dort stellvertretend verfolgen und bekämpfen zu können. Projektion ist ein zentraler Abwehrmechanismus, das unbewusste Übertragen von Affekten und Impulsen auf ein Gegenüber. Anteile des eigenen Selbst werden in einer mit Affekten und Wünschen einhergehenden Interaktion dem Interaktionspartner unterstellt – in der festen Überzeugung, dieser sei so, wie man ihn wahrnehme. Die Projektion dient aus Sicht der Psychoanalyse der Abwehr von Angst und der Aufrechterhaltung des Selbstbildes: Nicht ich selbst habe manipulierende Absichten, sondern mein Gegenüber und Interaktionspartner.[94]

Die Ungeimpften werden von Journalisten wie Puttfarcken zum universalen Sündenbock gemacht: Sie würden die Gesellschaft spalten, mit ihren Verschwörungstheorien das Vertrauen der Bürger in den Staat untergraben, sie seien für die vielen Coronatoten verantwortlich. »Sind Menschen frustriert oder unglücklich, richten sie ihre Aggression oft auf Personen oder Gruppen, die unbeliebt, leicht identifizierbar und machtlos sind«,[95] schreibt das Onlinelexikon *Wikipedia* über die Funktion von Sündenböcken: »Dies kann auch mittels einer durch Machteliten verbreiteten Ideologie geschehen, die ein Feindbild bewusst entwickelt mit dem Ziel, bestimmte soziale, ethnische oder politische Minderheiten zum Sündenbock für aktuelle Krisenerscheinungen zu machen oder von der eigenen mangelnden oder schwindenden Legitimation abzulenken. Eine solche Projektion auf einen Sündenbock kann für die Bevölkerungsmehrheit eine identitätsstiftende Funktion bekommen.«[96]

Heinz Gorr, Journalist (Bayerischer Rundfunk), 22.03.2022

»Für Zeitgenossen, die sich […] nicht impfen lassen wollen, hat man im Reich der Mitte auch wirksame Überzeugungsstrategien entwickelt […].«[97]

Gorr, Redakteur beim öffentlich-rechtlichen Rundfunk, empfiehlt Impfkritikern eine Behandlung, wie sie den Bürgern der kommunistische Diktatur Chinas zuteilwird. Wovon Gorr träumt, beschreibt news.de so: »Schock-Videos aus China sorgen in den sozialen Medien derzeit für Entsetzen, denn Bürger werden einfach in Quarantäne-Lager gesperrt. Sogar Kinder und Schwangere wurden eingesperrt und müssen Hunger leiden.«[98] Gorr hat seine politischen Machtfantasien und faschistischen Träume in eine Glosse verpackt, als Satire getarnt. Das ist eine übliche Praxis, die dazu dient, selbst die ungeheuerlichsten Vorwürfe oder Forderungen verbreiten zu können.

Ulrich Reitz, Journalist (*Focus*), 07.04.2022

»Ich habe mich im Restaurant bei 3G halbwegs sicher gefühlt und bei 2G noch sicherer. Jetzt gibt es gar kein G mehr, und ich überlege, ob ich noch Essen gehen sollte. Was, wenn sich mit mir fünf Ungeimpfte, Ungenesene, Ungetestete über ihre Fischsuppe beugen?«[99]

Am 20. März 2022 hebt die deutsche Bundesregierung einige Coronaregeln auf, darunter die G-Regeln am Arbeitsplatz und in Verkehrsmitteln. Nach und nach fallen andere Einschränkungen. Solche Lockerungen stoßen bei vielen Coronahardlinern auf Unverständnis, sie wollen die Ausnahmesituation zum Dauerzustand, zur neuen Normalität erklären. Sie kritisieren deshalb die Rückkehr zur Normalität, zu einem normalen Alltag heftig. Im Fall von Ulrich Reitz dürften es tatsächlich völlig überzogene Ängste vor dem Virus sein, obwohl er von sich behauptet: »Als Angsthase habe ich mich in allen meinen Jahren übrigens nie empfunden.«[100]

NDR, Schlagzeile, 10.04.2022

»Omikron: Spätfolgen auch bei mildem Krankheitsverlauf möglich.«[101]

Mit der hochansteckenden, aber ungefährlichen Omikron-Variante wird auch das Ende der offiziellen Pandemie eingeläutet. Politik, Medien und die anderen Kräfte, die von der Pandemie profitierten, die Gefallen an diesen neuen, postdemokratischen Zuständen gefunden hatten, versuchten die Angstkulisse weiter aufrechtzuerhalten, die Pandemie weiter künstlich zu verlängern. Doch ihre immer gleichen Angststrategien, Drohungen und die x-te noch gefährlichere Mutation des Virus verloren bei der coronamüde gewordenen Bevölkerung ihre Wirkung.

Jonas Erbas, Redakteur (*Münchner Merkur*), 05.11.2022

»In der Debatte um Nena, aber auch Xavier Naidoo, Michael Wendler und Co. wird gerne vorschnell auf die Meinungsfreiheit hingewiesen. Doch der Begriff selbst wird mittlerweile inflationär verwendet. Die grundlegende Frage ist doch:

Handelt es sich beim bewussten Verdrehen von Wahrheiten, die von Experten hinlänglich mit stichhaltigen Fakten belegt wurden, tatsächlich noch um eine Meinung? Ich finde nicht.«[102]

Was Fakten, Wahrheiten und (erlaubte) Meinungen sind, bestimmen während der Pandemie die selbst ernannten Hüter der Volksgesundheit. Damit sind auch die Gesetze zum Schutz der Meinungsfreiheit obsolet. Das politmediale Establishment delegitimiert damit nicht nur die Standpunkte von einigen Promis wie Nena oder Naidoo, sondern von Millionen von Bürgern. Der renommierte Wiener Psychiater Raphael Bonelli spricht in diesem Zusammenhang von »moralischen Narzissten«. Das sind Personen, die denken: »Was ich tue und denke, ist dir moralisch überlegen, und du bist moralisch so minderwertig, dass ich mich mit dir überhaupt nicht beschäftigen kann.« Du bist so minderwertig, dass du nicht einmal eine eigene Meinung hast. Aber vermutlich handelt es sich auch bei Bonellis Aussage nicht mehr um eine erlaubte Meinung.

Mika Beuster,
Journalist (*Nassauische Neue Presse*), 20.12.2022

»Aus Impfgegnern sind nun fanatische vorgebliche ›Aufklärer‹ eines imaginierten Unrechts geworden […].«[103]

Gegen Ende der Pandemie versuchen die ersten Mainstreamhetzer und -hasser ihre Spuren zu verwischen, ihre Rolle während der Pandemie herunterzuspielen, sich aus der Verantwortung zu stehlen. Niemandem wurde während der Pandemie Unrecht getan, es gab weder Ausgrenzung, Hetze noch Berufsverbote, das hätten die schwurbelnden Staatsfeinde nur imaginiert und inszeniert.

Politiker – Meister auf der Klaviatur der Angst

Frage: Wer macht Geschäfte mit der Angst? Antwort: Jeder, der Angst hat um sein Geschäft. Dieses Bonmot mag nicht mehr taufrisch sein, es trifft aber in vielen Fällen nach wie vor zu. Und es sei ausdrücklich hinzugefügt: Diese Aussage gilt nicht zuletzt für das politische Geschäft, das hat das Verhalten führender Politiker während der Coronakrise wieder einmal exemplarisch deutlich gemacht. Die meisten von Ihnen erinnern sich vermutlich noch an die Fernsehansprache der deutschen Bundeskanzlerin Angela Merkel am 18. März 2020, die in der ARD, im ZDF und anderen Fernsehsendern als Aufzeichnung ausgestrahlt wurde. Angeblich haben zwischen 25 und 30 Millionen Menschen diese Botschaft an die Nation gesehen – und viele ließen sich so richtig Angst einjagen. Tatsächlich war die Rhetorik der Bundeskanzlerin, die ansonsten nicht eben den Ruf einer begnadeten Rednerin hat, ganz und gar darauf ausgerichtet, Ängste bei den Menschen zu schüren, um sie gefügig zu machen. Zur Erinnerung hier noch einmal einige Passagen aus der TV-Ansprache der Ex-Kanzlerin: »Es ist ernst. Nehmen Sie es auch ernst. Seit der Deutschen Einheit, nein, seit dem Zweiten Weltkrieg gab es keine Herausforderung an unser Land mehr, bei der es so sehr auf unser gemeinsames solidarisches Handeln ankommt […] Die Situation ist ernst und sie ist offen […] Wir müssen, auch wenn wir so etwas [die Covid-19-Pandemie, Anm. des Autors] noch nie erlebt haben, zeigen, dass wir herzlich und vernünftig handeln und so Leben retten. Es kommt ohne Ausnahme auf jeden Einzelnen und damit auf uns alle an. Passen Sie gut auf sich und auf Ihre Liebsten auf […].«[104] Den kompletten Redetext finden Sie auf Seite 76.

Das war, wie erwähnt, im März 2020. Wenige Monate später – kurz vor Weihnachten des Jahres 2020 – legte Merkel gleichsam noch einen drauf, um die harten und äußerst umstrittenen Lockdownmaßnahmen ihrer Regierung zu rechtfertigen. Merkel faltete am Rednerpult des Bundestags ihre Hände wie zu einem Gebet. Und dann folgten die Angstmachersätze, die gerade in den ohnehin emotional stark aufgeladenen Tagen vor Weihnachten ihre Wirkung bei den überwiegend ängstlichen Deutschen nicht verfehlten: »Wenn wir jetzt vor Weihnachten zu viele Kontakte haben und anschließend es das letzte Weihnachten mit den Großeltern war, dann werden wir etwas versäumt haben. Das sollten wir nicht tun.«[105] Man kann sich vorstellen, wie Kinder reagieren, wenn die Kanzlerin im Bundestag damit droht, eventuell könnte es das letzte Weihnachtsfest mit Opa und Oma sein. Und die meisten Medien spielten bei dieser bizarren Angstinszenierung einmal mehr willig mit.

Die Politiker – ganz gleich welcher Couleur – kennen natürlich ihre Pappenheimer, sprich: Sie wissen zum Beispiel, dass in Deutschland Angst weit verbreitet ist. Nicht von ungefähr spricht man im Ausland von der »German Angst«, die sich sehr gut instrumentalisieren lässt. Die Autorin Sabine Bode beschreibt German Angst als »ein Grundgefühl von Mutlosigkeit, Zögerlichkeit, Zukunftsangst und Sicherheitsbedürfnis«.[106] Man muss kein Psychologe sein, um sich vorzustellen, wie sehr dieses Sicherheitsbedürfnis ins Wanken gerät, wenn die deutsche Regierungschefin im Fernsehen dramaturgisch geschickt den Ernst der Lage beschwört. Jeder weiß: Politiker sind normalerweise Beschwichtiger und Schönredner. Wenn also schon die Bundeskanzlerin mehrfach in einer Fernsehansprache den Ernst der Lage betont, dann muss – salopp ausgedrückt – die Hütte brennen.

Aber woher rührt eigentlich die German Angst, die sich von Politikern und Medien so perfekt instrumentalisieren lässt? Gestatten Sie uns an dieser Stelle einen kurzen Exkurs. Sabine Bode führt die German Angst vor allem auf »Kriegsspuren« zurück. Und in der Tat: Nach neuesten Erkenntnissen der Epigenetik befinden sich in unseren Genen »ererbte Wunden«, also transgenerationale Traumata unserer Vorfahren, die durch aktuelle Geschehnisse wieder »getriggert«, also verstärkt wahrgenommen werden. So weit ein wissenschaftlicher Erklärungsversuch. Politiker und Medien, die gern mit dem Instrument Angst arbeiten, um die Menschen zu erziehen (sei es nun in Sachen Pandemie oder Klimawandel), wissen natürlich, dass es kaum angstfreie Menschen gibt. Tatsächlich ist Angst per se auch nichts Negatives, sagt die Psychologin und Autorin Bettina Böhm.[107] Angst stelle vielmehr einen inhärenten (also uns innewohnenden) Schutz und eine innere Vorsicht dar, die uns Menschen, und nach Aussagen der Verhaltensforscher ebenso Tieren, ermöglichen, zu überleben. »Doch genau hier zeigen sich die Unterschiede im Umgang des einzelnen Menschen mit seiner wahrgenommenen Angst. Sind entsprechend Mut, Urvertrauen und gesundes Selbstbewusstsein vorhanden, stellen wir uns der Angst und gehen durch sie hindurch«, schreibt die Psychologin Bettina Böhm.

Das ist im Kontext mit der angeblichen Coronapandemie der entscheidende Punkt. Kaum jemand in Europa war zuvor mit dem Thema einer Pandemie konfrontiert worden. Und daraus resultierte letztlich ein hohes Maß an Unsicherheit. Mut, Urvertrauen und gesundes Selbstbewusstsein, die Bettina Böhm als wichtige Voraussetzungen für eine Resilienz gegen Angst (mag sie nun auf tatsächlichen Ereignissen beruhen oder nur oktroyiert sein) benennt, sind nicht mehr vorhanden, wenn die Menschen mit einer bis dahin unbekannten Gefahr, möglicherweise einem tödlichen Risiko, konfrontiert werden. So haben die Angstmacher in Politik und Medien in der Tat leichtes Spiel. Die Coronakrise hat erneut gezeigt, wie regierungsnahe Medien – und das sind heutzutage leider die meisten – die staatlichen (Angst-)Kampagnen verstärken.

Auch im Ausland setzten die Verantwortlichen auf den Faktor Angst. Viele von Ihnen werden sich noch an den makabren Konvoi von Militärlastwagen im italienischen Bergamo im März 2020 erinnern. Sie transportierten angeblich die Leichen von Menschen, die an Covid-19 gestorben sind. Diese Bilder gingen um die Welt und sorgten dafür, dass rund um den Globus bei vielen Menschen geradezu Todesangst ausbrach. Immer wieder bekamen die Menschen die Bilder vom angeblichen Leichentransport zu sehen. Die makabre Inszenierung verfehlte ihr Ziel nicht: Plötzlich stimmte eine große Mehrheit den radikalen Maßnahmen der Regierungen zur Eindämmung von Covid-19 – Lockdown, Maskenpflicht, Ausgangsverbote und so weiter – zu. Manche wünschten sich sogar noch weitergehende Verbote und Einschränkungen.

Dass die nächtlichen Leichentransporte von Anfang an eine Reihe von Ungereimtheiten aufwiesen, interessierte niemanden. Auch Journalisten, die ansonsten die Dinge gern hinterfragen, übernahmen ungeprüft das offizielle Narrativ. Wer kritische Fragen stellte, wurde als »Verschwörungstheoretiker« in die Ecke gestellt. Nur vereinzelt berichteten Medien wie die *Neue Zürcher Zeitung* (*NZZ*) über sonderbare Hintergründe des gespenstischen nächtlichen Leichentransports. Der Kapuzinermönch Padre Marco zum Beispiel, der den Verstorbenen auf dem Zentralfriedhof von Bergamo üblicherweise das letzte Geleit gab, wunderte sich, wie die Zahl der Toten buchstäblich über Nacht explosionsartig gestiegen war. »Am 3. März gab es nur wenige Tote, am 4. März ebenfalls, aber dann ...«[108] Dann nahm die Zahl der Toten innerhalb kürzester Zeit so dramatisch zu, dass die Armee Lkw schicken musste, um die Särge abzutransportieren. Die Militärlastwagen hatten wohl Särge geladen – aber wer oder was befand sich in den Särgen? Tatsächlich Leichen? Oder war das Ganze eine ruchlose Inszenierung? Fest steht, dass Padre Marco die Namen der Verstorbenen – so es denn welche gab – nicht kannte. Es waren auch keine Angehörigen zugelassen, um sich von ihren Verstorbenen zu verabschieden. Und obwohl es keine behördliche Weisung gab, seien die meisten Leichen kremiert worden, hieß es.

So weit ein kurzer Exkurs zu der Angst- und Schreckensinszenierung im italienischen Bergamo, die zeigt, mit welchen Methoden nicht nur in Europa gearbeitet wurde, um die Bürger einzuschüchtern und gefügig zu machen. In den weitaus meisten Fällen ist dies gelungen. Die Angstmacherei der Politiker, von der exemplarisch die Zitate auf den nachfolgenden Seiten zeugen, führte im Ergebnis zu folgenden Konsequenzen:

Erstens waren zahlreiche Menschen so geschockt, dass sie den staatlich dekretierten Maßnahmen brav folgten. Die Menschen saßen zum Beispiel stundenlang im Zug und trugen Masken. Sobald sie in Bayern unterwegs waren, mussten sie sogar eine FFP2-Maske tragen, sonst wurden sie vom Zugbegleiter wichtigtuerisch zurechtgewiesen. Sie durften keine Restaurants mehr besuchen, und auch die Friseursalons waren geschlossen. Angela Merkel hatte ihre Privatstylistin, ebenso die Spieler der deutschen Fußballnationalmannschaft.

Jedenfalls waren die von den Politikern völlig verängstigten Bürger bereit, alles hinzunehmen, was von der Bundesregierung und den Landesregierungen verordnet wurde. Sie gaben monatelang einen Großteil ihrer persönlichen Freiheiten auf – und jubelten Corona-sheriffs wie Markus Söder (CSU) und Karl Lauterbach (SPD) sogar noch zu. Mancher traute sich, Lauterbach eine Kassandra zu nennen. Falsch! Lauterbach war und ist keine Kassandra, denn Kassandra hatte am Ende bekanntlich recht. Die aufgrund der Angstkampagnen erfolgreich umgesetzten Einschränkungen der Freiheitsrechte ließen ein Heer von »Hilfssheriffs« entstehen. Frustrierte Bürger, die sich daran ergötzten, andere Menschen zu maßregeln, wenn sie zum Beispiel die Maske nicht ordnungsgemäß trugen. Supermarkt-Kassiererinnen, die sich plötzlich als Volkserzieherinnen aufspielten und ihren Kunden befahlen, den »Mindestabstand« einzuhalten, Mitarbeiter von Ordnungsämtern, die – kaum der deutschen Sprache mächtig – Bußgelder abkassierten, wenn sich bei schönem Wetter ein Pärchen ein Piccolofläschchen im Freien gönnte.

Zweitens trug die Angstmacherei zur Spaltung der Gesellschaft bei. Mitunter ging diese Spaltung sogar quer durch Familien. Da waren zum einen (mehrheitlich) jene, die sich von den staatlichen Angstkampagnen nachhaltig einschüchtern ließen und selbst die radikalsten Maßnahmen noch Beifall spendend in Kauf nahmen, zum anderen aber auch kritische Menschen, die das Ganze zunehmend infrage stellten. Die Angst- und Einschüchterungskampagnen haben die Gesellschaft gespalten, keine Frage. Die auf den folgenden Seiten zusammengetragenen Zitate belegen, in welch unflätiger und unverschämter Weise sich Bürger von Politikern beschimpfen lassen mussten, die sich nicht ihrem Corona- und Impfdiktat beugten. Sogar von »Beugehaft« war da die Rede.

Ziel dieser Angstkampagne, der Beschimpfungen und dieser Spaltung der Gesellschaft war die emotionale Destabilisierung der Bevölkerung. Begonnen hatte es mit Medienberichten über Wuhan und die Fledermaus, über die angeblichen Leichenberge in Bergamo. Als die Medien über Notbeatmungen (Intubation) und kollabierende Intensivstationen in ganz Europa berichteten, war die Bedrohung plötzlich spürbar bei jedem einzelnen angekommen. Für Normalsterbliche kaum fassbare und nur schwer einzuordnende Zahlenkolonnen und Balkendiagramme sollten signalisieren: Jeder kann der nächste sein. Berufliche und private Ziele waren plötzlich irrelevant, der »Krieg« gegen das Virus hatte begonnen. In dieser Krise, dieser von Politik und Medien befeuerten Notsituation, konnte sich die Regierung als Retter in höchster Not inszenieren, der mit seinen strengen, aber notwendigen, ja »alternativlosen« Maßnahmen die Bürger vor der großen Katastrophe retten konnte. Doch die inszenierte Verhinderung eines Massensterbens hatte ihren Preis, einen sehr hohen Preis. Innerhalb kurzer Zeit wurden Bürger- und Freiheitsrechte massiv eingeschränkt, die man über Jahrzehnte hochgehalten, die das Fundament unserer freien Gesellschaft gebildet hatten. Sie wurden ohne großen Widerstand auf dem Coronaaltar geopfert, sie mussten, wie Autor Christian Zeitz diagnostiziert, »dem Diktat des Absolutheitsanspruchs der angeblichen Rettung von Menschenleben weichen«.[109] Angela Merkel sagte in ihrer Rede am 18. März 2020: »Wir sind eine Gemeinschaft, in der jedes Leben und jeder Mensch zählt.«[110] Was bedeuten sollte, dass jede auch noch so unverhältnismäßige und überschießende Maßnahme gerechtfertigt sei, selbst wenn sie in anderen Bereichen wie Demokratie, Wirtschaft etc. gewaltige Schäden anrichten sollte.

Maskenpflicht, Kontaktverbote, Bewegungseinschränkungen, Überwachung und Impfdruck wären undurchführbar gewesen, hätten die Regierung und die ihr nachgeordneten Behörden nicht auf die breite Zustimmung und Unterstützung der Bevölkerung bauen können. Diesen Rückhalt sicherte man sich mit einer Politik der Angst, mit moralischer Erpressung und anderen Drohungen, obwohl sich innerhalb von Wochen herausstellte, dass das neue Virus weit weniger gefährlich und tödlich war, als man es den Bürgern zu Beginn der Pandemie eingeredet hatte. »Die SARS-CoV-2-Viren taugen nicht zum Killervirus, das war bereits Mitte 2020 offensichtlich«,[111] schreibt Mikrobiologe Sucharit Bhakdi. Trotzdem hielt man dieses Bedrohungsszenario entgegen den Forschungsergebnissen und Erkenntnissen, die das Gegenteil bewiesen oder zumindest nahelegten, weiter aufrecht.

Die freie Gesellschaft in Deutschland wurde unter dem Vorwand, eine besonders heimtückische Seuche eindämmen zu müssen, in ein zentral gesteuertes, kollektivistisches System transformiert, in dem der Einzelne nur noch eingeschränkte Rechte hat. Plötzlich hörte man überall »wir«, »gemeinsam«, »#ZusammenGegenCorona«[112] etc. Die *Süddeutsche Zeitung* warnte: »Entscheidend für die Ausbreitung des Virus ist das Verhalten der Bürger. Und schon eine kleinere Minderheit kann die Disziplin aller konterkarieren.«[113] Zwang, Disziplin und Gehorsam standen plötzlich hoch im Kurs, obwohl Staat, Medien, Kultur und Zivilgesellschaft solche Einstellungen, Tugenden beziehungsweise Maßnahmen bis zum Beginn der Pandemie als tendenziell »rechts« und »toxisch-männlich« eingestuft und entsprechend verdammt hatten. Die von Linken so verachteten Sekundärtugenden wie Gehorsam und Pflichtbewusstsein wurden nun massiv von der Regierung und großen Teilen der Bevölkerung eingefordert. Der Lyriker Ernst Jandl schrieb 1966: »[…] lechts und rinks kann man nicht velwechsern. Werch ein illtum.«

Keiner durfte abseitsstehen, ausscheren, die individuelle Freiheit galt plötzlich als Gefahr, als Egoismus, der anderen den Tod bringen kann, und der eigene Körper wurde zum Eigentum des Staats. Der soziale Druck, den die Regierung und in deren Gefolge auch Medien, Kultur, Wirtschaft, Kirchen, Wissenschaft etc. auf die Bevölkerung ausübten, war enorm. Diese Angstkampagne und der massive soziale Druck schafften ein gesellschaftliches Klima, in dem sich politische Projekte umsetzen ließen, die unter normalen Bedingungen (»alte Normalität«) nicht einmal angedacht hätten werden können. In dieser »neuen Normalität« ist Freiheit Egoismus, Kritik Hetze, Eigenverantwortung Gefahr, Individualismus asoziales Verhalten etc.

Die massivste Form des Ausnahmezustandes ist der Krieg. Deshalb setzten Politiker und Medien während der Pandemie auf Kriegsrhetorik, verwendeten Kriegsmetaphern. Merkel sprach von »Verzicht und Opfer«, das Virus wurde generalstabsmäßig bekämpft, in Österreich trat ein Coronaexperte stets in Tarnuniform des Bundesheeres vor die Presse, Krankenschwestern und Ärzte wurden zu Helden, Maßnahmenkritiker hingegen zu »Staatsfeinden«, die man – wir befanden uns schließlich im Krieg gegen das Virus – denunzieren konnte, ja musste: »Allein in Baden-Württemberg gab es innerhalb von zwei Tagen 3000 private Anzeigen wegen Verstößen gegen die Kontaktsperre«,[114] schrieb die *Frankfurter Rundschau.*

Diese Strategie der Angst und die Inszenierung eines massiven Notstandes, ja eines Kampfes respektive Krieges haben sich bewährt. Viele Politiker haben sehr schnell nach Ausbruch der Pandemie erkannt, dass eine Krise oder ein Ausnahmezustand ein effizientes, politisches Machtinstrument ist, das sie nicht mehr aus der Hand legen wollten. Das ist auch der Grund, warum man diese Ausnahmesituation in einen Dauerzustand übergeführt hat.

Die Pandemie verlor für die Politik an Bedeutung, als im Februar 2022 der Krieg in der Ukraine ausbrach. Nun gab es eine neue, ähnlich bedrohliche Ausnahmesituation, die sich innenpolitisch instrumentalisieren ließ, und über all diesen temporären Notständen schwebt die immerwährende Angst vor der Klimaapokalypse. Karl Lauterbach sagte im März 2022: »Wir kommen jetzt in eine Phase hinein, wo der Ausnahmezustand die Normalität sein wird. Wir werden ab jetzt immer im Ausnahmezustand sein.«[115] Denn, so Lauterbach, durch den Klimawandel würden Pandemien und Kriege zum Dauerzustand, er hat also alle gegenwärtigen Angstkulissen in seine Prognose respektive Dystopie gepackt, nach dem Motto: Egal welche Krise oder Bedrohung, Hauptsache der Ausnahmezustand bleibt die Normalität.

Während der Coronapandemie sei »die Bevölkerung kontinuierlich von einer Gesellschaft freier Bürger in ein amorphes Kollektiv von Befehlsempfängern transformiert worden«,[116] schreibt Christian Zeitz. Darauf kann man nach der Pandemie aufbauen, man muss die Bevölkerung nur weiter in Angst halten und mit immer neuen und noch dramatischeren Gefahren drohen. Vor allem die Grünen haben diesbezüglich schon vor der Pandemie wertvolle Aufbauarbeit geleistet. Grüne Politik war immer und von Beginn an eine Politik der Angst und Erpressung, sie predigen seit ihren Anfängen in den 1970ern den nahenden Untergang der Welt beziehungsweise der Menschheit: Versiegende Rohstoffe, atomarer Supergau, Waldsterben, Ozonloch etc. Mit der Etablierung der Grünen hat sich in der Gesellschaft »ein apokalyptisches Lebensgefühl breitgemacht«, so der renommierte Mediävist Johannes Fried. Der bevorstehende Weltuntergang erfordert stets rasches kompromissloses Handeln, sprich: autoritäre Politik, die auf die Interessen der Bürger keine Rücksicht nehmen kann, die demokratische Prozesse umgeht, öffentliche Debatten unterdrückt und Kritiker verfolgt. Es geht schließlich darum, den Untergang der Welt oder, wie bei Corona, ein Massensterben zu verhindern.

Das ist die »neue Normalität« oder der »große Umbruch«. Deshalb befinden wir uns im Dauerkrisenmodus, der es der herrschenden Klasse ermöglicht, alternativlose (= autoritäre) Maßnahmen ohne breite öffentliche Debatte umzusetzen. Das hat während der Pandemie funktioniert, das funktioniert mit der Angst vor der Klimaapokalypse, die es der Ampelregierung ermöglicht, ohne breiten Widerstand eine Politik umzusetzen, die gewaltige Schäden zur Folge hat wie Deindustrialisierung, hohe Energiepreise, Reallohnverluste, Verarmung, Überlastung der Sozialsysteme und vieles mehr.

Auch nach der Pandemie setzt man weiter auf die Spaltung. Nun sind es die »Putin-Versteher« und die »Klimaleugner«, die die Gemeinschaft gefährden. Der Coronanotstand ist auch ohne Corona auf unbestimmte Zeit verlängert worden, man spaltet und hetzt weiter, auch wenn die meisten Politiker nicht mehr an ihre unsinnigen, teilweise fast schon menschenverachtenden Aussagen während der Pandemie erinnert werden möchten. Politische Amnesie ist weitverbreitet, nicht nur bei Olaf Scholz in Sachen Warburg Bank. Wir aber erinnern sie daran. Und wir erinnern vor allem die Bürger daran, mit welch perfiden Methoden ihnen während der Pandemie Angst gemacht wurde.

Zitate Politiker

Angela Merkel, deutsche Bundeskanzlerin, 18.03.2020

»Liebe Mitbürgerinnen, liebe Mitbürger,

das Coronavirus verändert zurzeit das Leben in unserem Land dramatisch. Unsere Vorstellung von Normalität, von öffentlichem Leben, von sozialem Miteinander – all das wird auf die Probe gestellt wie nie zuvor.

Millionen von Ihnen können nicht zur Arbeit, Ihre Kinder können nicht zur Schule oder in die Kita, Theater und Kinos und Geschäfte sind geschlossen, und, was vielleicht das Schwerste ist: Uns allen fehlen die Begegnungen, die sonst selbstverständlich sind. Natürlich ist jeder von uns in solch einer Situation voller Fragen und voller Sorgen, wie es weitergeht.

Ich wende mich heute auf diesem ungewöhnlichen Weg an Sie, weil ich Ihnen sagen will, was mich als Bundeskanzlerin und alle meine Kollegen in der Bundesregierung in dieser Situation leitet. Das gehört zu einer offenen Demokratie: dass wir die politischen Entscheidungen auch transparent machen und erläutern. Dass wir unser Handeln möglichst gut begründen und kommunizieren, damit es nachvollziehbar wird. Ich glaube fest daran, dass wir diese Aufgabe bestehen, wenn wirklich alle Bürgerinnen und Bürger sie als IHRE Aufgabe begreifen.

Deswegen lassen Sie mich sagen: Es ist ernst. Nehmen Sie es auch ernst. Seit der Deutschen Einheit, nein, seit dem Zweiten Weltkrieg gab es keine Herausforderung an unser

Land mehr, bei der es so sehr auf unser gemeinsames solidarisches Handeln ankommt.

Ich möchte Ihnen erklären, wo wir aktuell stehen in der Epidemie, was die Bundesregierung und die staatlichen Ebenen tun, um alle in unserer Gemeinschaft zu schützen und den ökonomischen, sozialen, kulturellen Schaden zu begrenzen. Aber ich möchte Ihnen auch vermitteln, warum es Sie dafür braucht, und was jeder und jede Einzelne dazu beitragen kann. Zur Epidemie – und alles, was ich Ihnen dazu sage, kommt aus den ständigen Beratungen der Bundesregierung mit den Experten des Robert Koch-Instituts und anderen Wissenschaftlern und Virologen: Es wird weltweit unter Hochdruck geforscht, aber noch gibt es weder eine Therapie gegen das Coronavirus noch einen Impfstoff.

Solange das so ist, gibt es nur eines, und das ist die Richtschnur all unseres Handelns: die Ausbreitung des Virus zu verlangsamen, sie über die Monate zu strecken und so Zeit zu gewinnen. Zeit, damit die Forschung ein Medikament und einen Impfstoff entwickeln kann. Aber vor allem auch Zeit, damit diejenigen, die erkranken, bestmöglich versorgt werden können.

Deutschland hat ein exzellentes Gesundheitssystem, vielleicht eines der besten der Welt. Das kann uns Zuversicht geben. Aber auch unsere Krankenhäuser wären völlig überfordert, wenn in kürzester Zeit zu viele Patienten eingeliefert würden, die einen schweren Verlauf der Coronainfektion erleiden. Das sind nicht einfach abstrakte Zahlen in einer Statistik, sondern das ist ein Vater oder Großvater, eine Mutter oder Großmutter, eine Partnerin oder ein

Partner, es sind Menschen. Und wir sind eine Gemeinschaft, in der jedes Leben und jeder Mensch zählt.

Ich möchte mich bei dieser Gelegenheit zuallererst an alle wenden, die als Ärzte oder Ärztinnen, im Pflegedienst oder in einer sonstigen Funktion in unseren Krankenhäusern und überhaupt im Gesundheitswesen arbeiten. Sie stehen für uns in diesem Kampf in der vordersten Linie. Sie sehen als Erste die Kranken und wie schwer manche Verläufe der Infektion sind. Und jeden Tag gehen Sie aufs Neue an Ihre Arbeit und sind für die Menschen da. Was Sie leisten, ist gewaltig, und ich danke Ihnen von ganzem Herzen dafür.

Also: Es geht darum, das Virus auf seinem Weg durch Deutschland zu verlangsamen. Und dabei müssen wir, das ist existenziell, auf eines setzen: das öffentliche Leben soweit es geht herunterzufahren. Natürlich mit Vernunft und Augenmaß, denn der Staat wird weiter funktionieren, die Versorgung wird selbstverständlich weiter gesichert sein, und wir wollen so viel wirtschaftliche Tätigkeit wie möglich bewahren.

Aber alles, was Menschen gefährden könnte, alles, was dem Einzelnen, aber auch der Gemeinschaft schaden könnte, das müssen wir jetzt reduzieren. Wir müssen das Risiko, dass der eine den anderen ansteckt, so begrenzen, wie wir nur können.

Ich weiß, wie dramatisch schon jetzt die Einschränkungen sind: keine Veranstaltungen mehr, keine Messen, keine Konzerte und vorerst auch keine Schule mehr, keine Universität, kein Kindergarten, kein Spiel auf einem Spielplatz.

Ich weiß, wie hart die Schließungen, auf die sich Bund und Länder geeinigt haben, in unser Leben und auch unser demokratisches Selbstverständnis eingreifen. Es sind Einschränkungen, wie es sie in der Bundesrepublik noch nie gab.

Lassen Sie mich versichern: Für jemanden wie mich, für den die Reise- und Bewegungsfreiheit ein schwer erkämpftes Recht war, sind solche Einschränkungen nur in der absoluten Notwendigkeit zu rechtfertigen. Sie sollten in einer Demokratie nie leichtfertig und nur temporär beschlossen werden – aber sie sind im Moment unverzichtbar, um Leben zu retten. Deswegen sind seit Anfang der Woche die verschärften Grenzkontrollen und Einreisebeschränkungen zu einigen unserer wichtigsten Nachbarländer in Kraft.

Für die Wirtschaft, die großen Unternehmen genau wie die kleinen Betriebe, für Geschäfte, Restaurants, Freiberufler ist es jetzt schon sehr schwer. Die nächsten Wochen werden noch schwerer. Ich versichere Ihnen: Die Bundesregierung tut alles, was sie kann, um die wirtschaftlichen Auswirkungen abzufedern – und vor allem um Arbeitsplätze zu bewahren.

Wir können und werden alles einsetzen, was es braucht, um unseren Unternehmern und Arbeitnehmern durch diese schwere Prüfung zu helfen. Und alle können sich darauf verlassen, dass die Lebensmittelversorgung jederzeit gesichert ist, und wenn Regale einen Tag mal leer geräumt sind, so werden sie nachgefüllt. Jedem, der in den Supermärkten unterwegs ist, möchte ich sagen: Vorratshaltung ist sinnvoll, war es im Übrigen immer schon. Aber mit Maß; Hamstern, als werde es nie wieder etwas geben, ist sinnlos und letztlich vollkommen unsolidarisch.

Und lassen Sie mich auch hier Dank aussprechen an Menschen, denen zu selten gedankt wird. Wer in diesen Tagen an einer Supermarktkasse sitzt oder Regale befüllt, der macht einen der schwersten Jobs, die es zurzeit gibt. Danke, dass Sie da sind für ihre Mitbürger und buchstäblich den Laden am Laufen halten. Jetzt zu dem, was mir heute das Dringendste ist: Alle staatlichen Maßnahmen gingen ins Leere, wenn wir nicht das wirksamste Mittel gegen die zu schnelle Ausbreitung des Virus einsetzen würden: Und das sind wir selbst. So wie unterschiedslos jeder von uns von dem Virus betroffen sein kann, so muss jetzt auch jede und jeder helfen. Zuallererst, indem wir ernst nehmen, worum es heute geht. Nicht in Panik verfallen, aber auch nicht einen Moment denken, auf ihn oder sie komme es doch nicht wirklich an. Niemand ist verzichtbar. Alle zählen, es braucht unser aller Anstrengung.

Das ist, was eine Epidemie uns zeigt: wie verwundbar wir alle sind, wie abhängig von dem rücksichtsvollen Verhalten anderer, aber damit eben auch: wie wir durch gemeinsames Handeln uns schützen und gegenseitig stärken können.

Es kommt auf jeden an. Wir sind nicht verdammt, die Ausbreitung des Virus passiv hinzunehmen. Wir haben ein Mittel dagegen: wir müssen aus Rücksicht voneinander Abstand halten. Der Rat der Virologen ist ja eindeutig: Kein Handschlag mehr, gründlich und oft die Hände waschen, mindestens 1,5 Meter Abstand zum Nächsten und am besten kaum noch Kontakte zu den ganz Alten, weil sie eben besonders gefährdet sind.

Ich weiß, wie schwer das ist, was da von uns verlangt wird. Wir möchten, gerade in Zeiten der Not, einander nah sein. Wir kennen Zuwendung als körperliche Nähe oder Berührung. Doch im Augenblick ist leider das Gegenteil richtig. Und das müssen wirklich alle begreifen: Im Moment ist nur Abstand Ausdruck von Fürsorge.

Der gut gemeinte Besuch, die Reise, die nicht hätte sein müssen, das alles kann Ansteckung bedeuten und sollte jetzt wirklich nicht mehr stattfinden. Es hat seinen Grund, warum die Experten sagen: Großeltern und Enkel sollten jetzt nicht zusammenkommen.

Wer unnötige Begegnungen vermeidet, hilft allen, die sich in den Krankenhäusern um täglich mehr Fälle kümmern müssen. So retten wir Leben. Das wird für viele schwer, und auch darauf wird es ankommen: niemanden allein zu lassen, sich um die zu kümmern, die Zuspruch und Zuversicht brauchen. Wir werden als Familien und als Gesellschaft andere Formen finden, einander beizustehen.

Schon jetzt gibt es viele kreative Formen, die dem Virus und seinen sozialen Folgen trotzen. Schon jetzt gibt es Enkel, die ihren Großeltern einen Podcast aufnehmen, damit sie nicht einsam sind.

Wir alle müssen Wege finden, um Zuneigung und Freundschaft zu zeigen: Skypen, Telefonate, Mails und vielleicht mal wieder Briefe schreiben. Die Post wird ja ausgeliefert. Man hört jetzt von wunderbaren Beispielen von Nachbarschaftshilfe für die Älteren, die nicht selbst zum Einkaufen gehen können. Ich bin sicher, da geht noch viel mehr, und wir werden als Gemeinschaft zeigen, dass wir einander nicht allein lassen.

Ich appelliere an Sie: Halten Sie sich an die Regeln, die nun für die nächste Zeit gelten. Wir werden als Regierung stets neu prüfen, was sich wieder korrigieren lässt, aber auch: was womöglich noch nötig ist.

Dies ist eine dynamische Situation, und wir werden in ihr lernfähig bleiben, um jederzeit umdenken und mit anderen Instrumenten reagieren zu können. Auch das werden wir dann erklären.

Deswegen bitte ich Sie: Glauben Sie keinen Gerüchten, sondern nur den offiziellen Mitteilungen, die wir immer auch in viele Sprachen übersetzen lassen.

Wir sind eine Demokratie. Wir leben nicht von Zwang, sondern von geteiltem Wissen und Mitwirkung. Dies ist eine historische Aufgabe, und sie ist nur gemeinsam zu bewältigen.

Dass wir diese Krise überwinden werden, dessen bin ich vollkommen sicher. Aber wie hoch werden die Opfer sein? Wie viele geliebte Menschen werden wir verlieren? Wir haben es zu einem großen Teil selbst in der Hand. Wir können jetzt, entschlossen, alle miteinander reagieren. Wir können die aktuellen Einschränkungen annehmen und einander beistehen.

Diese Situation ist ernst, und sie ist offen. Das heißt: Es wird nicht nur, aber auch, davon abhängen, wie diszipliniert jeder und jede die Regeln befolgt und umsetzt. Wir müssen, auch wenn wir so etwas noch nie erlebt haben, zeigen, dass wir herzlich und vernünftig handeln und so Leben retten. Es kommt ohne Ausnahme auf jeden Einzelnen und damit auf uns alle an.

Passen Sie gut auf sich und Ihre Liebsten auf.
Ich danke Ihnen.«[117]

Verfasst wurde diese bemerkenswerte Fernsehansprache von Merkels Büroleiterin Beate Baumann und dem damaligen Regierungssprecher und früheren ZDF-Journalisten Steffen Seibert (nur nebenbei bemerkt: Als in Berlin die sogenannte Ampelkoalition die Regierung übernahm, wurde Seibert deutscher Botschafter in Israel). Die gesamte Rede ist durchsetzt von Angst machenden Chiffren. So zum Beispiel die Kernbotschaft: »Es ist ernst. Nehmen Sie es auch ernst.« Oder auch: »Aber wie hoch werden die Opfer sein? Wie viele geliebte Menschen werden wir verlieren? Wir haben es zu einem großen Teil selbst in der Hand.« Und am Ende dann nochmal der Appell: »Passen Sie gut auf sich auf«. Ursprünglich enthielt der Text auch Aussagen zu den wirtschaftlichen Folgen von Corona, diese wurden von Merkel aber kurzerhand gestrichen.

Christian Engelhardt, Landrat, Kreis Bergstraße, 07.08.2020
»Wenn ihr unvorsichtig seid […], riskiert ihr die Arbeitsplätze eurer Eltern oder eure eigene wirtschaftliche Zukunft.«[118]

Der Landrat stellt diese Videobotschaft ins Netz, nachdem er auf einem Schulhof Schüler ohne Maske beobachtet hatte. Nun versucht er die Schüler unter Druck zu setzen, sie quasi zu erpressen. Dem Coronaregime müssen sich alle unterwerfen, gerade Kinder und Jugendliche.

Karl Lauterbach,
deutscher Gesundheitsminister (SPD), 18.09.2020

»Derjenige, der die Verstöße meldet, der macht damit auch etwas für die allgemeine Gesellschaft.«[119]

Wer andere wegen eines Verstoßes bei den Behörden anzeigt oder diese über soziale Medien öffentlich macht, ist je nach Perspektive ein Denunziant, Verräter oder ein Held, Whistleblower, einer der etwas für die »allgemeine Gesellschaft« macht. Lauterbach und viele andere setzen die Denunziation während der Pandemie in einen positiven Kontext, erklären sie zu einem Dienst an der Allgemeinheit. Der US-Soziologe Patrick Bergemann beschäftigt sich mit dem Phänomen der Denunziation. Er schreibt: »Insbesondere repressive politische Regime schätzen Denunziation als ein Mittel zur Identifizierung von Gegnern und zur Abschreckung.«[120]

Karl Lauterbach,
deutscher Gesundheitsminister (SPD), 28.10.2020

»Die Unverletzbarkeit der Wohnung darf kein Argument mehr für ausbleibende Kontrollen sein.«[121]

Heißt im Klartext: Wenn es um Corona (oder einen sonstigen Virusinfekt geht), dürfen der Staat beziehungsweise dessen Behörden in jede Wohnung, die unter Verdacht steht, ihre Schnüffelnasen stecken. Im Grundgesetz für die Bundesrepublik Deutschland Art 13 heißt es: »(1) Die Wohnung ist unverletzlich. (2) Durchsuchungen dürfen nur durch den Richter, bei Gefahr im Verzuge auch durch die in den Gesetzen vorgesehenen anderen Organe angeordnet und nur in der dort vorgeschriebenen Form durchgeführt werden.« Die Unverletzbarkeit der Wohnung ist für unsere freie demokratisch verfasste Gesellschaft so elementar wie das Recht auf Privateigentum (das derzeit ebenfalls massiv angegriffen wird) oder das Recht auf körperliche Unversehrtheit. Solche Grundrechte einschränken zu wollen oder infrage zu stellen – egal unter welchem Vorwand – bedeutet, auch die Demokratie und den Rechtsstaat infrage zu stellen.

Boris Ludwig Pistorius,
niedersächsischer Innenminister (SPD), 10.11.2020

»Wir können [...] über jede Maßnahme diskutieren – ja, das sollten wir sogar! Aber das Verleugnen [...] kann und wird in letzter Konsequenz dazu führen, dass andere Menschen in ihrer Gesundheit massiv gefährdet werden und im schlimmsten Fall sterben. Wer so etwas tut [...], der denkt nicht ›quer‹, der denkt viel zu kurz, der denkt gar nicht oder mit einer anderen Zielrichtung.«[122]

Ein schier unglaublicher Satz. Indirekt wirft der damalige Innenminister Niedersachsens den Kritikern der offiziellen Coronapolitik vor, den Tod von Menschen – »... im schlimmsten Fall sterben ...« – billigend in Kauf zu nehmen.

Emmanuel Macron, französischer Staatspräsident, 04.01.2021

»Ich habe große Lust, die Ungeimpften anzukacken.«[123]

Wer als Staatsoberhaupt Sch... redet, verdient an dieser Stelle keinen Kommentar.

Uwe Brandl,
Präsident des bayerischen Gemeindetags und Bürgermeister der niederbayerischen Stadt Abensberg, 11.01.2021

»Wir könnten heute Bewegungsprofile aus den Handys auslesen und auf diese Weise sehr treffsicher feststellen, wo sich die Menschen aufhalten. Wir müssen uns halt jetzt entscheiden, was wichtiger ist, der Gesundheitsschutz oder der Datenschutz.«[124]

Da lässt einer die Katze aus dem Sack: Anhand von Bewegungsprofilen aus dem Handy wissen die Behörden »treffsicher«, wo sich die Menschen aufhalten. Ob die Menschen das wollen – ganz unabhängig von Corona? Brandl will über die Smartphones der Bürger die sogenannten 15-km-Regel (Wer in Bayern in einer Gegend mit besonders hohen Infektionszahlen wohnte, durfte sich bei Ausflügen nur noch in einem Radius von 15 Kilometern rund um seinen Wohnort bewegen.) überwachen. »Ich glaube, wir müssen einfach mehr Mut haben dazu, dass man die digitalen Möglichkeiten nutzt«, so Brandl weiter. Nach Kritik von mehreren Seiten wird sein Vorschlag nicht weiterverfolgt, er zeigt aber, welche Begehrlichkeiten und Machtfantasien die Pandemie bei vielen Politikern, selbst auf kommunaler Ebene, geweckt hat: Gelegenheit macht Diebe.

Frank Schneider,
Bürgermeister von Langenfeld (CDU), 10.02.2021

»Denn leider ist nicht nur das Virus eine Bedrohung für Gesundheit und Leben, sondern auch die mit seiner Ausbreitung wachsenden Verschwörungstheorien.«[125]

Schneider verfasst gemeinsam mit anderen Langenfelder Stadtpolitikern eine Erklärung gegen »Coronaleugner«. Darin wettern die Kommunalpolitiker gegen die »Covidioten«, die für sie offenbar eine größere Gefahr als das Virus selbst darstellen. Man gesteht den Bürgern zwar zu, über »einzelne Entscheidungen und Maßnahmen der Bundesregierung und des Landes NRW« zu diskutieren, doch dabei ist Vorsicht geboten: »Rat und Verwaltung der Stadt Langenfeld Rhld. mahnen und warnen aber im Zuge solcher Diskussionen davor, den Pfad der menschlichen Vernunft zu verlassen und sich Theorien und Gruppierungen anzuschließen, die teilweise Ziele verfolgen könnten, die in der Konsequenz nichts mit dem Pandemie-Geschehen zu tun haben.« Da ruft jemand ganz laut: Haltet den Dieb! Dieser vom Establishment abgesteckte »Pfad der Vernunft« ist ein während der Pandemie immer schmaler werdender Weg.

Angela Merkel, deutsche Bundeskanzlerin, 19.02.2021

»Die Pandemie ist erst besiegt, wenn alle Menschen auf der Welt geimpft sind.«[126]

Angela Merkel auf einer Videokonferenz der G7-Staaten. Nach Berechnungen der Vereinten Nationen lebten Ende November 2022 über 8 Milliarden Menschen auf der Erde. Wären tatsächlich alle geimpft worden, so wie das der Bundeskanzlerin (und wohl auch der Impfindustrie) als wünschenswert vorschwebte, kann man sich in etwa vorstellen, wie viele Menschen heute an den Nebenwirkungen der Coronaimpfung litten.

Fritz Kuhn,
ehemaliger Oberbürgermeister von Stuttgart (Grüne), 23.04.2021

»Oh Herr, schmeiss Hirn ra.«[127]

Kuhn reagiert auf die Aktion »#allesdichtmachen«, bei der 53 Promis, darunter Jan Josef Liefers und Ulrich Tukur, in kurzen YouTube-Videos die Coronapolitik kritisieren. Kuhn unterstellt ihnen Hirnlosigkeit. Die Reaktionen auf »#allesdichtmachen« fallen in

Politik und Medien unter anderem deshalb so heftig aus, weil Videos bei den sogenannten Coronaleugnern, Schwurblern, also bei kritischen Bürgern, gut ankommen und sie von prominenter Seite, mitten aus dem politmedialen Establishment, Unterstützung bekommen.

Hans Magnus Enzensberger schrieb bereits 1962 in seinem Essayband *Einzelheiten,* dass »die Angst vor dem ›Beifall von der falschen Seite‹ ein Charakteristikum totalitären Denkens« sei. Denn es spielt keine Rolle, ob das Gesagte richtig ist oder nicht, entscheidend ist, ob es von den »Falschen«, dem politischen Gegner, dem Klassen- oder Coronafeind beklatscht wird oder nicht. Ob die Kritik der prominenten Schauspieler an den Coronamaßnahmen berechtigt war oder nicht, war also nicht von Belang. Sie wurden umgehend mit der Nazi-Keule mundtot geprügelt. Viele Promis ruderten nach dem medialen Shitstorm gegen sie zurück, entschuldigten sich umgehend für ihr unbotmäßiges Verhalten.

Was bei den Promis funktioniert hat, funktionierte auch im Großen in der Gesellschaft. Viele Bürger trauen sich nicht mehr, ihre Meinung offen zu sagen: »Knapp die Hälfte der deutschen Bevölkerung ist überzeugt davon, dass eine freie Meinungsäußerung nicht mehr möglich ist, ohne mit Konsequenzen rechnen zu müssen.«[128] Das hat eine Allensbach-Umfrage im Pandemiejahr 2021 ergeben.

Winfried Kretschmann, Ministerpräsident von Baden-Württemberg (Grüne), 25.06.2021

»Wir sollten also einmal grundsätzlich erwägen, ob wir nicht das Regime ändern müssen, sodass harte Eingriffe in die Bürgerfreiheiten möglich werden, um die Pandemie schnell in den Griff zu bekommen.«[129]

Der in jungen Jahren im kommunistischen Umfeld aktive Kretschmann zählt zu den schärfsten Coronahardlinern in Deutschland. Er verlangt Gehorsam von den Bürgern und will die Pandemie nutzen, um die Bürgerfreiheiten im großen Stil einzuschränken. Seine Vorstöße in diese Richtung gehen selbst anderen Mainstreampolitikern zu weit. Das gilt auch für die hier zitierte »Erwägung«. Kretschmann rudert nach heftiger Kritik zurück und fühlt sich »missverstanden«. Das ist aber nur Taktik. Die Strategie, seine politischen Ziele gegen die Interessen und den Willen der Bürger durchzusetzen, die Kretschmann und viele andere Politiker vor allem, aber nicht nur während der Pandemie anwenden, hat der ehemalige EU-Kommissionspräsident Jean-Claude Juncker so beschrieben: »Wir beschließen etwas, stellen das dann in den Raum und warten einige Zeit ab, was passiert. Wenn es dann kein großes Geschrei gibt und keine Aufstände, weil die meisten gar nicht begreifen, was da beschlossen wurde, dann machen wir weiter – Schritt für Schritt, bis es kein Zurück mehr gibt.«[130] Bei diesem Vorstoß hat es nicht funktioniert, bei vielen anderen während der Pandemie schon. Schritt für Schritt wurden die Freiheiten der Bürger eingeschränkt und die Bürger an diese neue Realität gewöhnt.

Mario Draghi, italienischer Ministerpräsident und ehemaliger Präsident der Europäischen Zentralbank (EZB), 21.07.2021

»Der Aufruf, sich nicht impfen zu lassen, ist ein Aufruf zum Sterben. Man wird nicht geimpft, man wird krank, man stirbt oder man tötet.«[131]

So mahnte Mario Draghi bei einer Pressekonferenz in Rom. Folgt man den Einlassungen Draghis, dann sind Nichtgeimpfte entweder Selbstmörder oder Mörder.

Karl Lauterbach,
deutscher Gesundheitsminister (SPD), 14.08.2021

»[…] geht es darum, weshalb eine Minderheit der Gesellschaft eine nebenwirkungsfreie Impfung nicht will, obwohl sie gratis ist und ihr Leben und das vieler anderer retten kann.«[132]

Man muss immer wieder darauf hinweisen: Der Gesundheitsminister von Deutschland, der führende Kopf der deutschen Coronapolitik, hat den Bürgern die Coronaimpfung als »nebenwirkungsfrei« empfohlen! Der ausbleibende Aufschrei der Experten, Journalisten und anderer Politiker ist mindestens genauso skandalös wie Lauterbachs Aussage. Mittlerweile leiden Millionen von Menschen weltweit an den Impfschäden dieser »nebenwirkungsfreien« Impfung.

Winfried Kretschmann, Ministerpräsident von Baden-Württemberg (Grüne), 14.08.2021

»Und was immer man von dem Gesetz halten mag, man muss ihm gehorchen.«[133]

Während der Pandemie reduziert sich die Politik oftmals darauf, der Bevölkerung Befehle (die man euphemistisch als alternativlose Maßnahmen bezeichnet) zu erteilen. Demokratische Entscheidungsprozesse spielen während der Pandemie nur noch eine untergeordnete Rolle. Politiker wie Kretschmann erwarten sich zudem absoluten Gehorsam von der Bevölkerung. Die *Neue Zürcher Zeitung* schreibt, unter anderem mit Blick auf Kretschmann: »In der Coronakrise entdecken Politiker den Herrenreiter in sich und greifen zum autoritären Wort.«[134] Dass vor allem Politiker vom linken Rand, wie Kretschmann, sich in der Rolle des Herrenreiters gefallen, liegt an ihrer ideologischen Verwurzelung. Kretschmann hat eine kommunistische Vergangenheit, er war bei der »Kommunistische Studentengruppe/Marxisten-Leninisten« aktiv, hatte also oder hat noch immer eine problematische Beziehung zu Demokratie, Individualismus und Mitbestimmung. Die Pandemie bot ihm die Gelegenheit, seine politischen Wurzeln auszugraben. In einem Zeitungsinterview 2018 sagte er prophetisch, allerdings nicht auf sich, sondern auf den »rechten« Klassenfeind gemünzt: »Sobald es kriselt, kommen in uns archaische Muster hoch.«[135]

Volker Beck, ehemaliger Bundestagsabgeordneter (Bündnis 90/Die Grünen), 04.09.2021

»Es ist Zeit für eine Impfpflicht. Eine verantwortungslose Minderheit darf nicht die Gesellschaft terrorisieren.«[136]

Was sagt uns dieses Statement? Es sagt uns nicht mehr und nicht weniger, als dass Volker Beck – immerhin Mitglied einer Partei der sogenannten Ampelregierung – Menschen, die sich nicht impfen lassen, als verantwortungslos und potenziell terroristisch stigmatisiert.

Joachim Gauck, deutscher Altbundespräsident, 11.09.2021

»Dann ist ja auch schrecklich, dass wir in einem Land leben, in dem nicht nur Bildungswillige leben, sondern auch hinreichende Zahlen von Bekloppten. Also Entschuldigung: Das darf ich mal so locker formulieren, ich bin ja jetzt Rentner und muss nicht mehr auf jedes Wort achten.«[137]

Der einstige Präsident der Bundesrepublik bezeichnet Impfskeptiker als »Bekloppte«. Folgt man seiner Aussage, dann hätte er 5 Jahre lang als Staatspräsident eines Landes amtiert, in dem laut seinen eigenen Aussagen »hinreichende Zahlen von Bekloppten« leben und arbeiten. »Bekloppte«, die Tag für Tag zur Arbeit gehen und mit ihren horrenden Steuergeldern Politikern wie Gauck ein hinlängliches Einkommen garantieren.

Mario Dujakovic, Pressesprecher des Wiener Gesundheitsstadtrates Peter Hacker (SPÖ), 17.09.2021

Wenn jemand die Arbeitsaufnahme verweigert »kürzen wir die Bezüge in einem ersten Schritt automatisch um 25 Prozent, dann um 50 Prozent und am Ende um 100 Prozent.«[138]

Die Stadt Wien setzte bei Ungeimpften auf volle Härte. Ein unübliches Vorgehen der roten Stadtregierung, die ansonsten Sozialgelder extrem großzügig und ohne nennenswerte Auflagen aus dem Fenster schmeißt. Der Landesrechnungshof kritisierte etwa, dass die Stadt Sozialgelder ohne Kontrolle auch an Personen – in der Regel Migranten – monatlich ausbezahlt, die sich nicht ausweisen können oder wollen.[139] Das zeigt, wie sehr Ungeimpfte zu Bürgern zweiter Klasse degradiert wurden, die auf der sozialen Leiter ganz unten stehen, zumal selbst Schwerverbrechern Sozialleistungen nicht vorenthalten werden.

Karl Lauterbach,
deutscher Gesundheitsminister (SPD), 15.11.2021

»Der Quasi-Lockdown der Ungeimpften ist ein Muss. Es geht nicht anders.«[140]

Mit solchen Zwangsmaßnahmen, die das Leben der Ungeimpften massiv einschränkten, versuchte Lauterbach die Impfquote nach oben zu treiben, ohne die Risken und den tatsächlichen Nutzen der Impfung abzuwägen. Schon damals gab es massive und begründete Zweifel an der Wirksamkeit und an der Ungefährlichkeit dieser neu entwickelten Impfstoffe. Viele Studien und Zahlen belegten das.[141]

Andy Grote, Innensenator Hamburg (SPD), 16.11.2021

»Das ist immer gut, wenn wir uns das gegenseitig erzählen. Noch besser ist es, wenn wir das als Information bei den Polizeidienststellen hinterlassen, die gehen dem dann auch nach.«[142]

Der Hamburger Innensenator ruft die Bevölkerung auf, der Polizei Verstöße gegen die Coronaregeln zu melden. Denunziantentum ist fixer Bestandteil aller autoritären Systeme. Es wird in Deutschland während der Pandemie von vielen Politikern und Journalisten auch eingefordert, weil es für die flächendeckende Durchsetzung solch restriktiver Maßnahmen neben der staatlichen Überwachung und Kontrolle eine wichtige Komponente ist und für das notwendige Wirgefühl sorgen soll, um die Coronaleugner beziehungsweise -sünder ausgrenzen zu können.

Kurios an Grotes Aufforderung ist, dass er selbst wegen des Verstoßes gegen die Coronaregeln 1000 Euro Bußgeld zahlen musste. Ein Twitter-User, der auf diesen Umstand hinwies, wurde von Grote angezeigt, diese Anzeige hatte wiederum eine Razzia bei besagtem User zur Folge.[143] Denunziantentum ist also nur erwünscht, wenn die anderen angeschwärzt werden.

Markus Lewe, Oberbürgermeister von Münster und Präsident des Städtetags (CDU), 18.11.2021

»Der Druck auf Ungeimpfte muss erhöht werden.«[144]

Selbst die ohnehin schon scharfen Maßnahmen und Beschränkungen und die flächendeckende soziale Ächtung der Ungeimpften geht vielen Politikern nicht weit genug. Sie fordern aus Prinzip und weil es die Lage erlaubt strengere Maßnahmen. Nicht weil es für den Verlauf der Pandemie entscheidend wäre, sondern weil diese

»renitenten« Menschen den Umbau der Gesellschaft und den Abbau ihrer Bürgerrechte nicht einfach hinnehmen wollen.

Manuela Matz, Wirtschaftsdezernentin der rheinland-pfälzischen Landeshauptstadt Mainz (CDU), 19.11.2021

»Jeder, der nicht geimpft oder genesen ist, der ist dort nicht willkommen.«[145]

Mit diesen Worten grenzte die Kommunalpolitikerin zahlreiche Mainzer und Gäste von außerhalb vom Besuch des Weihnachtsmarktes auf den Domplätzen aus. Gleichzeitig kündigte sie harte Strafen für all jene an, die sich nicht an die 2G-Regel (geimpft oder genesen) hielten: Sie sollten 150 Euro Bußgeld berappen. Populär gemacht hat sich Manuela Matz damit nicht. Bei den Mainzer Oberbürgermeisterwahlen im Februar 2023 ist sie mit ihrer Kandidatur krachend gescheitert.

Markus Söder, Bayerischer Ministerpräsident (CSU), 21.11.2021

»Wir haben lange Rücksicht auf alle Ungeimpften genommen. Jetzt müssen wir weniger Rücksicht nehmen auf die, die selbst keine nehmen.«[146]

Söder kündigt im November einen Lockdown für Ungeimpfte an und attackiert einmal mehr die Impfskeptiker, auf die man keine Rücksicht zu nehmen brauche. Mit den Ungeimpften existiert plötzlich eine gesellschaftliche Gruppe, auf die man völlig hemmungslos eindreschen, die man beschimpfen, diskriminieren, vom gesellschaftlichen Leben aussperren kann. Das lassen sich viele Politiker wie Söder, Journalisten und auch Bürger nicht entgehen, zumal sie in unserer woken Gesellschaftsordnung die Bedürfnisse und Befindlichkeiten jeder noch so exotischen Minderheit achten und aufpassen müssen, deren Gefühle nicht zu verletzen. Selbst kleinste sprachliche Ungenauigkeiten und Verfehlungen können Sexismus-, Rassismus-, Homophobie- und andere massive Vorwürfe nach sich ziehen. Die politische Korrektheit hat die Meinungsfreiheit massiv eingeschränkt. Für die Ungeimpften gilt das alles nicht, sie stehen außerhalb der Gemeinschaft der Guten und Bedürftigen, sie fungieren in einer von Wokeness und Cancel Culture geknebelten Gesellschaft als Ventil. Endlich dürfen die gendernden, kultursensiblen, stets toleranten und politisch korrekten Unter- und Obertanen die Sau rauslassen. Das wird von Politikern, Kabarettisten und vielen Bürgern exzessiv genutzt, wie die Auflistung von Schimpfwörtern im Anhang dieses Buches eindrücklich belegt (Corona-Hass- und Schimpfwörterbuch siehe Seite 210).

Friedrich Merz, Bundestagsabgeordneter (CDU), 24.11.2021

»Man kann ihm sagen: Es gibt zwei Möglichkeiten. Entweder lässt du dich impfen – dann spielst du. Oder du lässt dich nicht impfen, dann spielst du nicht. Konsequent. Dieses Land muss jetzt irgendwann einmal konsequent sein.«[147]

Merz fordert ein Berufsverbot für Joshua Kimmich. Der Bayern-München-Star wird zur Zielscheibe von Politik und Medien, weil er sich nicht impfen lassen möchte. An ihm wollen viele Coronahardliner, darunter auch der spätere CDU-Chef, ein Exempel statuieren.

Karl Lauterbach,
deutscher Gesundheitsminister (SPD), 25.11.2021

»Peinlich, ganz ehrlich. Der ›vorsichtige Ungeimpfte‹ existiert nicht. Wer sich nicht impfen lässt, ist grundsätzlich nicht vorsichtig. Er riskiert das Leben anderer Menschen.«[148]

Das antwortet Karl Lauterbach auf das folgende Twitter-Posting von Sahra Wagenknecht: »Geimpften wurde mit #2G falsche Sicherheit eingeredet, kritisiert der Virologe Kekulé. Dabei zeigten Studien, ›dass die Ansteckungsgefahr bei vorsichtigen Ungeimpften geringer ist als bei denjenigen Geimpften, die glauben, ihnen könne nichts passieren.‹«[149] Lauterbachs Reaktion zeigt zweierlei: Erstens, dass er nicht bereit oder in der Lage ist, fachlich und intellektuell auf Augenhöhe mit kritischen Wissenschaftlern zu diskutieren, er unterstellt ihnen, ohne es zu begründen, wie in einer Kneipendiskussion »Peinlichkeit«. Und zweitens, dass die »Ungeimpften« nichts anderes als Sündenböcke sind, denen man alles aufladen kann, vor allem die eigene Unfähigkeit.

Carsten Körber, Bundestagsabgeordneter (CDU), 01.12.2021

»Ups. Und da haben wir es schon, das kleine Problem. Einige derer, die die Impfung ablehnen, gehören ganz offensichtlich auch zu den Menschen, die ernsthaft der Ansicht sind, dass Grundrechte nicht mit Verantwortung einhergehen und dass sie auch schrankenlos zu gelten haben. Sorry, das ist leider falsch.«[150]

Ups, Grundrechte gelten in der neuen Coronanormalität nur noch eingeschränkt, sorry. Mit welcher Flapsigkeit beziehungsweise Nonchalance viele Politiker elementare Grundrechte infrage stellen, Errungenschaften unserer westlichen Gesellschaft einfach abdrehen wollen, ist erschreckend. Dass das keine größeren Proteste und Widerstände auslöst, liegt unter anderem daran, dass Freiheit und Grundrechte für viele Bürger offenbar wenig Bedeutung haben, bestenfalls – wenn überhaupt – ein »Nice to have« sind. Viele ziehen ein scheinbar nach allen Seiten staatlich abgesichertes Leben in einem übermächtigen Nanny-Staat dem Leben in Freiheit und Selbstbestimmung vor.

Boris Palmer,
Oberbürgermeister von Tübingen (Grüne), 02.12.2021

»Nein verdammt, es gibt keine Meinungsfreiheit zu Tatsachen.«[151]

Da während der Coronapandemie »die« Wissenschaft in Absprache mit der Politik »Tatsachen« festlegt, entscheidet das politmediale Establishment, was eine Tatsache ist und was nicht, sprich: was eine erlaubte und eine verbotene Meinung ist. Auch wenn Palmer seine demokratiepolitisch bedenkliche Haltung mehr schlecht als recht hinter Worthülsen und Wissenschaftlichkeit zu verstecken versucht, bleibt es doch tendenziell autoritäres Denken.

Karl Lauterbach,
deutscher Gesundheitsminister (SPD), 06.12.2021

»Das sind Menschen, die haben diese Achtung nicht verdient.«[152]

Bei der ARD-Talk-Show *Anne Will* missbraucht Lauterbach einmal mehr die Ungeimpften als Sündenbock für sein eigenes Versagen bei der Bekämpfung der Coronapandemie. »Wir impfen jetzt wirklich gegen die Zeit«, warnt Lauterbach im Dezember 2021 vor dem neuen Coronamonster in Form der Omikron-Variante. Lauterbach gelingt es dank der Unterstützung seiner Regierungskollegen und der Medien, seinen politischen Blindflug als durchdacht, evidenzbasiert und kontrolliert zu verkaufen. Probleme machen nur jene Menschen, die unsere Achtung nicht verdient haben.

Olaf Scholz, deutscher Bundeskanzler (SPD), 07.12.2021

»Das heute uns alle beeinträchtigende Infektionsgeschehen rührt von den Ungeimpften her.«[153]

Olaf Scholz nach der Unterzeichnung des Koalitionsvertrages der Ampelregierung. Eine klare, aber völlig unbewiesene Schuldzuweisung und ein Beitrag, der dazu geeignet war, die deutsche Gesellschaft weiter zu spalten.

Tobias Hans,
ehemaliger Ministerpräsident des Saarlandes (CDU), 09.12.2021

»Zuerst einmal müssen wir eine klare Botschaft an die Ungeimpften senden: Ihr seid jetzt raus aus dem gesellschaftlichen Leben. Deshalb machen wir konsequent 2G. [...] Und wer nicht geboostert ist, kann nicht ohne Test in ein Restaurant oder Fitnessstudio. [...] Wir glauben, dass wir es damit schaffen können, die Welle zu brechen.«[154]

Das ist nicht mehr und nicht weniger als ein gezielter Aufruf zur Diskriminierung und Diskreditierung von Menschen, die sich aus guten Gründen nicht impfen ließen – und zwar zu einer Zeit, als über mögliche Nebenwirkungen und Impfschäden noch gar nicht offiziell gesprochen werden durfte.

Sorya Lippert,
Zweite Bürgermeisterin von Schweinfurt, 16.12.2021

»Wollen Sie wirklich, dass jeder Sie hasst? Wollen Sie wirklich schuld daran sein, dass es keine freien Betten mehr gibt für Menschen mit Schlaganfall oder mit Herzinfarkt? Brauchen Sie wirklich das Gefühl, keine Luft zu kriegen und nach Luft zu schnappen? [...]«[155]

Hier ein weiteres Beispiel für die gezielte Angstkampagne, die während der Coronakrise geschürt wurde, um die Bürger mit moralischem Druck zur Impfung aufzufordern, da sie ansonsten von ihren Mitmenschen gehasst würden.

Boris Palmer, Oberbürgermeister von Tübingen (Bündnis 90/Die Grünen), 22.12.2021

»Für Leute wie Sie muss die Impfpflicht her. Gerne bis zur Beugehaft.«[156]

Das schreibt Palmer einer Userin, die ihm auf Facebook eine »totalitäre Gesinnung« vorgeworfen hatte. Palmer, der sich zu anderen Themen (zum Beispiel Migration) durchaus pragmatisch und weniger ideologisch als die Links-Grünen äußert, kritisiert unter anderem auch die strengen Datenschutzrichtlinien bei der Corona-Warn-App. Weniger »Datenschutz-Kult« heißt im Klartext: Mehr Überwachung der Bürger, im Zweifelsfall Gefängnis – China lässt grüßen. Grüne sind aufgrund ihrer marxistischen Ideologie besonders anfällig für autoritäre Tendenzen.

Antje Tillmann, Bundestagsabgeordnete (CDU), 13.01.2022

»Ein weiteres Argument für die Impfpflicht ist, dass wir manchen vehementen Impfgegnern damit einen gesichtswahrenden Ausweg aus dieser Situation bieten.«[157]

Ein bestechendes Argument. Man tut den Impfgegnern einen Gefallen, indem man sie zur Impfung verpflichtet respektive zwingt. Dadurch könnten sie »ihr Gesicht wahren«. Es kommt Tillmann und vielen anderen Politikern offenbar nicht in den Sinn, dass Impfgegner gute Gründe dafür haben, sich nicht einen umstrittenen Impfstoff injizieren zu lassen. Sie sehen in den Ungeimpften vielmehr bockige Kinder beziehungsweise renitente Asoziale, die grundsätzlich alle Maßnahmen der Obrigkeit ablehnen. Rationale Überlegungen und eine vernünftige Einstellung trauen sie den »dummen« Impfgegnern nicht zu. Dieses pervertierte Fremdbild von den Impfgegnern hat während der Pandemie jede Diskussion und sachliche Auseinandersetzung verunmöglicht. Es gab auf politischer Ebene und in den Medien deshalb immer nur Scheindebatten.

Nancy Faeser, deutsche Innenministerin (SPD), 19.01.2022

»Ich wiederhole meinen #Appell: Man kann seine #Meinung auch kundtun, ohne sich gleichzeitig an vielen Orten zu versammeln.«[158]

Das postete Faeser auf Twitter. Aufgabe einer Innenministerin ist es, die Rechte der Bürger zu schützen, nicht sie davon abzuhalten, sie wahrzunehmen. Ein Bürger klagte gegen Faeser, er wollte diese Äußerung verbieten lassen, weil er sich in seinem Versammlungsgrundrecht beeinträchtigt sah. Das Verwaltungsgericht Berlin wies den Eilantrag ab. Begründung: Es handle sich um einen »unverbindlichen Appell«, der keine »Abwertung oder Missbilligung« der Proteste beinhalte.[159] Nicht nur die Justiz, auch die Mainstreammedien sahen keinen Grund, Faeser für diesen Angriff auf das Grundgesetz zu kritisieren. »(1) Alle Deutschen haben das Recht, sich ohne Anmeldung oder Erlaubnis friedlich und ohne Waffen zu versammeln«, heißt es im Art 8 Grundgesetz der Bundesrepublik Deutschland.

Markus Blume, Ex-Generalsekretär der CSU, 21.01.2022

»Freiheit heißt Impfpflicht für alle.«[160]

Dass die CSU heute weniger als die Hälfte an Wählerstimmen bekommt, die einst der legendäre Franz-Josef Strauß erreichte, liegt wohl auch an Politikern wie Blume, die den Freiheitsbegriff in dieser

Art und Weise populistisch pervertierten. Eine generelle Impfpflicht als Ausdruck der Freiheit zu deklarieren, offenbart fast schon Denken in totalitären Dimensionen.

Thomas Strobl,
Innenminister von Baden-Württemberg (CDU), 30.01.2022

»Anständige Bürger beteiligen sich nicht an verbotenen Demonstrationen.«[161]

Zwar ist das im Grundgesetz garantierte Versammlungsrecht nicht außer Kraft gesetzt, doch viele Städte verbieten unangemeldete Coronaproteste mit sogenannten Allgemeinverfügungen. Wer trotzdem seine Grundrechte wahrnimmt, ist »unanständig«.

Detlef Scheele,
Vorstandsvorsitzender der Bundesanstalt für Arbeit, 30.01.2022

»Auch wir als Bundesagentur für Arbeit müssen dann prüfen, ob eine fehlende Impfung zu einer Sperrzeit führt.«[162]

Wer nicht gehorcht, dem wird kurzerhand das Arbeitslosengeld gekürzt oder gestrichen. Wohlgemerkt: Die Arbeitslosenversicherung ist – wie der Name schon sagt – eine Versicherung, in die Arbeitnehmer und Arbeitgeber regelmäßig einzahlen. Es handelt sich mithin nicht um Almosen, die Behörden zur Bestrafung oder Belohnung von Bürgern einsetzen dürfen. Das sollte dem Chef der Bundesagentur für Arbeit an und für sich geläufig sein.

Christof Bolay,
Oberbürgermeister von Ostfildern (SPD), 31.01.2022

»Um sicherzustellen, dass das Versammlungsverbot eingehalten wird, wird die Anwendung unmittelbaren Zwangs, also die Einwirkung auf Personen durch einfache körperliche

Gewalt, Hilfsmittel der körperlichen Gewalt oder Waffengebrauch angedroht.«[163]

Bolay kündigt via Twitter an, dass alle Demonstrationen und »nicht angemeldeten Spaziergänge verboten seien. Zudem verlinkt er eine von ihm unterzeichnete Allgemeinverfügung, in der das obige Zitat zu lesen ist. Als sich im Internet Widerstand gegen diesen angedrohten Waffengebrauch regte, versucht sich Bolay aus der Affäre zu ziehen, indem er sich selbst als Opfer einer »konzertierten Aktion rechtsgerichteter Portale« inszenierte, die »Fake News verbreiten«.[164] Natürlich wollte der Oberbürgermeister nicht auf Demonstranten schießen lassen, aber die Botschaft, die er mit dieser via Twitter verbreiteten Allgemeinverfügung aussenden wollte, war trotzdem klar.

Stadt Wiesbaden, Werbekampagne, 07.02.2022

»Impfen = Leben«, »Impfen = Freunde«, »Impfen = Shisha«, »Impfen = Kino« oder »Impfen = Feiern«.[165]

Man wolle mit der Kampagne die Menschen dort erreichen, wo sie sich aufhalten, so Oberbürgermeister Gert-Uwe Mende: »Die emotionale und aufmerksamkeitsstarke Kampagne soll verdeutlichen, dass jede Impfung uns dem normalen Leben ein Stück näher bringt.« Das ist eine Seite dieser Kampagne, die vor allem die Ungeimpften unter Druck setzen und ihnen verdeutlichen soll, dass sie ohne Impfung kein (soziales) Leben mehr haben. Diese Gleichungen hätte man auch so aufstellen können: Ungeimpft = Kein Leben, Ungeimpft = Keine Freunde, Ungeimpft = allein zu Hause etc.

Karl Lauterbach,
deutscher Gesundheitsminister (SPD), 13.02.2022

»Die Impfungen sind halt mehr oder weniger nebenwirkungsfrei. Das muss immer wieder gesagt werden.«[166]

Nachdem er die Impfung bereits als »nebenwirkungsfrei« beworben hatte, bezeichnet er sie nun als »mehr oder weniger nebenwirkungsfrei«. Auch bei dieser Aussage hätte man hellhörig werden müssen, denn bei nebenwirkungsfrei gibt es kein »mehr oder weniger«. Heftig Kritik an Lauterbachs Aussagen kam vom Virologen Klaus Stöhr: »Ein Arzt, der so etwas sagt, sollte keine Approbation haben. Jedes Medikament hat eine Nebenwirkung. Für jemanden, der als Bundesminister kommuniziert, würde ich mir mehr Bodenständigkeit, Verantwortungsbewusstsein, Strategie, langfristiges Denken und eine bessere Vorbereitung erhoffen.«[167] Doch solche Stimmen gab es viel zu wenige, sie wurden auch viel zu wenig gehört.

Erst ein Jahr später vollzog Lauterbach dann in einem ZDF-Interview eine Kehrtwendung und nannte seine Behauptung, die Impfung sei mehr oder weniger nebenwirkungsfrei, »missglückt«. Mit den Schicksalen von Menschen konfrontiert, die nach der Coronaimpfung schwer erkrankten, sagte Lauterbach im März 2023: »Diese Schicksale sind absolut bestürzend, und jedes einzelne Schicksal ist eines zu viel. Die Menschen tun mir sehr leid.«[168] Unglaublich, dass einer wie Lauterbach in Deutschland laut Umfragen zu den populärsten Politikern des Landes zählt.

Nico Wehnemann,
Stadtverordneter Frankfurt am Main (Die PARTEI), 16.02.2022

»Sollen die Ungeimpften bitte in ihren beengten Wohnungen verrotten, bis der Arzt kommt.«[169]

Dieses Statement spricht in seiner arroganten Menschenverachtung für sich und bedarf sicher keines weiteren Kommentars, auch wenn sich Wehnemann hinter der Berufsbezeichnung »Satiriker« versteckt.

Karl Lauterbach,
deutscher Bundesgesundheitsminister (SPD), 17.03.2022

»Das ganze Land wird in der Geiselhaft von Menschen sein, die sich einfach gegen die wissenschaftliche Evidenz durchsetzen wollen.«[170]

Heißt wohl: Wer der Coronapolitik der Regierung nicht folgt, ist ein Geiselnehmer. Und wie soll man dann Politiker bezeichnen, die Menschen zwingen wollen, sich impfen zu lassen, obgleich die Nebenwirkungsfreiheit dieser Impfungen keineswegs evident ist (siehe oben)? Impfdiktatoren?

Katrin Göring-Eckardt, Vizepräsidentin des Deutschen Bundestages (Bündnis 90/Die Grünen), 09.04.2022

»Karl Lauterbach ist einer der fachlich besten Gesundheitsexperten, die wir haben.«[171]

Dass deutsche Spitzenpolitiker in Lauterbach tatsächlich einen der fachlich besten Gesundheitsexperten des Landes sehen, erklärt vieles, unter anderem das Staatsversagen bei der Bekämpfung – nicht bei der Instrumentalisierung – dieser Krise. Göring-Eckardts Einschätzung sollte aber niemanden überraschen. Die Politikerin der Grünen, die seit vielen Jahren maßgeblich die Politik dieses Landes mitbestimmt, ist nicht nur von Lauterbachs Qualitäten überzeugt, sondern auch davon, dass der Atomstrom die Stromleitungen verstopft, weshalb sich die Windräder selbst bei starkem Wind nicht drehen.[172]

Daniela Behrens,
Gesundheitsministerin von Niedersachsen (SPD), 25.05.2022

»Dann haben wir mit 33 der 50 Impfzentren vereinbart, dass Jugendliche auch ohne Stiko-Votum geimpft werden.«[173]

Noch bevor die Ständige Impfkommission (STIKO) die Coronaimpfung für Kinder ab 5 Jahren empfohlen hat, ist Behrens zur Tat geschritten. Das sei, so Behrens, »trotz der Kritik von Ärzten richtig gewesen«. Das zeigt die Hybris solcher Politiker, die schwerwiegende Entscheidungen, die massiven Einfluss auf das Leben, die Gesundheit und Zukunft Zigtausender Menschen haben, ohne wissenschaftliche Rückendeckung und Absicherung treffen. Es zeigt auch, dass viele politische Entscheidungsträger nur auf die Wissenschaft verweisen, wenn diese ihre Entscheidungen stützt.

Roger Lewentz,
Innenmister von Rheinland-Pfalz (SPD), 27.05.2022

»Wir erklären daher in aller Deutlichkeit: Wer die bundesrepublikanische Demokratie als ›faschistische Hygienediktatur‹ diffamiert, wer sie mit diktatorischen Regimen des 20. Jahrhunderts gleichsetzt, macht sich mitschuldig an einer unheilvollen politischen Radikalisierung. Wer politisch Andersdenkende als ›Systemlinge‹ bezeichnet, ist nicht an Debatte, sondern an Spaltung interessiert. Wer auf offenen Bühnen oder allen nur denkbaren Kanälen die Bewegung der sog. ›Querdenker‹ und Coronaleugner mit der Friedlichen Revolution von 1989 gleichsetzt, bezeugt eine erschreckende historische Kenntnislosigkeit und verhöhnt zugleich den Mut der damaligen Demonstrierenden, die gegen eine Diktatur aufbegehrten.«[174]

Das ist ein Auszug aus der »Hambacher Intervention«, die von Lewentz und anderen Politikern und Promis unterzeichnet wurde. Hier wird mit besonders schweren Geschützen aufgefahren, um jegliche Kritik an der offiziellen Coronapolitik und autoritären Entwicklungen im Land zu unterbinden beziehungsweise zu delegitimieren. Selbstredend ist ein Vergleich mit den totalitären Systemen des vergangenen Jahrhunderts völlig überzogen. Gemäß dem Leitspruch »Wehret den Anfängen« ist es aber nicht nur angebracht, sondern demokratiepolitisch notwendig, auf alle Tendenzen hinzuweisen, die in diese Richtung gehen. So wie es auch bei der Gefahr von rechts passiert.

Lewentz trat übrigens wenige Monate später zurück, weil er bei der Flutkatastrophe im Ahrtal, die 134 Menschen das Leben gekostet hat, eine unrühmliche Rolle gespielt hatte. Die *FAZ*: »Schon viel früher hätte Lewentz die Konsequenz aus seinem Nichthandeln in der Flutnacht ziehen müssen.«[175]

Georg Maier, Innenminister von Thüringen (SPD), 07.06.2022

»Coronaleugnerinnen und Coronaleugner müssten konsequent dem rechtsextremistischen Spektrum zugeordnet werden.«[176]

Die Gleichsetzung von Bürgern, die gegen Coronamaßnahmen der Regierung protestieren, mit Rechtsextremisten respektive Nazis dient vor allem dazu, dissidente Meinungen zu kriminalisieren und kritische Menschen massiv einzuschüchtern. Zumal der Vorwurf des Rechtsextremismus einer der schwersten ist, dessen man eine Person bezichtigen kann, denn er hat möglicherweise schwerwiegende Konsequenzen, nicht zuletzt strafrechtliche, für den Betreffenden.

Gleichzeitig stellen solche Vergleiche, wie sie während der Pandemie von Politik, Journalisten und Prominenten hundertfach angestellt wurden, eine Verharmlosung und Instrumentalisierung der Verbrechen der Nationalsozialisten dar. Es stellte sich während der Pandemie die Frage, von welcher Seite die Demokratie mehr bedroht wurde, von jener, die sie offiziell zu schützen hat, oder von jenen, die auf der Straße für die Grundrechte kämpften und dafür massiv angefeindet wurden.

Kathrin Göring-Eckardt, Vizepräsidentin des Deutschen Bundestages (Bündnis 90/Die Grünen), 27.12.2022

»Das Problem war, dass es eine Impfpflicht für Pflegepersonal gab, aber nicht wie verabredet eine allgemeine Impfpflicht.«[177]

Göring-Eckardt räumt Ende 2022 »Fehler in der Coronapolitik« ein, etwa dass es keine allgemeine Impfpflicht gegeben habe. Und bewies damit, dass sie – trotz aller offensichtlicher Kollateralschäden – unfähig zur kritischen Selbstreflexion ist. Göring-Eckardt ist damit unter den Spitzenpolitikern keine Ausnahme, sondern die Regel.

Wissenschaft – Handlanger der Regierung

Der Verweis auf »die« Wissenschaft war während der Pandemie das Totschlagargument, mit dem der Mainstream die Debatten über Impfnebenwirkungen, Verhältnismäßigkeit der Maßnahmen oder Einschränkung der Bürgerrechte geführt oder eben nicht geführt hat. Politiker, TV-Experten, geimpfte Wutbürger, Impf-Promis, der Arzt um die Ecke und alle anderen, die sich damals lautstark auf »die« Wissenschaft berufen haben, haben in Wahrheit nur dazu aufgerufen: Vertraut dem Staat und der Pharmaindustrie! Denn »die« Wissenschaft hat während der Pandemie zu keiner Zeit mit einer Stimme gesprochen, niemals allgemeingültige Wahrheiten verbreitet, niemals garantieren können, dass die Impfung gefahrlos und nebenwirkungsfrei sei. Es gab von Anfang an Zweifel, von Anfang an unterschiedliche Meinungen.

Gesundheitsminister Karl Lauterbach behauptete mehrfach, die COVID-19-Impfstoffe hätten keine (!) Nebenwirkungen,[178] obwohl die Entwickler und Hersteller ebendieser Impfungen sich im Vorfeld abgesichert hatten, für die zu erwartenden Impfschäden nicht zur Kasse gebeten werden zu können: »Muss der Hersteller einem Anspruch nachkommen, dann übernimmt der jeweilige EU-Mitgliedsstaat die entstehenden Kosten«,[179] schreibt das Nachrichtenmagazin *Focus.* »Covid-19-Impfstoffe: Keine Haftung für Hersteller« titelt im September 2020, Wochen vor dem Start der Impfungen das Fachblatt *Apotheke Adhoc.* Die Landesärztekammer Hessen beruhigte Ärzte, die fürchteten, sie könnten für Impfschäden haftbar gemacht werden, mit einem Rundschreiben: »Mit dem zweiten Gesetz zur Änderung des Infektionsschutzgesetzes wurde in § 60 IfSG klargestellt, dass für alle gesundheitlichen Schäden, die im Zusammenhang mit Schutzimpfungen eingetreten sind, die auf Grundlage der Coronavirus-Impfverordnung seit 27. Dezember 2020 vorgenommen wurden, bundeseinheitlich ein Anspruch auf Entschädigung besteht.«

Pharmakonzerne und Ärzte, die gemeinsam mit Politik und Medien für die angeblich so sichere Impfung trommelten, hatten sich bereits im Vorfeld und abseits des medialen Scheinwerferlichts abgesichert, für Impfschäden nicht belangt werden zu können. Und »verantwortliche« Politiker übernehmen bekanntlich nur selten tatsächlich Verantwortung für ihre Politik, wenn sie mit Halbwahrheiten, Framing, Propaganda und Dilettantismus gewaltige Schäden anrichten. Im schlimmsten Fall treten sie mit üppigen Rentenansprüchen zurück.

Politiker, Experten und Journalisten haben »die« Wissenschaft während der Pandemie systematisch als Vorwand missbraucht, um ihre zum Teil hochriskanten und in ihrer Tragweite kaum abschätzbaren Maßnahmen, von Lockdowns bis Impfung, ohne lästige Diskussionen durchdrücken zu können. Man hat mit der über alle Kanäle verbreiteten Lüge, »die« Wissenschaft und »die« Experten hätten die

Impfung als weitgehend unbedenklich eingestuft und freigegeben, Millionen von Menschen zu Versuchskaninchen degradiert. Man hat damit auch das Vertrauen der Bürger in die Wissenschaften nachhaltig zerstört, also jenes Fundament schwer beschädigt, auf dem Europas Erfolg, Know-how, Wohlstand und Fortschritt ruhen.

Mit der Aufklärung hat in Europa das Zeitalter der Wissenschaft begonnen. Die Vernunft wurde zur universellen Urteilsinstanz, rationales Denken und die Wissenschaften haben Europa zu dem gemacht, was es heute ist. Die Wissenschaft ist die offene Suche nach der Wahrheit, der Zweifel an Theorien ist die Bedingung für die Entstehung neuer Theorien und neue Erkenntnisse. Wenn eine Theorie wissenschaftlich sein möchte, so lehrt es der britisch-österreichische Philosoph Karl Popper, muss sie falsifizierbar, also widerlegbar sein. Wissenschaft beruht darauf, dass jeder Theorie widersprochen werden kann und Argumente frei artikuliert werden. Das grenzt Wissenschaft von Religion und Ideologie ab. Im Gegensatz zu Wissenschaftlern versuchen Ideologen abweichende Standpunkte, Fakten und Theorien, die nicht in ihr festgefügtes Weltbild passen, zu unterdrücken. Ihre Methoden dafür sind Zensur, Verleumdung, Propaganda, Desinformation, Manipulation etc.

All diese Methoden wurden während der Coronapandemie massiv eingesetzt, um in der Bevölkerung den Eindruck zu erwecken, »die« Wissenschaft hätte zu den Impfstoffen, ihrer Wirksamkeit und Nebenwirkungen, zur Sinnhaftigkeit von Lockdowns und Masken eine einheitliche, unumstößliche Meinung. Wer an dieser offiziellen Darstellung zweifelte, wurde zum Wissenschaftsfeind, Schwurbler und Aluhutträger ernannt. Hier die rational denkenden Menschen, dort die dumpfen Verschwörungstheoretiker, die jeden Unsinn glauben. Mit dieser Diffamierung und Marginalisierung von Andersdenkenden wurde der für Wissenschaft und Gesellschaft so essenzielle offene Austausch von Argumenten unterbunden. Was die und nicht »die« Wissenschaft auszeichnet - vorurteilsfreie Beobachtung, ergebnisoffenes Arbeiten, offene Diskussion, Transparenz etc. –, wurde während der Pandemie missachtet beziehungsweise gezielt sabotiert. Nicht nur vom politmedialen Establishment, sondern auch von vielen innerhalb der Wissenschaft. Sie beugten sich dem enormen sozialen Druck. Wer sich besonders laut und oft auf »die« Wissenschaft berief, zählte in der Regel zu jenen, die sie besonders skrupellos für ihre Ziele missbrauchten.

Viele Experten machten sich zu Handlangern der Regierung, ihre Aufgabe war, die Politik der Regierenden zu legitimieren, »wissenschaftlich« zu untermauern, so wie es auch in den Diktaturen des vergangenen Jahrhunderts die zentrale Aufgabe der Wissenschaft war. Die meisten Wissenschaftler lieferten, was das politmediale Establishment von ihnen verlangte. Das Expertentum hatte Hochkonjunktur: Virologen, Epidemiologen, Komplexitätsforscher, Molekularbiologen etc. wurden zu Medienstars. Vorausgesetzt, sie stützten die restriktiven Coronamaßnahmen mit ihren Einschätzungen. Dafür wurden sie mit Medienpräsenz, Ruhm und Posten in diversen staatlichen Gremien belohnt.

Die wenigen Wissenschaftler, die sich gegen diese Vereinnahmung wehrten, wurden sozial ausgegrenzt, man beschädigte ihre Reputation, viele verloren ihre Jobs. Jan Böhmermann, der im ZDF als eine Art oberster Richter und Wächter der politischen Korrektheit fungiert, hat den beiden Virologen Hendrik Streeck und Alexander S. Kekulé »Menschenfeindlichkeit«[180] vorgeworfen, Sucharit Bhakdi unterstellte man Antisemitismus.[181]

Angesichts solch schwerer Geschütze, die gegen kritische Wissenschaftler aufgefahren wurden, entschieden sich viele für das Zuckerbrot und gegen die Peitsche. Den kritischen Wissenschaftlern unterstellte man zudem Profilierungssucht, finanzielle Interessen, geistige Verwirrung, Machtspielchen und asoziales Verhalten. Einer von ihnen war der international bekannte und renommierte Gesundheitswissenschaftler und Statistiker John Ioannidis von der Standford University. Weil er schon früh darauf hinwies, dass die Sterblichkeitsrate von an COVID-19 Erkrankten deutlich niedriger sei als von vielen seiner Panik verbreitenden Kollegen behauptet, schrieb etwa die *FAZ*: »John Ioannidis galt als Ikone für Qualitätsforschung. In der Pandemie gibt er den Verharmloser und provoziert mit Machtspielen. Für die querdenkenden Populisten reicht das zur Galionsfigur.«[182]

Ioannidis machte während der Pandemie, was er auch davor als »Ikone für Qualitätsforschung« tat: wissenschaftlich korrekt und ergebnisoffen arbeiten und seine Erkenntnisse publizieren. Das war während der Pandemie aber nicht gefragt, in einer durchideologisierten, von den Machthabern instrumentalisierten Wissenschaft gelten andere Standards und Maßstäbe. Der Preis für Wahrhaftigkeit war entsprechend hoch. Kritische oder besser: objektive Wissenschaft wurde ins Schwurbler-, Querdenker- und Nazi-Eck gestellt, um jede inhaltliche und wissenschaftliche Auseinandersetzung zu unterbinden. Die Täter beschuldigten ihre Opfer, Täter zu sein, man wertete die Werte um, vertauschte die Täter- und Opferrollen: Jene, die die Wissenschaft zu einem Instrument der Politik degradierten, beschimpften jene, die das anprangerten, als Nazis und Schwurbler.

Selbst hohe Reputation, wissenschaftliche Auszeichnungen und eine bis dahin ganzvolle Karriere bewahrten kritische Wissenschaftler nicht vor den Scheiterhaufen der Coronahardliner. Man schmähte sie als Wirrköpfe und schloss sie aus der Wissenschaftscommunity aus. So hat die Medizinische Universität Wien dem bekannten Arzt Prof. Dr. Andreas Sönnichsen, Leiter der Abteilung für Allgemein- und Familienmedizin am Zentrum für Public Health, gekündigt, weil der »umstrittene Professor«, wie das Nachrichtenmagazin *Profil* ihn bezeichnet hat, »gegen Covidmaßnahmen und die Impfung polemisiert«[183] habe. Soll heißen: Sönnichsen hat auf Basis von Zahlen, Fakten und Studien die Coronamaßnahmen kritisiert. *Profil* weiter: Sönnichsen stelle Behauptungen »fern aller Fakten« auf, »dass Wissenschaftlern übel wird. […] So meinte er kürzlich in einem YouTube-Video, das Infektionsgeschehen werde durch Geimpfte angeheizt, die Impfung biete keinen Vorteil in Bezug auf die Infektiosität mit dem Coronavirus und für Kinder sei das Risiko durch Covid-10 vernachlässigbar.«[184] All diese Aussagen von Sönnichsen haben sich längst bestätigt und werden selbst von Coronahardliner nicht mehr geleugnet. Noch vor Kurzem warf man Sönnichsen vor, er würde »Unsinn absondern«. Das war das Niveau des wissenschaftlichen »Diskurses« während der Pandemie. Abweichende Überzeugungen wurden nicht geduldet. Es gab allein den staatlich verordneten Glauben an das offizielle und alternativlose Coronanarrativ. Der Großteil der Ärzte- und Wissenschaftler hat während der Pandemie die Prinzipien ihres Berufsstandes verraten.

Zitate Wissenschaftler und Ärzte

Christian Drosten, Virologe, Charité Berlin, und Berater der Bundesregierung, 10.03.2020

»Wenn man das nicht ernst nimmt, muss man davon ausgehen, dass es bei den Risikogruppen Sterberaten im Bereich von 20 bis 25 Prozent geben wird.«[185]

Mit völlig überzogenen Sterberaten verbreitet Drosten Angst und Schrecken in der Bevölkerung. Er liefert der Regierung, was sie für ihre restriktive Coronastrategie und -politik als Rechtfertigung braucht. Deshalb zählt Drosten von Anfang an zu den medial omnipräsenten Stars unter den Coronaexperten.

Matthias Quent,
Soziologe und »Rechtsextremismusforscher«, 15.03.2020

»Schon jetzt versuchen Rechtsradikale, die Situation auszunutzen, und fordern zum Beispiel generelle Grenzschließungen. […] Rechts-außen hofft, politisches Kapital aus der Angst und den besorgniserregenden Aussichten schlagen zu können.«[186]

Manche Mainstreamwissenschaftler zählen nicht gerade zu den Blitzmerkern, sie brauchen etwas länger, um zu begreifen, wie der Coronahase läuft, und um ihre alten Denkschablonen abzulegen. Quent und einige andere einschlägige Experten (siehe Seite 39) verbreiten zu Beginn der Pandemie noch ihre immergleichen Rechtsextremismus-Erzählungen, weil sie nicht schnell genug erkannt haben, dass in der neuen Normalität vieles von dem, was früher als rechts galt, und damit verpönt und verboten war, im Coronakontext plötzlich positiv besetzt ist: Zwang, Grenzschließungen oder Ausgrenzung. Als sie erkennen, dass Reisebeschränkungen, Lockdowns, Überwachung und andere autoritäre Maßnahmen ein politisches Instrument des linken Establishments zum Umbau der Gesellschaft sind, schwenken sie schnell auf diesen Kurs ein.

Otto Kölbl, Germanist, Sprachprüfer und Berater der deutschen Bundesregierung, 19.03.2020

»Um die gewünschte Schockwirkung zu erzielen, müssen die konkreten Auswirkungen einer Durchseuchung auf die menschliche Gesellschaft verdeutlicht werden: Viele Schwerkranke werden von ihren Angehörigen ins Krankenhaus gebracht, aber abgewiesen, und sterben qualvoll um Luft ringend zu Hause. Das Ersticken oder nicht genug Luft kriegen ist für jeden Menschen eine Urangst. Die Situation, in der man nichts tun kann, um in Lebensgefahr schwebenden Angehörigen zu helfen, ebenfalls. Die Bilder aus Italien sind verstörend.«[187]

Ein Strategiepapier des Bundesinnenministeriums, das auch in anderen Ministerien verteilt worden ist und nur für den internen Gebrauch bestimmt war, skizziert, wie die Regierung strategisch vorgehen soll, um die Pandemie in den Griff zu bekommen. Einer der von insgesamt rund zehn Autoren dieses Papiers ist Otto Kölbl. Der Österreicher ist Chinakenner und bekennender Fan des kommunistischen Massenmörders Mao Tse-tung, über den er auf Twitter schrieb: »Mao ist an die Macht gekommen in einem Land, in dem die hochkultivierte Intellektuellenelite vorher uneingeschränkt herrschte. Dann schickte Mao die Intellektuellen Kloputzen, und das Land entwickelte sich […]«.[188]

Kölbl bewundert die totalitäre, menschenverachtende Zero-Covid-Politik Pekings. Das ist mehr oder weniger seine einzige »Befähigung« zum Coronaexperten. Kölbl ist kein Virologe, Epidemiologe, ja nicht einmal Jurist. Trotzdem hat er für die deutsche Bundesregierung federführend eine Strategie zur Bekämpfung der Coronakrise erarbeitet. Und die hat sie während der folgenden Jahre auch weitgehend umgesetzt, hat auf Schockeffekte, Angst und Einschüchterungen gesetzt. Denn nur so könne man die Bevölkerung zur Einhaltung der Maßnahmen anhalten, so hatten es Kölbl und die anderen Autoren empfohlen. Bei der Krisenkommunikation müsse man auf die Urangst des Menschen, das qualvolle Ersticken setzen, auch Kindern sollten massiv unter Druck gesetzt werden, so die Empfehlung der »Experten«: »Wenn sie dann ihre Eltern anstecken und einer davon qualvoll zu Hause stirbt und sie das Gefühl haben, schuld daran zu sein, weil sie zum Beispiel vergessen haben, sich nach dem Spielen die Hände zu waschen, ist es das Schrecklichste, was ein Kind je erleben kann.«[189]

Lothar Wieler,
Chef des Robert Koch-Instituts (RKI), 23.03.2020

»Wir melden alle Fälle, die Covid-19-positiv sind und gestorben sind, als Covid-19-Sterbefälle«.[190]

Wieler erklärt, wie in Deutschland die Coronatoten gezählt werden. Es werden auch jene mitgerechnet, die nicht an, sondern mit Corona gestorben sind. Die Politik der Angst funktioniert nur, wenn die Angstkulisse tatsächlich bedrohlich wirkt, also das Virus entsprechend ansteckend und tödlich ist. Deshalb werden die Zahlen der Coronatoten mit solchen und anderen Tricks nach oben getrieben.

Christian Drosten, Virologe, Charité Berlin, und Berater der Bundesregierung, 08.04.2020

»Da werden wir Bilder sehen in der Zeit zwischen Juni und August, die wir nur aus Kinofilmen kennen. Da wird es Szenen geben, die wir uns so heute nicht vorstellen können. Und ich bin mir nicht sicher, was das dann bei uns auslöst.«[191]

Drosten warnt vor einem Ausbruch der Coronapandemie in Afrika. Er prophezeit aufgrund der schlechten medizinischen Infrastruktur eine menschliche Katastrophe mit vielen Toten. Auch WHO-Chef Tedros Adhanom Ghebreyesus warnt davor, dass Afrika zum Massengrab werden könnte: »Der beste Ratschlag an Afrika ist, sich auf das Schlimmste vorzubereiten […] Afrika sollte aufwachen.«[192] Es kommt anders: In Afrika, mit seinen deutlich niedrigeren Impfquoten (in Burundi lag sie bei nur 0,15 Prozent) als in Europa, Asien und Amerika, blieb das Massensterben nicht nur aus, der Kontinent kam besser durch die Pandemie als die anderen. In Afrika mit seinen rund 1,4 Milliarden Einwohnern wurden laut John Hopkins University bis zum 15.09.2022 256 662 Coronatote registriert, in Europa, das nur etwa halb so viele Bewohner zählt, starben laut offiziellen Zahlen hingegen 1,93 Millionen.[193]

Christian Drosten, Virologe, Charité Berlin, und Berater der Bundesregierung, 14.05.2020

»Das ist kompletter Unsinn.«[194]

Die sogenannte Laborthese wird trotz der sich im Verlauf der Pandemie verdichtenden Anhaltspunkte vom Mainstream heftig bestritten und als Verschwörungstheorie abgetan. Drosten bezeichnet sie als »kompletten Unsinn«. Die offizielle Erklärung lautete: Am Tiermarkt in Wuhan, wo nur zufällig auch das Wuhan Institute of Virology beheimatet ist, wo bekanntermaßen unter miserablen Sicherheitsbedingungen geforscht wird, sei das Virus auf den Menschen übergesprungen. Wer damals die Labortheses vertrat, wurde als Verschwörungstheoretiker beschimpft. Ende 2022 wurde ein Mailverkehr bekannt, der allerdings belegt, dass internationale Topwissenschaftler, darunter auch Drosten und Anthony Fauci, Chef der amerikanischen National Institute of Allergy and Infectious Diseases, bereits Anfang 2020 versuchten, »alle Spuren zu verwischen, die einen Laborunfall nahelegen«.[195]

Mittlerweile hat man auch dieses offizielle Coronanarrativ vom Tiermarkt in Wuhan still und heimlich entsorgt. Selbst die Weltgesundheitsorganisation glaubt nicht mehr an eine Zoonose (Übertragung von Tier auf Mensch), und offizielle amerikanische Stellen, darunter das Landwirtschaftsministerium, halten es für wahrscheinlich, dass das SARS-CoV-2-Virus in einem Labor entstanden ist: »Das FBI geht schon seit geraumer Zeit davon aus, dass der Ursprung der Pandemie höchstwahrscheinlich ein möglicher Laborvorfall in Wuhan ist.«[196]

Willy Oggier, Gesundheitsökonom, 16.11.2020

»Ich schlage vor, dass Coronaskeptiker ihr Recht auf ein Akutbett oder einen Intensivplatz verwirken, falls es zu Engpässen kommt.«[197]

Leopoldina,
Nationale Akademie der Wissenschaften, 16.11.2020

»Schülerinnen und Schüler sind ein wesentlicher Teil des Infektionsgeschehens […].«[198]

Die Leopoldina empfiehlt daher unter anderem »das verpflichtende Tragen eines Mund-Nasen-Schutzes für Schülerinnen und Schüler«, »sofortige Quarantänemaßnahmen […] bei Auftreten eines

Infektionsfalls« etc. Die Nationale Akademie der Wissenschaften wird im Lauf der Pandemie zu einem der wichtigsten und mächtigsten Berater der Regierung respektive zu einem politischen Akteur auf Kosten der Wissenschaftlichkeit. In einem Ausmaß, dass es selbst dem Mainstream übel aufstößt. So schreibt die *Welt* über eine Ad-hoc-Stellungnahme der Leopoldina für den zweiten Lockdown: »Statt wissenschaftlichen Erkenntnissen enthält es [das Papier, Anm. des Autors] politische Forderungen – oft gegen den Rat der Experten.«[199]

Klaus Cichutek,
Präsident des Paul-Ehrlich-Instituts (PEI), 14.01.2021

»Aktuell sieht also alles gut aus.«[200]

Das antworte Cichutek auf die Frage, wie gut die Impfstoffe wirken würden und ob sie Nebenwirkungen haben. Während Lauterbach die Impfstoffe als absolut sicher verkauft, relativiert der Präsident des Paul-Ehrlich-Instituts solche Aussagen mit dem Zusatz »aktuell«. Was so viel heißt wie: Wir wissen es nicht. Solche Randbemerkungen zeigen, dass die Impfung ein medizinisches Massenexperiment war. Die Autorin Naomi Wolf, die die geheimen »Pfizer Files« rund um die Entwicklung des Impfstoffes gelesen und analysiert hat, schreibt, dass mit der Coronaimpfung »wahrscheinlich ein Verbrechen an der Menschheit begangen wurde, das in seinem Ausmaß beispiellos ist.«[201]

Cichutek, dessen Institut für die Sicherheit der Impfstoffe in Deutschland zuständig ist, sagte damals, »die Impfstoffe bieten eine sehr hohe Sicherheit«, hätten »eine anhaltende immunogene Aktivität«, sprich: die immunisierende Wirkung der Impfung halte lange an und die Nebenwirkungen seien »ein kleines bisschen häufiger als bei der jährlichen Grippeimpfung«. All das hat sich als falsch herausgestellt. Während der Pandemie dienten solche Behauptungen primär der Absicherung der Coronapolitik, nicht der Information und dem Schutz der Bürger.

> **Oliver Dierssen,** Kinderpsychiater, 15.06.2021
> *»Wenn deine Mitschülerin die Maske falsch aufsetzt, gefährdet sie die Gesundheit von dir und anderen. Das ist schlimm. […] Anders als du oder die anderen Kinder kann sie [die Lehrerin, Anm. des Autors] die wichtige Regel durchsetzen. Hilf ihr dabei, indem du ihr von der Banknachbarin erzählst – und zwar wenn keiner zuhört.«*[202]

Denunziantentum steht während der Pandemie hoch im Kurs, gilt vielen gar als Bürgerpflicht. Ein Kindepsychiater stiftet auf Twitter Kinder zum Denunzieren ihrer Mitschüler an, die die Maske nicht richtig tragen. Nicht nur das politmediale Establishment, sondern auch viele aus dem linken, akademischen Milieu beteiligen sich aktiv an der Schaffung der neuen gesellschaftlichen Normalität, die nichts anderes als eine Furcht einflößende, neosozialistische Dystopie ist.

> **Christian Albert,** Schmerztherapeut, 15.09.2021
> *»Impfunwillige sind Täter, keine Opfer!«*[203]

Dieser Arzt weigerte sich, Ungeimpfte in seiner Praxis zu behandeln. Er und viele seiner Berufskollegen haben während der Pandemie gegen die »Deklaration von Genf – das ärztliche Gelöbnis«, die moderne Fassung des Hippokratischen Eides, verstoßen. Unter anderem heißt es in der Deklaration: »Ich werde die Autonomie und die Würde meiner Patientin oder meines Patienten respektieren. […] Ich werde nicht zulassen, dass Erwägungen von Alter, Krankheit oder Behinderung, Glaube, ethnischer Herkunft, Geschlecht, Staatsangehörigkeit, politischer Zugehörigkeit, Rasse, sexueller Orientierung, sozialer Stellung oder jeglicher anderer Faktoren zwischen meine Pflichten und meine Patientin oder meinen Patienten treten.«[204]

Prof. Dr. Peter Oppelt,
Vorstand der Uniklinik für Gynäkologie, Geburtshilfe und Gyn. Endokrinologie am Kepler Universitätsklinikum Linz, 21.09.2021

»Lassen Sie sich impfen bei Kinderwunsch oder auch in der Schwangerschaft. Sie können getrost davon ausgehen, dass die Impfung sicher ist und Ihnen wirklich einen Schutz vor COVID bietet.«[205]

Viele Wissenschaftler und sogenannte Experten treffen während der Pandemie solche apodiktischen Aussagen, geben solche Garantien ab, nicht weil sie über das dafür notwendige Wissen verfügen würden, selbst davon überzeugt wären, sondern weil sie von Kollegen, Politikern und Medien dazu gedrängt und bestätigt werden. Weil sie diese von offizieller Seite erwünschte Meinung vertreten, gehen sie kein persönliches Risiko ein, sollte sich die Impfung als doch nicht so »sicher« herausstellen.

Wer für seine Empfehlungen und Entscheidungen nicht geradestehen muss – der Mathematiker und Essayist Nassim Nicholas Taleb spricht in diesem Zusammenhang von »Skin in the Game« –, wer also nicht seine eigene Haut riskiert, neigt zu verantwortungsloserem, riskanterem Handeln. Von dieser Verantwortungslosigkeit war das Coronakrisenmanagement auf allen Ebenen geprägt, weil die Entscheider, Akteure und deren Berater stets davon ausgegangen sind, dass sie für die von ihnen verursachten Schäden nie belangt werden.

Dr. Jörn Jepsen,
Leiter der Impfzentren in Buchholz und Winsen, 01.10.2021

»Ich habe wenig Verständnis für Impfgegner. […] Die Argumente der Impfgegner basieren in der Regel auf falschen Informationen in den sozialen Medien und entbehren jeglicher wissenschaftlicher Grundlage. Mehr als 6 Milliarden Impfungen auf der Welt haben gezeigt, dass die uns zur Verfügung stehenden Impfstoffe sicher sind.«[206]

Die 6 Milliarden Impfungen beweisen nicht, dass sie sicher sind, sondern lediglich, dass die Coronapropaganda und die Strategien der Angst in weiten Teilen der Welt gut funktioniert haben.

Prof. Dr. Melanie Brinkmann,
Virologin, Professorin am Institut für Genetik an der Technischen Universität Braunschweig, 26.10.2021

»Das Sicherheitsprofil dieser Impfstoffe ist fantastisch.«[207]

Thomas Schmitz, Wissenschaftler und Dozent an der Klinik für Neonatologie an der Berliner Charité, 02.11.2021

»Die Impfung war ein Gamechanger.«[208]

Die Covid-19-Impfung wurde von Wissenschaft und Politik als Gamechanger verkauft, als einzige Möglichkeit, die alten Verhältnisse wiederherzustellen. Wenn alle geimpft seien, Herdenimmunität herrsche, bedürfe es keiner anderen Maßnahmen mehr. Die Impfung war die Karotte, die man den Bürgern vor die Nase hängte, damit sie in die gewünschte Richtung trotteten. Ja, die Impfung war ein Gamechanger, allerdings auf einer anderen, einer politischen Ebene und in eine andere Richtung: Sie beschleunigte die Transformation der Gesellschaft und des Staates. Die Impfung stand im Zentrum der restriktiven Coronamaßnahmen, mit denen man die Menschen an die neuen postdemokratischen Verhältnisse gewöhnen wollte. Mit ihr stellte man in erster Linie seine Loyalität gegenüber dem Staat und seiner Politik unter Beweis. Deshalb war es wichtig, den Impfstatus möglichst oft abzufragen und zu überprüfen. Er entschied, welchen gesellschaftlichen Status, welche Rechte man hatte und wie groß der Bewegungsradius (Reisebeschränkungen etc.) war.

Borwin Bandelow, Angstforscher, 03.11.2021

»Selbst wenn sie geimpft sind, haben sie noch Angst, dass sie an Corona sterben könnten. In solchen Fällen rate ich unbedingt, einen Facharzt aufzusuchen.«[209]

Die von Medien, Politik und Experten monatelang geführte Angstkampagne, die mit Methoden der Propaganda, Desinformation, des Framings etc. arbeitet, hat dank der Gleichschaltung der Medien und dem Zusammenspiel aller relevanten Kräfte von Staat und Gesellschaft durchschlagenden »Erfolg«. Millionen von Menschen leben über Monate in Todesangst, sehen in ihren Mitbürgern, insbesondere in den Ungeimpften, vor allem eine tödliche Gefahr, meiden soziale Kontakte, denunzieren Coronasünder etc. Diese politische Strategie hat wahrscheinlich weit größere gesundheitliche Schäden verursacht, der Gesellschaft mehr geschadet, als es das Coronavirus jemals vermocht hätte.

Frank Ulrich Montgomery,
Chef des Weltärztebundes, 07.11.2021

»Mittlerweile erleben wir eine Tyrannei der Ungeimpften.«[210]

Ende 2022 bekräftigt Montgomery seine Aussage nochmals. In einem Interview mit der *Welt* betonte er: »Es war eine Tyrannei der Ungeimpften. Dabei bleibe ich.«[211]

Jochen Vollmann,
Professor für Medizinische Ethik und Geschichte der Medizin an der Ruhr-Universität Bochum, 09.11.2021

»Daher hat jeder Bürger, der aus medizinischer Sicht geimpft werden kann, meines Erachtens nach die moralische Pflicht gegenüber seinen Mitmenschen und sich selbst, die sehr wirksame, vorbeugende gesundheitliche Maßnahme der Impfung zu nutzen, also sich impfen zu lassen.«[212]

Wird Moral über das Recht gestellt, bemächtigen sich jene, die die Moral für sich beanspruchen, des Rechtsstaates. Die Bundeszentrale für politische Bildung beschreibt das Prinzip der Rechtsstaatlichkeit so: »In der Rechtsordnung wird das gemeinschaftliche Zusammensein nicht zuvorderst von sittlichen, moralischen oder religiösen Regeln bestimmt, sondern von verbindlichen Rechtsnormen geregelt.«[213]

Lothar Wieler,
Präsident des Robert Koch-Instituts (RKI), 18.11.2021

»Wir laufen momentan in eine ernste Notlage. Wir werden wirklich ein sehr schlimmes Weihnachtsfest haben, wenn wir jetzt nicht gegensteuern. Wir waren noch nie so beunruhigt wie jetzt. Sie sehen, die Prognosen sind superdüster. Sie sind richtig düster. Wir haben zu schnell in zu vielen Bereichen geöffnet. Wir dürfen denen, die sich nicht impfen lassen, wirklich nicht die Chance geben, die Impfung zu umgehen, zum Beispiel, indem sie sich freitesten lassen. Jeder Mann und Maus, der impfen kann, soll jetzt gefälligst impfen.«[214]

Der RKI-Chef malt vor Weihnachten ein Horrorszenario an die Wand. Er übertreibt dabei dermaßen, dass selbst die *Tagesschau* von einer »Wutrede« schreibt. Während der Pandemie verlieren viele

Coronaprotagonisten jegliches Augenmaß. Beim Entwerfen ihrer Angstkulissen gehen sie entweder verantwortungslos vor, oder es ist ihnen tatsächlich nicht bewusst, welche massiven Schäden sie mit ihren Einschüchterungsstrategien in der Bevölkerung anrichten.

Ulrich Wagner, Sozialpsychologe, 23.11.2021

»Nur so lau und lasch den Druck zu erhöhen führt zu einer Abkapselung. Eine klare Ansage könnte dazu führen, dass auch eigentlich eingemauerte Impfgegner sich am Ende doch noch impfen lassen und dann nachfolgend ihre Überzeugungen ändern.«[215]

Unter klarer Ansage versteht der Sozialpsychologe eine allgemeine Impfpflicht, einen gesetzlichen Impfzwang: »Der äußere Zwang wäre eine Entschuldigung« für Impfgegner, sich impfen zu lassen, so sein Argument. Die krude respektive menschenverachtende Logik des Sozialpsychologen: Man impft Menschen zwangsweise, also gegen ihren Willen, damit sie ihre Meinung zur Impfung ändern. Mit Menschenrechten, Selbstbestimmung und Eigenverantwortung kann Wagner wohl nur wenig anfangen.

Prof. Dr. Emil Reisinger,
Dekan medizinische Fakultät Universität Rostock, 03.12.2021

»Sie nehmen mit einem Salat mindestens so viel mRNA auf wie mit einer Impfung, insofern […] insbesondere die Veganer müssen das nachvollziehen können, dass Salat und auch die Impfung bezüglich mRNA wirklich unbedenklich sind […].[216]

Viele Experten, die den Bürgern die Vorzüge der Impfung näherbringen wollen, halten die Impfskeptiker tatsächlich für so blöd, wie sie von Politik und Medien dargestellt werden.

Christian Drosten, Virologe, Charité Berlin, und Berater der Bundesregierung, 10.12.2021

»Jüngere Kinder sind offenbar auffälliger krank mit der Omikron-Variante in Südafrika.«[217]

Ende 2021 geistert eine neue Coronavariante durch die Medien. Diesmal aus Südafrika. Sie wird dazu benutzt, die überall im Land abflauende Angst neu zu entfachen und die zu diesem Zeitpunkt geführten Diskussionen über die Impfung von Kindern zu beeinflussen. Omikron wäre besonders für Kinder gefährlich, wird von den Experten und Medien getrommelt. Es stellt sich aber relativ schnell heraus, dass die Angstmeldungen einmal mehr völlig überzogen waren.

Dietmar Schranz, Kinderkardiologe, 12.12.2021

»Die Ausweitung der Impfungen über alle Altersgruppen, um einen Herdenschutz zu erreichen, wurde meines Erachtens verschlafen oder besser gesagt zerredet.«[218]

Der Kinderkardiologe setzt sich, wie viele andere Ärzte, für die Impfung von Kindern ab 5 Jahren ein, obwohl diese von der Krankheit kaum betroffen sind beziehungsweise keine gesundheitlichen Schäden zu befürchten haben. Nur ganz wenige vorerkrankte Kinder sind an Corona gestorben. Dass die Impfung auch nicht vor Infektionen und der Weitergabe der Infektion schützt, haben zu diesem Zeitpunkt schon mehrere Studien belegt. Etwa jene der Centers of Disease Control and Prevention (CDC), der amerikanischen Seuchenbehörde, vom 6. August 2021. Es gab nie einen Grund dafür, Kinder der Gefahr dieser umstrittenen Impfung auszusetzen. Trotzdem wurde in Deutschland fast jedes vierte Kind zwischen 5 und 11 Jahren (22,4 Prozent) geimpft.[219]

Pia Lamberty, Sozialpsychologin, 03.01.2022

»Auch wenn manche Demonstrierende keine rechtsextreme Ideologie vertreten […].«[220]

Expertin Lamberty, die während der Pandemie unzählige Interviews zu diesem Thema gibt, erklärt alle, die die Coronamaßnahmen hinterfragen, zu Rechtsextremen: nur »manche« nicht. Das steht im krassen Widerspruch zu zahlreichen seriösen und repräsentativen Erhebungen. So kommt eine Studie der Universität Basel zu dem Schluss, dass Mitglieder der sogenannten »Querdenker«-Bewegung zu 21 Prozent die Grünen und 17 Prozent die Linke gewählt haben.[221] Von Fakten lässt sich Lamberty ihre Vorurteile aber nicht kaputt machen, sie warnt deshalb, nicht »allein vom Aussehen auf die politische Einstellung zu schließen.« Denn: »Wenn man die [!, Anm. des Autors] von außen sieht, hätte man ein ganz anderes Bild.«[222] Wenn Lamberty mit ihrem politischen Röntgenblick in »die« hineinsieht, tun sich ihr menschliche Abgründe auf: »Wir wissen, dass Verschwörungsgläubige sich weniger impfen lassen, sich weniger an Maßnahmen halten und gewaltaffiner sind. Sie sind auch egozentrischer und haben eine geringere Gemeinwohlorientierung.« Vermutlich stinken sie auch.

Kein Wunder, dass von solch asozialen Existenzen eine immer größer werdende Gefahr ausgeht. Lamberty versucht, die Bedrohung, die von Maßnahmenkritikern ausgeht, ins Comichafte aufzublasen: »Es gibt Gewalt im Alltag, […] Ärzte, die bedroht werden, Testzentren, die geschlossen werden, mobile Impfteams, die nur mehr mit Polizeischutz arbeiten können. Ich blicke mit Bauchschmerzen auf die nächsten Monate. Es wird immer wieder von Notwehr gesprochen, dadurch wird Gewalt legitimiert.«[223] Lamberty gilt vermutlich deshalb als Expertin für Verschwörungstheorien, weil sie gut darin ist, sie zu verbreiten.

Thomas Fischbach, Präsident des Berufsverbandes der Kinder und Jugendärzte, 27.03.2022

»Wir Ärzte haben jedenfalls keine Kapazitäten für stundenlange Einzelgespräche mit hartnäckigen Impfverweigerern.«[224]

Dass die Impfung sicher sei, keine Nebenwirkungen habe, sollen die potenziellen Impflinge einfach glauben, obwohl Ärzte verpflichtet sind, die Menschen über die Risken und Nebenwirkungen aufzuklären. Wer das nicht tut, verletzt seine Berufspflicht als Arzt. Das *Ärzteblatt* schreibt: »Es muss daher mit Nachdruck darauf hingewiesen werden, dass vor Durchführung jeder Impfung oder Impfserie eine Aufklärungspflicht des Arztes besteht, wodurch der Impfling oder seine Sorgeberechtigten in die Lage versetzt werden sollen, über die Teilnahme an der Impfung zu entscheiden.«[225]

Ständige Impfkommission (STIKO), 24.05.2022

»Die STIKO empfiehlt Kindern ohne Vorerkrankungen im Alter von 5 bis 11 Jahren zunächst eine Impfstoffdosis […] Diese Impfempfehlung wird vorsorglich ausgesprochen, weil ein erneuter Anstieg von SARS-CoV-2-Infektionen im kommenden Herbst beziehungsweise Winter zu erwarten ist.«[226]

Frank Ulrich Montgomery, Chef des Weltärztebundes, 28.05.2022

»Eine Partei, die mit einem falschen Freiheitsfetisch die Sicherheit vieler Menschengruppen vergisst, ist ein Problem für jeden Gesundheitsminister.«[227]

Montgomerys Aussage bezog sich auf die FDP, weil sich Parteivize Wolfgang Kubicki gegen einen weiteren Lockdown ausgesprochen hatte. Interessant ist die Wortwahl. Freiheit ist während der Pandemie plötzlich nur noch ein »Fetisch«, und zwar ein falscher. Wer sich für Freiheit und damit für die Grundrechte der Menschen einsetzt, wird zum »Problem«. Das Schweigen der vielen Institutionen, Initiativen und Bedenkenträger, die sich ansonsten stets öffentlichkeitswirksam um Demokratie und Menschenrechte sorgen, zu dieser und ähnlichen Aussagen war während der Pandemie ohrenbetäubend.

Jana Faus,
Geschäftsführerin Pollytix Strategic Research GmbH, 27.07.2022

»87 Prozent der nicht aus medizinischen Gründen Ungeimpften werden von Verschwörungsnarrativen beeinflusst.«[228]

Das ist das Ergebnis einer Studie, für die knapp 9000 Ungeimpfte in Reinland-Pfalz online und telefonisch befragt worden sind. Alle großen Medien haben über sie berichtet.[229] Sie zeigt, wie neue »wissenschaftliche« Fakten in die Welt gesetzt werden. Dass 87 Prozent der Ungeimpften von Verschwörungsnarrativen beeinflusst werden, ist eine wertlose Aussage, zumal die Macher der Studie nach dem vorherrschenden Zeitgeist und nicht nach wissenschaftlichen Erkenntnissen festgelegt haben, was ein Verschwörungsnarrativ ist. Viele dieser angeblichen Verschwörungsnarrative rund um Corona haben sich längst als Tatsachen herausgestellt (Impfung schützt nicht vor Ansteckung, Corona ist nicht tödlicher als eine saisonale Grippe, die Pandemie wird politisch instrumentalisiert etc.). Diese Studie diente ausschließlich dazu, die Mainstreamnarrative und Vorurteile gegen Ungeimpfte zu festigen, ihnen einen wissenschaftlichen Anstrich zu geben.

Florian Thalhammer,
Präsident der Österreichischen Gesellschaft für Infektionskrankheiten und Tropenmedizin, 21.08.2022

»Eine Infektion ist ein immunologisches Ereignis, zählt aber nicht zur Impfung. Der ›vierte Stich‹ ist für alle Altersgruppen ab dem 5. Lebensjahr ganz klar empfohlen. […] Wer sich nicht [gegen Covid-19, Anm. des Autors] impfen lässt, wird auf der Intensivstation enden und über die Pathologie nach Hause gehen. Das muss man, glaub' ich, klar aussprechen.«[230]

Weil die Impfung nicht hält, was Ärzte, Medien und Politiker versprochen haben, werden immer mehr Impfungen, sogenannte Booster, empfohlen. Damit versucht man die Wirkungslosigkeit der Impfung respektive Gentherapie zu vertuschen, man erhöht beständig die Dosis einer unwirksamen Medizin. So empfahl etwa das Land Tirol noch im Oktober 2022 allen über 60-Jährigen eine Auffrischungsimpfung alle 4 Monate![231]

Um solchen Empfehlungen Nachdruck zu verleihen, drohte man den Menschen mit »Long Covid«, Intensivstation und dem Tod. Mit katastrophalen Folgen: Wie zahlreiche Statistiken belegen, sterben »Geimpfte und Geboosterte überproportional oft an COVID-19«.[232]

Jan Philipp Rudloff, Psychologe
an der Julius-Maximilians-Universität Würzburg, 25.10.2022

»Menschen mit dunklen Persönlichkeitsmerkmalen biegen sich die Wirklichkeit so zurecht, wie sie ihnen passt. Also etwa: ›Ich trage keine Maske, weil das Coronavirus ja eh nur eine Erfindung der Medien ist.‹«[233]

Ungeimpfte haben dunkle Persönlichkeiten, sie biegen sich die Welt nach ihren kruden Vorstellungen zurecht. Auch während des ideologisch aufgeladenen Willkommenshypes im Jahr 2015 bezeichnete *Der Spiegel* die Kritiker der Politik der offenen Grenzen als »dunkle Deutsche«.[234]

Zu den dunklen Persönlichkeitsmerkmalen zählen Narzissmus, Psychopathie und Machiavellismus. Man nennt das auch die dunkle Triade. Bei solchen Allerwelts-»Diagnosen« soll den Bürgern ein Schauer über den Rücken laufen. Wer möchte schon eine »dunkle Persönlichkeit« sein? »Je höher der dunkle Faktor der Persönlichkeit ist, desto eher glaubt man an Verschwörungserzählungen«, konstatiert Rudloff.[235] Was der Psychologe hier betreibt, erinnert an die Pathologisierung Andersdenkender in Diktaturen wie der Sowjetunion.

Dissidenten, die als Belastung oder Bedrohung des marxistisch-leninistischen Systems angesehen wurden, unterstellte man Geisteskrankheiten, um sie in Anstalten festhalten zu können. »Das übliche Vorgehen hierbei war es, einen Dissidenten auf Grundlage politischer Vergehen […] einer psychiatrischen Zwangsuntersuchung zu unterwerfen […].«[236] Auch Rudloff und viele andere versuchten während der Pandemie Impfgegner und Maßnahmenkritiker als geistesschwach, irrational, als dunkle Persönlichkeiten etc. zu diffamieren. Zwar nicht, um sie in Anstalten abschieben zu können – zumindest vorerst nicht –, aber um ihre Meinungen und Argumente zu delegitimieren und sie vom öffentlichen Diskurs auszuschließen, was sich von der Intention nicht wesentlich von einer Zwangseinweisung in die Psychiatrie unterscheidet.

Bundeszentrale für gesundheitliche Aufklärung, 24.03.2023

»Für die meisten Menschen ist die Coronaschutzimpfung sehr sicher. Sie werden durch die Impfung gegen das Coronavirus geschützt. Und die meisten Menschen haben nur leichte Nebenwirkungen davon.«[237]

Das steht im März 2023 auf der Seite infektionsschutz.de, die die Bürger über die Coronapandemie von offizieller Seite informieren soll. Angesichts der beunruhigenden Zahlen von Impfnebenwirkungen konnte die Behauptung von der (mehr oder weniger) nebenwirkungsfreien Impfung nicht mehr aufrechterhalten werden. Deshalb schreibt man, dass die Impfung für die »meisten« Menschen sicher ist. Die Aussage ist extrem unpräzise und deshalb als Information unbrauchbar. Für »die meisten Menschen« kann bedeuten, dass 10, 20 oder sogar 49 Prozent der Geimpften an Impfnebenwirkungen leiden. Zumal ja die meisten, sprich die Mehrheit, nicht darunter leiden. Wer solche »Informationen« veröffentlicht, will nicht informieren, sondern unangenehme Tatsachen verschleiern.

Prominente – Schlechte Vorbilder

Auf die sogenannten Kulturschaffenden konnte sich das politische Establishment während der Pandemie verlassen. Schauspieler, Popmusiker, Moderatoren, Comedians, Regisseure, Sportler, Influencer, Literaten und andere A- bis C-Promis aus dem Kulturbetrieb, der Medien und Unterhaltungsbranche haben sich als linientreu erwiesen. Sie marschierten mit Begeisterung im Coronagleichschritt dorthin, wo sie Coronaführer wie Karl Lauterbach haben wollten.

Viele von ihnen stellten sich aktiv in den Dienst der staatlich verordneten Volksgesundheit, sie warben für die Impfung, unterstützten Lockdowns, Masken- und Impfpflicht, beschimpften Ungeimpfte, machten Witze über Schwurbler oder lobten den Lockdown als eine Zeit der Besinnung und Entschleunigung, in der sie endlich Bücher schreiben, in sich gehen, und sich den entscheidenden Fragen des Lebens widmen konnten. Sie halfen, diesen von der Politik angeordneten Stillstand eines ganzen Landes, diesen Tabubruch in einer freiheitlich-demokratischen Welt romantisch zu verklären. Sie sahen in den Einschränkungen, Gängeleien und Zumutungen des Staates nicht nur eine Notwendigkeit, sie vermarkteten sie sogar als Chance, Perspektivenwechsel, Bereicherung und sagten, wann immer man ihnen ein Mikro vor die Nase hielt, was der staatlich verordneten Sache diente, was die politische Führungsschicht von ihnen hören wollte. Fast alle Promis wurden der von ihnen erwarteten Vorbildfunktion gerecht, sie waren die Tanzbären im Coronazirkus. Aus Überzeugung, Opportunismus, monetären und karrieretechnischen Gründen, aber auch, weil der Druck auf sie groß war. Prominente wurden einem permanenten Coronagesinnungscheck unterzogen, ihr Impfstatus war ein Thema von öffentlichem Interesse. Und wer sich nicht zu Lockdowns und Impfungen äußern wollte, wurde dazu von Politikern, Journalisten und Berufskollegen genötigt.

Ungeimpfte Promis, von denen es nur wenige gab, verloren in vielen Fällen ihre Jobs, Engagements und wurden vor allem von den Mainstreammedien und ihrer Kollegenschaft an den Pranger gestellt, etwa Bayern-München-Star Joshua Kimmich, Popsängerin Nena oder jene Promis, die in YouTube-Videos unter dem Motto »#AllesDichtMachen« die Coronapolitik der Regierung kritisierten. Der Widerstand gegen die tendenziell autoritäre Coronapolitik beschränkte sich bei den Promis und Kulturschaffenden, wie man dieses Milieu in der DDR nannte, auf wenige Ausnahmen. Im Gegensatz zur Bevölkerung, wo der Anteil der Abweichler und Kritiker bei rund einem Viertel bis einem Drittel lag, waren die Promis fast zu 100 Prozent auf Linie.

Künstler sind im hohen Maße vom Staat und der Obrigkeit abhängig, ihr Status, ihre Karriere und ihre wirtschaftliche Existenz sind eng mit den Interessen des Establishments verknüpft. Zumal viele Künstler, das trifft insbesondere auf die Hochkultur zu, nichts anzubieten haben, was am freien Markt von den Bürgern nachgefragt werden würde, sie sind deshalb vom Staat direkt oder indirekt finanziell abhängig. Theater, Kleinkunstbühnen, Museen, Konzerthäuser, Stadien, öffentlich-rechtliche Rundfunksender, Filmproduktionen, Kulturfestivals und Kunstpreise werden großteils von der öffentlichen Hand finanziert. Wer diese Infrastruktur nutzen, wer Aufträge und Engagements bekommen will, muss sich den Regeln, Konventionen und der vorherrschenden Ideologie unterwerfen. Aus diesem Grund sind Künstler in der Regel Staatskünstler, sprich vom Staat bezahlte und abhängige Kulturschaffende, deren Nonkonformität und Widerständigkeit nur Fassade ist.

Diese Abhängigkeit erlaubt ihnen wenig Meinungs- und Handlungsspielraum, und während der Pandemie ist dieser Korridor des Erlaubten und Sagbaren weiter verengt worden. Deshalb wurde selbst dezente Kritik an den Coronamaßnahmen mit sozialer Ächtung und Hetzkampagnen in den Medien geahndet, die nur deshalb nicht als Hetze von der Mehrheit wahrgenommen worden sind, weil sie von Politik und Behörden befeuert wurden und weil der Großteil der Bevölkerung mitgemacht oder sie zumindest goutiert hat. Künstler und Prominente, die auch nur leicht vom erlaubten Coronapfad abgekommen sind, wurden massiv attackiert. Die *Stuttgarter Zeitung* stellte die rhetorische Frage: »Darf man Nena noch einladen?«[238] Viele forderten De-facto-Berufsverbote für prominente Maßnahmenkritiker. Peter Fischer, Präsident des Fußballvereins Eintracht-Frankfurt, brachte es auf den Punkt: »Wer nicht geimpft ist, gehört nicht dazu.«[239]

Nicht nur Journalisten, auch die prominenten Berufskollegen gingen mit den Coronanestbeschmutzern hart ins Gericht. Zumal die Stimme eines Promis wesentlich mehr Gewicht hat als die eines gewöhnlichen Schwurblers von der Straße. Jeder Prominente, der sich gegen das Coronaregime auflehnte, gefährdete die Deutungshoheit des Establishments über die Krise und den sich dauerhaft verfestigenden Coronaautoritarismus, weil er die alternativlosen Maßnahmen und die als Wahrheiten verkauften Expertenmeinungen infrage stellte. Während einer Krise, einer Übergangszeit, wo das Alte vergeht, sich das Neue aber noch nicht herausgebildet hat (alte vs. neue Normalität), werden Kräfte frei, die schwer zu kontrollieren sind, weshalb die Linke, wie der italienische Kommunist und linke Vordenker Antonio Gramsci (1891–1937) in seinen Schriften ausgeführt hat, unbedingt die Deutungshoheit über eben diese Krise erringen muss. Das ist eine der Hauptaufgaben von Kulturschaffenden. Prominente Abweichler im fast durchgängig linken Kultur- und Medienbetrieb wurden deshalb auf dem medialen Scheiterhaufen sozial hingerichtet. Nach dem Leitsatz Mao Tsetungs: Bestrafe einen, erziehe hundert.

Während der Großteil der Promis lediglich mitmarschiert oder auf Tauchstation gegangen ist, taten sich andere als Coronamusterschüler und -hetzer hervor. Viele, um ihre Bekanntheit und ihren Marktwert zu steigern und um sich der Obrigkeit als besonders verlässlich anzudienen. Das betraf vor allem Künstler, die weniger aufgrund ihres Talents, Könnens und ihrer Kreativität im Rampenlicht stehen, sondern vielmehr, weil sie probate Verkünder des gerade vorherrschenden Zeitgeistes sind. Dazu zählen viele Comedians und Kabarettisten, die ihre chronische Humorlosigkeit mit einer Überdosis an Ideologie und Hass gegen »Rechte« oder je nach Saison gegen Coronamaßnahmenkritiker, Klimaleugner oder Putin-Versteher etc. kompensieren. Prominente Vertreter dieser Gattung sind Jan Böhmermann, Caroline Kebekus oder Sarah Bosetti. Sie verkaufen dem Publikum, was das linke Establishment aktuell auf seiner Agenda hat: mRNA-Impfungen, Massenzuwanderung, Insekten in Nahrungsmitteln, Energiewende, Geschlechtsumwandlungen, Wokeness oder Maskenpflicht.

Die meisten sogenannten Kulturschaffenden haben während der Pandemie bewiesen, dass ihr zur Schau gestellter Nonkonformismus, ihre Widerständigkeit und Courage nur eine billige Show sind, die ihre Existenz als vom Staat gesponserte Plappermäuler aufhübschen soll. Als Schönwetterkapitäne treten sie nur dann für Demokratie, Freiheit und Menschenrechte ein, wenn sie dafür ihre Komfortzone nicht verlassen müssen und es für sie nicht mit Unannehmlichkeiten verbunden ist. Deshalb war es auch für die Künstler wichtig, jegliche Kritik an den Coronamaßnahmen ideologisch aufzuladen, um damit den Kampf gegen rechts, der längst zur Staatsräson und zur Existenzberechtigung der Kulturschaffenden geworden ist, verknüpfen zu können.

Der jahrelange »antifaschistische« Kampf wurde auf die Coronapolitik aufgepfropft, Maßnahmenkritiker wurden, beinahe automatisch, mit rechter Gesinnung gleichgesetzt, obwohl der Widerstand gegen eine umstrittene Impfung in erster Linie persönliche, gesundheitliche und keine ideologischen Gründe hat. Trotzdem setzte sich die Gleichung »Coronamaßnahmenkritiker = Nazis« im Mainstream durch. Dass die Coronapandemie vom Justemilieu instrumentalisiert wurde, um demokratische Strukturen abzubauen, Grundrechte einzuschränken, die postdemokratische (»neue«) Normalität zu etablieren, kurz: das zu tun, wogegen man vordergründig so engagiert eintritt, fiel nur deshalb vielen nicht weiter auf, weil kritische Stimmen sofort lächerlich oder mundtot gemacht worden sind. Und weil fast alle Prominenten und Künstler mitgemacht haben.

Zitate Prominente und Künstler

Sarah Bosetti, Comedian (ZDF), 20.11.2020

»Liebe #Querdenker, wenn Anne Frank noch leben würde, wäre sie jetzt 91 Jahre alt. Also Risikopatientin. Ihr Leben und ihr Tod wären euch egal. Ihr Leben und ihr Tod sind euch egal. Oder, um es in eurer Sprache zu sagen: Ihr seid ein bisschen wie Hitler.«[240]

Kein Argument ist zu abstrus und zu dumm, um eine Verbindung zwischen kritischen Bürgern und Hitler beziehungsweise Nazis herzustellen. Der Kampf gegen rechts, der im Zentrum der Arbeit der meisten Künstler steht, insbesondere von Kabarettisten und Comedians, wird während der Pandemie mit der Hetze gegen Coronamaßnahmenkritiker verquickt. Wer nicht im Gleichschritt Richtung Gesundheitsdiktatur marschiert, ist ein Nazi. Wer für Meinungsfreiheit und Bürgerrechte eintritt, ist ein Nazi. Wer für körperliche Selbstbestimmung protestiert, ist ein Nazi. Damit man diese argumentative Verrenkung hinbekommt, diesen offenkundigen Widerspruch respektive Bullshit den Bürgern vermitteln kann, braucht es kulturschaffende Dienstleister wie Bosetti.

Diese nutzen die durch die Pandemie für sie entstandenen künstlerischen Synergieeffekte, da ihr »Humor« ohnehin nur eine Pointe kennt: »Rechte« sind blöd, gefährlich, menschenverachtend etc. Man braucht sein äußert bescheidenes Repertoire also nicht zu erweitern, setzt Nazi mit Schwurbler gleich und bedient damit auch die Interessen seiner Geldgeber (Staat, öffentlich-rechtlicher Rundfunk etc.)

Mathias Winks »MC Winkl«, Blogger und Musiker, 23.11.2020

»Und als wäre all das noch nicht genug, schreibt ein in Kiel ansässiger Quacksalber zusammen mit seiner ebenfalls frustrierten, zahnbehaarten Ehefrau einen Bestseller, die ultimative Coronaleugnung schlechthin, und macht sich damit die Taschen voll. Das ist so'n kleines, sehr schäbiges, 150-Seiten Schmutzfibelchen für 15 €, welches im Stile von Sonderschulzeitungen geschrieben wurde […].[241]

Ziel dieser schmierigen Attacke ist der bekannte Wissenschaftler Sucharit Bhakdi. C- oder in diesem Fall D-Promis versuchen die Pandemie zu nutzen, um sich mit besonders harten Attacken und üblen Beschimpfungen hervorzutun, um ihren Bekanntheitsgrad zu steigern und sich bei der Obrigkeit und bei jenen Kräften anzudienen, die über Subventionen, Medienauftritte und Engagements entscheiden. Dass sich ein D-Promi dazu aufschwingt, ohne jede Fachkenntnis über einen renommierten Wissenschaftler zu urteilen, ist zwar anmaßend und absurd, aber während der Pandemie gängige Praxis.

Christoph Waltz, Schauspieler, Hollywoodstar, 17.02.2021

»Setzt doch die blöde Maske auf und bleibt 2 Meter entfernt von mir. […] werden aber durch eine Gruppe von asozialen Vollidioten in die Enge getrieben.«[242]

Andersdenkende derb zu beschimpfen ist angesichts der geänderten gesellschaftlichen und politischen Rahmenbedingungen unter Prominenten en vogue, zumal sie das politische Establishment hinter sich wissen und deshalb nichts riskieren. Mit solchen Aussagen sammeln die Künstler soziale und politische Pluspunkte, um im inoffiziellen Social-Credit-Ranking der Gutmenschenblase zur »moralischen Instanz« aufzusteigen. Man steigert sein Prestige, kann sich als mutig und engagiert positionieren, was sich positiv auf die Auftragslage, Medienpräsenz und damit auf den Kontostand auswirkt. *Der Spiegel* und andere Leitmedien berichten allesamt positiv über die geifernde Wutrede von Christoph Waltz.

> **Felix Kummer,** Musiker (Kraftklub), 11.03.2021
> *»Und wenn ich […] euch den Impfsaft höchstpersönlich in die Arme bolze.«*[243]

Der Frontmann von Kraftklub versucht, wie viele andere aus der Pop- beziehungsweise Indie-Branche, seiner Angepasstheit, seinem Opportunismus mit »hipper« Szenesprache einen »rebellischen« Anstrich zu geben, um dem für dieses Milieu so wichtigen Image beziehungsweise Klischee vom unangepassten und widerständigen Wilden und »Outlaw« gerecht zu werden. Die Coronaopportunisten machen sich gegenseitig etwas vor, stellen sich als etwas dar, was sie nicht sind, nie waren und auch nie sein werden: Helden, Rebellen, Individualisten.

> **Elyas M'Barek,** Schauspieler, 23.04.2021
> *»Come on, das ist doch Blödsinn. Was unterstellst du denn da unserer Regierung? Kann ich null nachvollziehen. Jeder will wieder zur Normalität zurückkehren, und das wird auch passieren. Wenn alle dafür sorgen, dass eine weltweite PANDEMIE bekämpft wird. Mit Zynismus ist doch keinem geholfen.«*[244]

53 prominente Schauspieler auf YouTube kritisieren die Coronapolitik der Regierung und die unkritischen, weitgehend gleichgeschalteten Medien. Weil sie aus demselben Stall kommen, ebenfalls zu den meinungs- und bewusstseinsbildenden Gesellschaftsschichten gehören, fallen die Reaktionen auf die Initiative mit Namen

»#AllesDichtMachen« besonders heftig aus. Die Kritisierten schießen aus vollen Rohren zurück.

Der Druck auf die kritischen Künstler wird derart groß – manchen wird sogar offen mit Berufsverbot gedroht –, dass einige der 53 der Mut verlässt. Zu ihnen gehört Heike Makatsch, die sich umgehend von »rechtem Gedankengut und rechter Ideologie« distanziert, oder Meret Becker, die sich gegen eine »Vereinnahmung durch Rechte«[245] verwehrt. Das Establishment schwingt die Nazi-Keule, und schon lichten sich die Reihen kritischer Künstler, was zeigt, dass es in der Debatte um die Coronamaßnahmen nicht um die Gesundheit, sondern ausschließlich um Ideologie und Macht geht. Man diskutiert nicht über die Verhältnismäßigkeit und Sinnhaftigkeit der Coronamaßnahmen, sondern darüber, welcher Standpunkt den Rechten nutzen könnte, beziehungsweise welcher politisch korrekt und welcher »rechts« und damit tabu ist.

Dieses linke Druckmittel ist so effektiv – der Nazi-Vorwurf ist schließlich der schlimmste Vorwurf, den man einem Menschen in unserer Gesellschaft machen kann –, dass einige der 53 Künstler sich öffentlich in den Staub werfen und Abbitte leisten, um wieder reumütig in die komfortable linke Blase zurückkehren zu können.

Marie von den Benken, Model, Influencerin, 10.08.2021

»Wunsch: Keine ungeimpften Idioten da, wo andere Leute sind. Lösungsansatz: Testpflicht für Ungeimpfte, wo andere Leute sind. Ungeimpfte Idioten: Haha, dann machen wir einen #Testboykott und gehen da gar nicht mehr hin, wo andere Leute sind. Intelligenzdilemma bei der Arbeit.«[246]

Sarah Connor, Musikerin, 10.08.2021

»An alle Querdenker oder sonstige Vollidioten, [...] Ich verstehe einfach nicht die Leute, die jetzt noch hadern und zaudern, und ich finde den Gedanken absurd. [...] Ich kann nur appellieren an euch alle, dass ihr raus geht und euch diese Impfung holt und jeden, den ihr kennt, überredet, der es noch nicht getan hat.«[247]

Dieter Wischmeyer, Autor und Satiriker, 15.08.2021

»Bis der letzte Impfgegner noch nicht ausgerottet ist, wird es wahrscheinlich so weitergehen.«[248]

Dieser unter normalen, rechtsstaatlichen Umständen vermutlich strafrechtlich relevante Satz fällt in einem Interview auf Radio Eins, einem öffentlich-rechtlichen Radiosender (RBB). Seine Interviewerin, Bettina Rust, findet diese Aussage amüsant, sie lacht jedenfalls darüber. Bei entsprechenden politischen und sozialen Rahmenbedingungen, wenn Hetze und Mordaufrufe zwar gesetzlich verboten sind, aber nicht geahndet werden, und eine Gruppe vom Staat nicht mehr ausreichend geschützt wird, fallen bei vielen Menschen die Hemmungen, können autoritäre Persönlichkeiten und zwanghafte Charaktere ihre Neigungen endlich offen ausleben, auch oder gerade im öffentlich-rechtlichen Rundfunk.

Stefan Büsser, Moderator, Comedian, 19.08.2021

»Meine Empathie endet da, wo freiwillig Ungeimpfte auf der Intensivstation landen. Da tut mir nur das Spitalpersonal leid![249]

Die Ärzte, Pop-Band, 28.08.2021

»Rückkehr zur Normalität wäre traumhaft. Soweit wir das verstehen, funktioniert das nur über Impfungen. […] Laut übereinstimmender Meinung unzähliger Wissenschaftler ist spätestens seit der hochansteckenden Delta-Variante eine Infektion für Ungeimpfte mittelfristig unvermeidbar.«[250]

Das ist für eine freie und liberale Gesellschaft eine toxische Mischung: Autoritätsgläubigkeit, Halbwissen, Kollektivismus, Sicherheit über Freiheit zu stellen und die Weigerung, sich außerhalb seiner Echokammer zu informieren.

Howard Carpendale, Schlagerstar, 28.08.2021

»Die Impfung [ist] die einzige und endgültige Lösung für die Pandemie.«[251]

Die einzige und endgültige Lösung ist die Impfung nur für jene, die sich weigern, die Meinungsblase des Mainstreams zu verlassen, in der ausschließlich von linken Gatekeepern gefilterte Informationen zirkulieren. Zu groß ist die Angst, in den gefährlichen, weil weitgehend unzensierten und vom Establishment unbetreuten Außenwelten, sprich: Teilen des Internets und der sozialen Medien, mit Informationen und Ansichten konfrontiert zu werden, die nicht in das offizielle schwarz-weiße Coronaschema passen. Das würde auch Schlagerstars zwingen, nicht einfach nur das offizielle Narrativ nachzuplappern, sondern sich selbst eine Meinung zu bilden.

Jan Böhmermann, Comedian (ZDF), 06.09.2021

»Das Einladen von so Leuten wie Hendrik Streeck und Alexander Kekulé, wo man fachlich wirklich sagt, das ist keine gute Idee. […] Ich finde es schwierig, wenn man Leuten eine Bühne gibt, die eine Meinung vertreten, die man nur deswegen veröffentlicht, weil man sagt, man muss auch die andere Seite wieder sehen, und es gibt Meinungen, die sind so durchtränkt von Menschenfeindlichkeit […]. Es gibt Positionen, die im Kern menschenfeindlich sind.«[252]

Der vom ZDF finanzierte linke Politaktivist Böhmermann attackiert den TV-Talker Markus Lanz, weil dieser »Menschenfeinde« wie die Virologen Hendrik Streeck und Alexander Kekulé in seine vom ZDF finanzierte Sendung eingeladen hatte. Woke Fundamentalisten wie Böhmermann können ihrer Menschenverachtung, die sich exklusiv gegen nicht linke Andersdenkende richtet, während der Pandemie exzessiv ausleben. Grenzen werden Böhmermann weder von seinem Arbeitgeber noch von Medien, Politik oder Justiz gesetzt. Im Gegenteil, Böhmermann dient dem politmedialen Establishment als Scharfmacher, der vorprescht, um den Weg der linken Politiker für ihren Umbau des Staates und der Gesellschaft zu ebnen, die Grenzen des Sag- und Machbaren immer weiter nach links außen zu verschieben. Im Vergleich zu Böhmermanns rabiater, menschenfeindlicher Rhetorik klingen selbst radikale Forderungen und Vorschläge von linken und grünen Politikern gemäßigt.

Oliver Welke, Moderator, Comedian (ZDF), 06.11.2021

»von wegen Impfen ist Privatsache«[253]

Welke, der dank öffentlich-rechtlicher Medien ein Millionenpublikum erreicht, erklärt leichtfertig die körperliche Selbstbestimmung für obsolet. Solche Aussagen opportunistischer Meinungspromis zeigen, wie fragil unser westliches Wertegefüge ist, wie schnell auf Zuruf die Handlanger des Systems selbst grundlegende Bürgerrechte infrage stellen.

Durch den Impfzwang wird der Körper zum Staatseigentum, verfügt der Staat über den menschlichen Körper. Meinungsmacher wie Welke lehnen sich deshalb so weit aus dem Fenster, weil sie dafür erstens gut bezahlt werden und zweitens wissen, keine Verantwortung übernehmen zu müssen, wenn die Impfung doch nicht so ungefährlich ist, wie man es den Bürgern eingetrichtert hat. Man geht davon aus, in der Masse jener untertauchen zu können, die dasselbe behauptet haben.

Wolf Biermann,
Musiker und ehemaliger DDR-Bürgerrechtler, 07.11.2021

»Ich krepier' an diesen Kanaillen. […] Sie sind klügelnde Klugscheißer, die unsere Demokratie im wiedervereinigten Vaterland jetzt eine Diktatur nennen. […] [Sie, Anm. des Autors] sind junge Esel oder alte Schweinehunde.«[254]

Wolf Biermann,
Musiker und ehemaliger DDR-Bürgerrechtler, 13.11.2021

»[…] eine große Fresse und einen geschrumpften Verstand. […] Ich kann so einen Menschen [Impfkritiker, Anm. des Autors] nicht aus meiner Menschheit ausschließen, nur weil er blöd ist.«[255]

Wolf Biermann attackierte Impfkritiker besonders heftig. Dass es in Ostdeutschland mehr Kritiker der Coronamaßnahmen als im Westen gibt, versuchte Biermann wenig überzeugend damit zu erklären, dass sie in der Demokratie nun jenen Heldenmut nachholen wollten, den sie in der DDR nicht hatten. Plausibler ist vielmehr, dass die Menschen, die staatliche Bevormundung, Propaganda, Desinformation, Denunziantentum und totalitäre Strukturen aus eigener Erfahrung kennen, aufkommende autoritäre Entwicklungen schneller als solche identifizieren können und sie anprangern und ablehnen.

Da hilft es nichts, wenn die Mainstreampresse jeden Vergleich der Coronamaßnahmen mit den deutschen Diktaturen des 20. Jahrhunderts scharf kritisiert und als Verharmlosung verurteilt: »Der Begriff ›Coronadiktatur‹ verharmlost unsere Geschichte‹«[256] (*FAZ*), »Von wegen ›Coronadiktatur‹«[257] (*Augsburger Allgemeine*), »Vergleiche zwischen Coronapolitik und Diktaturen absurd«[258] (*Pro Medienmagazin*). Auch wenn solche Vergleiche selbstredend überzogen sind, zielt diese Schwarz-Weiß-Argumentation des Mainstreams primär darauf ab, jegliche Kritik an der tendenziell autoritären (»alternativlosen«) Coronapolitik mit dem Nazi-Holzhammer zu erschlagen; entgegen dem antifaschistischen Kalenderspruch: Wehret den Anfängen. Die Kritiker der Coronamaßnahmen wollen nicht die Geschichte verharmlosen, sondern vielmehr verhindern, dass Deutschland erneut in eine falsche Richtung gesteuert wird.

Nora Imlau, Buchautorin, 13.11.2021

»Hey du, die du noch nicht gegen Covid geimpft bist, weil du schwanger bist oder stillst. […] Ich weiß, du willst das Beste für dein Baby. […] Bei sämtlichen zugelassenen Impfstoffen ist es unmöglich, dass sich Jahre später noch irgendwelche Nebenwirkungen zeigen, die wir jetzt noch nicht absehen können. Da kommt nichts mehr. Die Impfung ist sicher.«[259]

Woher weiß Frau Imlau, dass die Impfung sicher ist? Sie weiß es nicht. Kann es nicht wissen. Sie behauptet es einfach. Während der Pandemie werden Menschen, die ihr Wissen aus der *Tagesschau*, dem *Spiegel, Wikipedia* und sonstigen offiziösen Informationsquellen beziehen, zu Virologen, Epidemiologen und Experten für alles, was mit Corona zusammenhängt. Sie fühlen sich – warum auch immer – berufen und berechtigt, andere über Viren, Inzidenzen, Impfstoffe etc. aufzuklären und zu belehren. Jeder, der das offizielle Coronanarrativ nachbetet, ist plötzlich ein Experte, selbst wenn er nur einen Bachelor in Politologie oder ein abgebrochenes Soziologiestudium vorzuweisen hat. Experte ist, wer der Obrigkeit blind vertraut.

Bei der öffentlichen Diskussion um die Coronamaßnahmen ging es weniger um Gesundheit, Fachwissen, Wissenschaftlichkeit etc., sondern um die Frage, welches Verhältnis der Bürger zur Obrigkeit hat, ob er ein braver Coronauntertan ist, der dem Staat blind vertraut (und seinen Kindern eine medizinisch unnötige Impfung verpassen lässt), oder ob er unzuverlässig, asozial oder gar ein »Staatsfeind« ist.

Peter Maffay, Musiker, 13.11.2021

»Ich finde, wer nicht geimpft ist, kann eigentlich nicht unter Leute gehen.«[260]

Torsten Sträter, TV-Comedian, 14.11.2021

»Hallo, ich bin Torsten Sträter. Komiker. Ich bin geimpft. Drei Mal. Und ich hab ne Nadel-Phobie, ihr Affen.«[261]

Smudo, Musiker (Die Fantastischen Vier), 15.11.2021

»Hallo. Ich bin Smudo, 53 und Unterhaltungskünstler. Ich habe mir schon krasseres Zeug als dieses Biontech reingepfiffen. Nichts davon hat geschadet.«[262]

Dieter Nuhr, Kabarettist, 18.11.2021

»Statistisch lässt sich feststellen: Impfen hilft! […] Die Inzidenz ist da am höchsten, wo die Impfquote am niedrigsten ist, und da am niedrigsten, wo die Impfquote hoch ist […] Sehr simpel der Zusammenhang. Und eigentlich sollte der auch niederen Tierarten einleuchten […] Und dann sagen die Leute: Die Impfung macht aber krank: Nein! Es ist die Dummheit, die uns grade krank macht. Ja? Selten war Ignoranz so tödlich, aber ich sehe es positiv: Es ist auch evolutionäre Auslese.«[263]

Wie viele andere bezeichnet Nuhr im öffentlich-rechtlichen Rundfunk Menschen, die der mRNA-Impfung skeptisch gegenüberstehen, mit Tieren. Nicht mit Schweinen, nicht mit Affen, sondern mit »niederen Tieren«, also Würmern oder Einzellern. Dass sich die evolutionäre Auslese nicht an Regierungspropaganda und Desinformation hält, müssen Nuhr und viele andere nun schmerzhaft feststellen, oftmals am eigenen Körper.

Jan Böhmermann, Comedian (ZDF), 24.11.2021

»Schuld daran […] sind die Wichser, die immer noch nicht in der Lage sind, sich zu impfen.«[264]

Roland Kaiser, Schlagersänger, 28.11.2021

»abstruseste Argumente«[265]

Solche würden Impfkritiker benutzen, so Roland Kaiser. Während der Pandemie brechen viele Schlagermusiker mit ihrer (klugen) Gewohnheit, sich bei politischen Themen in der Öffentlichkeit zurückzuhalten, sich politisch nicht zu exponieren. Sie beteiligen sich, wenn auch vorsichtiger als die hochpolitischen Pop- und Rockmusiker, an der Coronapropaganda und schaden damit ihrer eigenen Zunft, die vor allem deshalb beliebt ist, weil sie in einer von Ideologie durchdrungenen Gesellschaft eine der letzten weitgehend unpolitischen Oasen war.

Sarah Bosetti, Comedian (ZDF), 03.12.2021

»Wäre die Spaltung der Gesellschaft wirklich etwas so Schlimmes? Sie würde ja nicht in der Mitte auseinanderbrechen, sondern ziemlich weit rechts unten. Und so ein Blinddarm ist ja nicht im strengeren Sinne essenziell für das Überleben des Gesamtkomplexes.«[266]

Die öffentlich-rechtliche »Satirikerin« bezeichnet in ihrer Comedyserie »Bosetti will reden« Impfkritiker und Impfgegner als »Blinddarm«, der für das Überleben des Gesamtkomplexes nicht notwendig sei. Das ist übelster Nazi-Jargon, Humor auf *Stürmer*-Niveau. Bosetti weiter: »Und immer, wenn er sich entzündet, schreit er: ›Hey, ich bin auch noch da‹ und nervt alle.«[267] Und was macht man mit einem entzündeten Blinddarm? Man schneidet ihn heraus. Er ist ja ohnehin nicht »essenziell« für den Volkskörper, pardon Gesamtkomplex. Der SS-Arzt Dr. Fritz Klein nannte seinen »Gesamtkomplex« Menschheit, die Juden waren für ihn der entzündete »Blinddarm«. Er schrieb: »Aus Ehrfurcht vor dem menschlichen Leben würde ich einen eiternden Blinddarm aus einem kranken Körper entfernen. Der Jude ist der eiternde Blinddarm im Körper der Menschheit.«[268]

Selbst als sie dafür von liberalen Medien wie *Tichys Einblick* oder Reitschuster.de kritisiert wurde, entschuldigte sich Bosetti nur pro forma und attackierte jene, die es gewagt hatten, ihre entmenschlichende Nazi-Sprache anzuprangern. Sie unterstrich damit, wes Geistes Kind sie tatsächlich ist. Das ZDF, das seit Jahren mit einem Budget von jährlich 10 Milliarden Euro gegen »rechts« kämpft, hatte kein Problem mit dem Nazi-Jargon und den menschenverachtenden Hassattacken ihres Stars. Obwohl der CDU-Politiker und ehemalige DDR-Bürgerrechtler Arnold Vaatz Programmbeschwerde gegen das ZDF erhoben hatte. Vaatz sah in Bosettis Äußerungen »konkrete Vernichtungsfantasien« gegen Menschen aufgrund ihrer politischen Einstellung. Sie seien ein »besonders eklatanter« Verstoß gegen den ZDF-Staatsvertrag.[269] Herausgekommen ist dabei nichts, Bosetti darf nach wie vor im ZDF auftreten und »sympathisch, satirisch und provokant« die aktuellen Debatten »auseinandernehmen«, wie es auf der ZDF-Internetseite heißt. Schließlich hat die sympathische Frau Bosetti ja »nur« Impfgegner als Blinddarm bezeichnet. Und die sind für den Gesamtkomplex ohnehin nicht essenziell.

Eckart von Hirschhausen,
TV-Moderator, Kabarettist, Mediziner, 13.12.2021

»Es gibt aber wirklich viel Unwissen, leider auch unter Ärztinnen und Ärzten; und es gibt ja auch wirklich die Ärzte, die davon abraten. Denen müssten man meiner Meinung nach auch die Approbation entziehen. Das ist unverantwortlich, weil der Vorteil des Impfens es so glasklar gezeigt hat, auch bei Menschen mit Immunerkrankungen zum Beispiel.«[270]

Weil die gesamte Coronapolitik und die Maßnahmen zur Eindämmung der Pandemie offiziell darauf aufbauen, dass »die« Wissenschaft bezüglich der Coronaimpfung und ihrer Unbedenklichkeit »glasklar« einer Meinung ist, müssen alle Wissenschaftler eingeschüchtert, diskreditiert und marginalisiert werden, die diesen vom Establishment erfundenen wissenschaftlichen Konsens stören. Notfalls mit Berufsverboten. Es bleibt nicht nur bei Drohungen. Viele Ärzte verlieren ihren Job oder werden von den Berufsverbänden unter Druck gesetzt. So leitet etwa die Ärztekammer in Österreich ein Disziplinarverfahren gegen den Facharzt und Autor Hannes Strasser ein.[271]

Felix Neureuther,
ehemaliger Skistar und Sportkommentator, 04.01.2022

»[…] aber gut, ich mein', er hätte sich ja auch impfen lassen können«.[272]

Der Schweizer Skifahrer Urs Kryenbühl ist einer der wenigen Athleten im alpinen Weltcup, der nicht geimpft ist. Er erhält deshalb Morddrohungen. Das kommentierte Neureuther mit obigem Zitat. Zuvor hatte sein ARD-Moderationspartner die Morddrohungen mit dem Satz bagatellisiert: »Da schießt dann doch der ein oder andere ein bisschen übers Ziel hinaus.«[273]

Günther Jauch, TV-Moderator, 17.01.2022

»Die Impfverweigerer nehmen eine ganze Gesellschaft in Geiselhaft, denn es ist ja unfassbar, wie viele Tote es gibt […]. Mir fehlt jedes Verständnis für Leute, die sich nicht impfen lassen wollen.«[274]

Jauch stellt, wie viele Prominente, Politiker und Journalisten, Bürger auf eine Stufe mit Massenmördern, Terroristen und Geiselnehmern. Es sind zumeist dieselben Meinungsmacher, die konkrete Bedrohungen und gefährliche Entwicklungen aus weltanschaulichen Gründen verharmlosen oder leugnen, obwohl der kausale Zusammenhang, anders als bei den Coronatoten, offensichtlich ist. Etwa zwischen Massenzuwanderung und steigender Gewaltkriminalität. Gefährlich und tödlich ist für Jauch nur, was der Staat aus ideologischen, politischen und strategischen Gründen auch als solches definiert. Schlagzeilen beziehungsweise Analysen wie diese aus der *Neuen Zürcher Zeitung*, sucht man im deutschen Mainstream meist vergebens: »Deutschland, Messerland: Wieder müssen Unschuldige wegen einer verantwortungslosen Migrationspolitik sterben.«[275]

Jan Böhmermann, Comedian (ZDF), 30.1.2022

»Kinder sind zurzeit gemeingefährlich. Was Ratten in der Zeit der Pest waren, sind Kinder zurzeit für Covid-19 – Wirtstiere!«[276]

Beim Verhetzungs- und Entmenschlichungslimbo – How low can you go – unterbietet die öffentliche-rechtliche »Krawallschachtel«, so nennt Harald Schmidt Böhmermann, regelmäßig alle anderen prominenten Teilnehmer. Mit Erfolg. Wer Kinder mit Ratten vergleicht, darf sich in Deutschland mit unzähligen Auszeichnungen wie etwa dem Grimme-Preis, der Goldenen Kamera oder dem Deutschen Fernsehpreis schmücken.

Marius Müller-Westernhagen, Musiker, 04.02.2022

»Freiheit«[277]

Das postet der Musiker auf Instagram unter einem Foto, das ihn stolz bei der Coronaimpfung zeigt. Während der Pandemie wird der Freiheitsbegriff pervertiert. Freiheit ist kein Grundrecht mehr, sondern wird von der Obrigkeit gewährt, sofern man sich ihren Regeln unterwirft. Das sieht offenbar auch Westernhagen so, der schon vor der Pandemie den »Leuten« unterstellt hatte, sie seien »zu dumm für die Demokratie geworden«.[278] Deshalb hatte er auch mit den autoritären Coronamaßnahmen kein Problem. Die Dummen brauchen eben eine strenge Hand und harte Führung. Freiheit!

Holle B., Musiker, 14.04.2022

»#QuerdenkerAufsMaul«[279]

Herbert Grönemeyer, Musiker, 03.05.2022

»Wir […] haben uns im Vorfeld der Tour isoliert, sind alle mehrfachst geimpft, wurden dauergetestet, und trotzdem hat es ausgerechnet jetzt uns doch getroffen […]. Das ist sehr bitter.«[280]

Wenn man mehrfach geimpft ist, alle Maßnahmen penibel eingehalten hat und »trotzdem« an Corona erkrankt, ist das schlicht Zufall, Schicksal oder einfach bitter. Viele Menschen können und wollen sich nicht eingestehen, belogen und betrogen worden zu sein, falsche Entscheidungen getroffen zu haben. Weshalb man sich selbst und den anderen etwas vorzumachen versucht, selbst wenn das Lügengebäude längst zusammengebrochen ist.

Heidelinde Weis, Schauspielerin, 15.10.2022

»Wie können die Menschen so blöd sein, und sich nicht überlegen, was sie tun. Die gehen auf die Straße und demonstrieren gegen die Impfung. Sie sind wirklich zu prügeln, diese Menschen.«[281]

Kirchen – Staats- statt Gottesdienst

»Wer zu mir kommt, den werde ich nicht abweisen.« (Joh 6,37) Dieser Satz von Jesus ist die Jahreslosung der evangelischen Kirche im Jahr 2022. Die Ratsvorsitzende der EKD, Annette Kurschus: »Keiner wird weggeschickt. Keine wird abgewimmelt. Niemand bleibt außen vor.«[282]

Die Botschaft, die man ausgerechnet mit der Jahreslosung 2022 aussenden will, ist ein Hohn, denn die Kirche hat während der Pandemie das Gegenteil von dem getan, was Jesus verkündet hat. Anspruch und Wirklichkeit liegen hier weit auseinander. Man hat auf Zuruf seitens der Politik die Kirchentüren verschlossen, keine Gottesdienste während des ersten Lockdowns abgehalten, und selbst im Jahr 2022, als man diesen Satz von Jesus zur Jahreslosung erkoren hat, galten in einigen evangelischen und katholischen Gotteshäusern noch die besonders strikten 2G-Regeln (geimpft und/oder genesen). Es wurden also Menschen abgewiesen, obwohl die Kirchen hier aufgrund des Grundrechtes der freien Religionsausübung freie Hand gehabt hätten.

»Wenn die Kirche die Menschen an der Tür abweist, dann hat sie schlichtweg ihre Kraft verloren und wird überflüssig«,[283] wird Elfriede Begrich, ehemalige Regionalbischöfin in Erfurt, in einem Artikel in der Wochenzeitung *Die Zeit* mit der Überschrift »Geist der Furcht« zitiert. Wer aus Furcht, Opportunismus und unkritischer Staatsgläubigkeit die Gläubigen ausgerechnet in einer solchen Krisensituation im Stich lässt und damit seine Werte und Überzeugungen verrät, wird tatsächlich überflüssig. Was die Rekordaustrittszahlen sowohl der Evangelischen als auch der Katholischen Kirche seit Beginn der Pandemie belegen. Im Jahr 2021 haben 640 000 Menschen der Kirche den Rücken gekehrt, 280 000 der Evangelischen, 360 000 der katholischen. Dass diese Austrittswelle mit dem Verhalten der Kirchen während der Pandemie zusammenhängen könnte, wird von den Verantwortlichen, den Bischöfen, Priestern etc. nicht einmal angedacht, geschweige denn diskutiert.

Die Kirche hat sich nicht für jene eingesetzt, die von Politik, Medien und einer aufgehetzten Öffentlichkeit an den Rand der Gesellschaft gedrängt worden sind, sie hat im Gegenteil gemeinsam mit der Obrigkeit die Maßnahmenkritiker und vor allem die ungeimpften Menschen stigmatisiert, ausgegrenzt und vielfach als Sünder und Gefährder dargestellt. Toni Faber, Dompfarrer des Wiener Stephansdoms, sagte offen, er habe »kein Mitleid mit den Ungeimpften«, deren »Ausgrenzung« sei »das geringere Übel«.[284]

Ausgerechnet in einer schweren Zeit, als die Menschen Orientierung, Hoffnung, Halt und Trost suchten, sperrten die Kirchen auf Zuruf der Politik zu, beugten sich ohne nennenswerten Widerstand dem Druck des Staates, ließen die Gläubigen allein. So wie die meisten anderen Institutionen versagten auch die Kirchen ausgerechnet in einer Situation kläglich, in der sie die Chance und die Pflicht gehabt hätten, sich um die Gläubigen und um die von Staat und Gesellschaft Geächteten zu kümmern. Die frühere Ministerpräsidentin von Thüringen, Christine Lieberknecht (CDU): »Die Kirche hat in dieser Zeit Hunderttausende Menschen allein gelassen. Kranke, Einsame, Alte, Sterbende.«[285]

Die Kirchen hätten sich während der Pandemie »sehr kooperativ«[286] gegenüber der Regierung gezeigt, schreibt die *Welt.* Ein mehr als zweifelhaftes Kompliment. Der italienische Philosoph Giorgio Agamben kritisiert, die Kirche habe die Gesundheit über alles gestellt und das Heil der Gläubigen vergessen.

Zitate Theologen und Priester

Heinrich Timmerevers,
Bischof von Dresden-Meißen, 08.04.2020

»Sie sind keine Gängelungen oder übertriebene Vorsicht, sondern unausweichliche Notwendigkeiten.«[287]

Die staatlichen und kirchlichen Regelungen wie das Verbot öffentlicher Gottesdienstfeiern seien »streng zu beachten«, so Timmerevers weiter. Die Kirchen tragen die Verbote von Gottesdiensten zu Beginn der Pandemie mit, Kritik daran gibt es kaum. Dabei ist das Recht auf freie Religionsausübung im Grundgesetz festgeschrieben. Im Artikel 4 GG heißt es: »Die ungestörte Religionsausübung wird gewährleistet.« Wäre es nicht vielmehr eine »Notwenigkeit« gewesen, während der Pandemie die heilige Messe, die die wichtigste Ausdrucksform des christlichen Lebens ist und auf das letzte Abendmahl zurückgeht, weiter abzuhalten?

Erzbistum Berlin, 24.04.2020

»Das Erzbistum Berlin hat frühzeitig Verantwortung übernommen […]. So wurden Veranstaltungen, Erstkommunion- und Firm-Vorbereitung und vor allem Gottesdienste in ihrer üblichen öffentlichen Form abgesagt.«[288]

Johann Hinrich Claussen, Verantwortlicher für das kulturelle Engagement der Evangelischen Kirche, 02.11.2020

»Ich kann nur für meine evangelische Kirche sprechen: Wir halten uns an die Regeln.«[289]

Die oft widersprüchlichen und strengen Coronamaßnahmen und Beschränkungen der Obrigkeit haben für die Kirchen oberste Priorität, die Interessen, Ängste und Nöte der Gläubigen sind hingegen zweitrangig.

Heinrich Bedford-Strohm, Ratsvorsitzender der Evangelischen Kirche in Deutschland (EKD), 10.12.2020

Wenn allerdings ein Risiko bestehe, »dass aus gottesdienstlichen Versammlungen Leben gefährdet wird, dann bin ich der Allererste, der sagt, lasst es uns nicht machen«.[290]

Auch die Kirchen hinterfragen die Entscheidungen und Argumente der politisch Verantwortlichen nicht, selbst wenn sie noch so fragwürdig und willkürlich sind. Die Kirchen stellen sich wie praktisch alle Institutionen und Kräfte des Staates hinter die Coronapolitik. Sie tragen damit wesentlich zum gesamtgesellschaftlichen Versagen während der Pandemie bei.

Gerlinde Feine, Theologin, 11.12.2020

»Es ist lebensnotwendig für uns alle, am Heiligen Abend auf Präsenzgottesdienste zu verzichten! Und zwar konsequent.«[291]

Während der Pandemie bestätigen viele Kirchenvertreter und Theologen den Eindruck, dass die Kirche längst zu einer linken NGO geworden ist, die sich vor allem um Diesseitiges wie Klima, Transsexuelle und Migranten, aber kaum noch um Gott kümmert, dass Transzendenz zum Nebenaspekt geworden ist.

Andernfalls hätte die Kirche nicht so bereitwillig und leichtfertig auf das Feiern der Heiligen Messe verzichtet, bei der man dem Auftrag Jesus nachkommt, der sagte: »Tut dies zu meinem Gedächtnis.« Während der Pandemie war der Dienst am Staat wichtiger als der Gottesdienst. Nur wenige Priester kämpften gegen das Verbot der Heiligen Messe. Solche Priester wurden für ihr Engagement von Kirchenvertretern (Bischofskonferenz etc.), den Linken und der Mainstreampresse scharf kritisiert. Einer von ihnen war der Berliner Gerald Goesche, der gegen das Gottesdienstverbot klagte und deshalb Morddrohungen bekam: »Ich habe eine Art von Hass erlebt, das war unglaublich. Ich habe Mails, SMS und Anrufe erhalten. Es gab Leute, die haben uns Corona an den Hals gewünscht und gesagt, wir sollten doch alle sterben.«[292] Die *taz* schrieb über ihn, er sei »kein guter Hirte«.[293]

Samuel Pfeifer, Theologe, Facharzt für Psychiatrie, Psychotherapeut, 03.02.2021

»Oft entsteht dadurch Aggression, und in der Folge angstgetriebene Verschwörungstheorien […]. Somit zeigt sich in der Coronapandemie eine neue Form der Angst, die weit über die Krankheit hinausgeht, nämlich tiefsitzende Ängste vor Weltuntergang und Zerstörung unserer Zivilisation.«[294]

Eine Methode, um seine eigene angstbesetze Position zu rechtfertigen beziehungsweise zu erhöhen und sich von den Impfkritikern abzugrenzen, besteht darin, der anderen Seite irrationale Ängste und irrationales Handeln zu unterstellen. Man setzt seinen sozusagen offiziell bestätigten und damit berechtigten Ängsten die irrationalen und »tiefsitzenden« Ängste der Schwurbler entgegen. Damit stützt man das Mainstreamnarrativ von der rational denkenden Wirgruppe, deren Handeln logisch, vernünftig und überlegt ist, und grenzt sich von den »Covidioten« ab, die mit der Komplexität der modernen Welt überfordert sind. Auf der einen Seite die maskentragenden, geboosterten, mutigen Vernunftmenschen, auf der anderen die von tiefsitzenden Urängsten gesteuerten Wirrköpfe, die jeden Unsinn glauben. Diese Abwertung des Anderen, des Kritisch-Widerständigen, dient dazu, die eigene Autoritätsgläubigkeit und Angepasstheit als positiv, also als rational, sozial und an »der«

Wissenschaft orientiert umzudeuten. Zudem ist der Niedergang respektive die Transformation der westlichen Zivilisation alles andere als eine Fantasie, und die Instrumentalisierung der Pandemie durch Politiker und andere Interessensgruppen evident.

Kardinal Reinhard Marx,
Erzbischof von München und Freising, 30.04.2021

»Impfen kann eine andere Art der Nächstenliebe sein.«[295]

Andreas Lob-Hüdepohl,
Theologe, Mitglied des Deutschen Ethikrates, 17.05.2021

»Auch Kinder und Jugendliche haben eine Verantwortung für die Gesamtgesellschaft. […] Es ist also ethisch legitim, sie bei den Impfungen in den Blick zu nehmen. […] Kinder haben aber auch unmittelbar einen eminenten Nutzen.«[296]

Das Mitglied des deutschen Ethikrates hält eine Impfpflicht für Kinder »grundsätzlich« für denkbar. Er betont: »Eine moralische Impfpflicht für alle gibt es ohnehin.« Solche schwerwiegenden Entscheidungen, die die Gesundheit der Bürger massiv gefährden können, sollte man nur auf Basis gesicherter Daten, nach der Abwägung aller Risiken und Gefahren treffen. Das haben weder die Mitglieder des Ethikrates noch die Politik getan.

Heinrich Timmerevers,
Bischof von Dresden-Meißen, 22.11.2021

»Ich gebe zu, dass sich mein Blutdruck erhöht, wenn ich Menschen treffe, die die Impfung verweigern.«[297]

Bemerkenswert an dieser Aussage ist die Verwendung des Wortes »verweigern«, da sie zum Ausdruck bringt, dass Menschen wie Timmerevers die Coronaimpfung nie als ein Angebot an die Menschen betrachtet haben, das diese annehmen können oder eben nicht. Timmerevers sieht, wie der Großteil der politisch Verantwortlichen, in der Impfung eine Verpflichtung, eine von der Obrigkeit verordnete Maßnahme, die die Untertanen widerstandslos zu erfüllen haben.

> **Peter Dabrock,** Theologieprofessor und ehemaliges Mitglied des Deutschen Ethikrates, 22.11.2021
>
> *»Jeder Tag, den wir verlieren, ist ein Tag, an dem grundlos Menschen sterben. […] Die Minderheit der Impfunwilligen nimmt die Mehrheit der Gesellschaft in Geiselhaft. […] Eltern, die in dem Sinne Verantwortung tragen, werden vermutlich auch mit allerbestem Gewissen sagen, dass sie ihre Kinder impfen lassen werden. Ich werde das tun.«*[298]

Wer auf Grundlage mangelhafter Daten, nicht vorhandener Erfahrungen und Langzeitstudien eine Impfpflicht fordert und sogar Kindern solche neu entwickelten Substanzen impfen möchte, der spielt mit der Gesellschaft russisches Roulette, in der Hoffnung, dass nichts passieren wird. Zumal man aufgrund seiner vorgefassten Meinung unangenehme Forschungsergebnisse und Mahnungen von Ärzten und Wissenschaftlern diskussionslos als Schwurbelei abgetan hat.

Um diese Verantwortungslosigkeit vor sich selbst und der Allgemeinheit zu rechtfertigen, berief man sich unablässig auf die Wissenschaft, obwohl es diesen Konsens bezüglich der Ungefährlichkeit der mRNA-Impfstoffe zu keiner Zeit gab.

Steffen Kern, Pfarrer, Präses des Evangelischen Gnadauer Gemeinschaftsverbandes, 26.11.2021

»Wer nur Misstrauen sät gegenüber Wissenschaft, Politik und Medien, […] und wer sich dann selbst als ausgegrenzt und diskriminiert inszeniert […].«[299]

Nein, wer sich aus vielen Quellen informiert und nicht blind der Regierung und ihrem Umfeld vertraut, sät kein Misstrauen. Der ist vielmehr ein kritischer und umsichtiger Bürger. Und, nein, diese Bürger haben ihre Ausgrenzung nicht inszeniert, sie wurden ganz real verfolgt, isoliert, beschimpft und diskriminiert. Das können und wollen sich jene, die mit ausgegrenzt, gehetzt, geschimpft oder dazu geschwiegen haben, nicht eingestehen, weil es auch ein Eingeständnis ihrer eigenen Schuld wäre. Deshalb unterstellte man den Opfern der autoritären Coronapolitik und der staatlichen Hetze, die man selbst mitgetragen hat, sie würden ihre Diskriminierung erfinden, sie sei nur Teil ihrer abstrusen Verschwörungstheorie.

Franz Sieder, Kaplan in Amstetten, 01.12.2021

»Grundsätzlich muss ich sagen, dass die Impfverweigerung eine Sünde ist.«[300]

Nikolaus Knoepffler, Theologe und Philosoph, Inhaber des Lehrstuhls für Angewandte Ethik an der Friedrich-Schiller-Universität Jena, 02.12.2021

»Impfgegner sollen die Konsequenzen ihres Verhaltens direkt spüren. Zum Beispiel sollen sie sich bei einer Covid-19-Erkrankung an den Behandlungskosten beteiligen. Oder: Impfunwillige unterschreiben eine Patientenverfügung, dass

> *sie auf die Intensivpflege im Covid-Fall verzichten. Oder: Angesichts der Tatsache, dass Corona den Staat so viel kostet, zahlen sie grundsätzlich eine Extrasteuer für Ungeimpfte oder einen Extrazuschlag bei der Krankenkasse.«*[301]

Dieser Logik entsprechend müssen auch jene, die unter den Folgen der Coronaimpfung leiden, ihre Behandlungskosten selbst tragen, sprich: die Konsequenzen ihres Verhaltens direkt spüren. Schließlich haben sie sich mehr oder weniger freiwillig eine Substanz injizieren lassen, die nicht die üblichen Verfahren und Prozesse, die für die reguläre Zulassung eines neuen Impfstoffes notwendig wären, durchlaufen hat. Solidarität ist keine Einbahnstraße, und wer Verantwortung von anderen einfordert, muss sie auch selbst übernehmen. Denkt man Knoeppflers Vorschlag weiter, müssten auch Übergewichtige, Raucher, alle, die sich einseitig ernähren (Veganer etc.), Menschen, die sich Sportverletzungen zuziehen beziehungsweise die zu wenig Sport betreiben, die Konsequenzen ihres Verhaltens spüren, sprich die Behandlungskosten, wenn sie im Zusammenhang mit ihrem Verhalten stehen, selbst zahlen. Auch die Bürger, die sich für offene Grenzen engagieren, sollten einen »Extrazuschlag« zahlen, um die astronomischen Kosten, die die Massenzuwanderung verursacht, mitzutragen. Darüber kann man durchaus diskutieren. Eine libertäre Gesellschaftsordnung, wo jeder die Verantwortung für seine Entscheidungen übernimmt, ist eine Form des menschlichen Zusammenlebens, die durchaus ihre Vorteile hat. Doch ein solches Gesellschaftmodell lehnen gerade Linke und Kirchen, die gerne über den »Neoliberalismus« schimpfen, massiv ab, da sie das Kollektiv, das jetzt Gemeinwohl genannt wird, stets über das Individuum stellen.

Beate Hofmann, Bischöfin der Evangelischen Kirche von Kurhessen-Waldeck, 19.12.2021

»Aber wenn uns ›Ausgrenzung‹ der Nichtgeimpften vorgeworfen wird, dann sage ich sehr klar: Meine Hautfarbe oder meine Behinderung, die bringe ich mit. Aber mich impfen zu lassen oder nicht – das ist eine aktive Entscheidung. Und wenn ich das nicht tue, dann werde ich nicht ausgegrenzt, sondern dann grenze ich mich aus einem gesellschaftlichen Konsens aus.«[302]

Die Ausgrenzung der Ungeimpften sei gerechtfertigt, weil sie sich selbst dafür aktiv entschieden haben. Sprich, wer nicht mit den Wölfen heult, darf ausgegrenzt werden beziehungsweise grenzt sich selbst aus – was dasselbe ist. So sieht die bunte, tolerante und vielfältige Gesellschaft aus, von der Menschen wie Hofman so gerne reden.

Mit einer solchen Argumentation kann man jedes autoritäre oder totalitäre System rechtfertigen. In einem demokratisch verfassten Rechtsstaat bilden Verfassung und die Gesetze den Rahmen, der das menschliche Zusammenleben regelt. Dieser Rahmen soll unter anderem Bürger vor Diskriminierung schützen, die eine andere Meinung vertreten oder Wert auf ihre körperliche Unversehrtheit legen. Während der Pandemie tauchen in der öffentlichen Debatte überall faschistische Argumentations- und Denkmuster auf.

Eckhard Raabe,
Theologe Diözese Rottenburg-Stuttgart, 14.01.2022

»Wer in diesen Tag zu einem sogenannten Coronaspaziergang aufbricht, der geht über Leichen.«[303]

Wer Müttern, Omas, Vätern, Kindern und hart arbeitenden Steuerzahlern, also ganz normalen Menschen, die gemeinsam demonstrieren, vorwirft, sie würden über Leichen gehen, der will Menschen gegeneinander aufhetzen, der will Angst verbreiten und Unfrieden säen, Andersdenkende dämonisieren und kriminalisieren. Wer friedliche Bürger auf eine Stufe mit Terroristen und Mördern stellt, will keinen Dialog führen, der will autoritäre Politik rechtfertigen und den Boden für ein noch härteres Vorgehen von Staat und Gesellschaft gegen diese Gruppe bereiten.

Ulrich Lilie, Präsident der Diakonie Deutschland, 25.01.2022

»Die Diakonie Deutschland ruft zur Impfung gegen das Coronavirus auf. […] Die allgemeine Impfpflicht ist nach Auffassung führender Virologen, vieler Fachgesellschaften und auch der deutlichen Mehrheit des Deutschen Ethikrates der Weg aus der Pandemie. Daher unterstütze ich diese Maßnahme […]. Die individuelle Freiheit endet dort, wo sehr viele andere Menschen existenziell bedroht sind.«[304]

Martin Mohr, Diözesansekretär der Katholischen Arbeitnehmer-Bewegung, 31.01.2022

»Die Frage, ob man sich impfen lässt oder nicht, ist ganz und gar keine Privatsache.«[305]

Der Slogan der 68er-Bewegung »Das Private ist politisch« ist spätestens seit Ausbruch der Coronapandemie auch in den Kirchen angekommen, die seit Langem dem linken Zeitgeist nachhecheln. Wie für die Sozialisten aller Schattierungen gibt es auch für viele Kirchenvertreter keine Trennung mehr zwischen dem Privaten und dem Politischen. Das gesamte Leben der Menschen muss mit Ideologie durchdrungen werden. Selbst der eigene Körper ist nicht vor dem Über- beziehungsweise Zugriff des Staates sicher. Statt sich auf die Seite jener zu stellen, die das anprangern, suchen die evangelische und die katholische Kirche – nicht zum ersten Mal in ihrer Geschichte – die Nähe zur Macht, zum Staat.

Henric Peeters, Direktor Caritas Düsseldorf, 15.02.2022

»Wir zeigen Querdenkern die Rote Karte […]. Wir möchten als Teil der Caritas weder spalten noch provozieren – sondern wir vertreten unsere Werte: Solidarität und Nächstenliebe. […] Was wir […] nicht respektieren und auch nicht akzeptieren wollen und werden, sind Menschen, die öffentlich unseren demokratischen Staat verunglimpfen […].«[306]

Stringentes und widerspruchfreies Argumentieren gehört offenbar nicht zu den beruflichen Voraussetzungen eines Caritas-Direktors: Man wolle die Gesellschaft nicht spalten, weshalb man einer Gruppe die »Rote Karte« zeige, sprich: sie aus der Gesellschaft ausschließt, einzig und allein deshalb, weil sie die von oben verordnete Meinung nicht teilt und ihre Grundrechte in Anspruch nimmt. Weil das selbst für Peeters argumentativ nicht ganz zusammengeht, muss er diesen Andersdenkenden etwas unterstellen, dass die »Rote Karte« rechtfertigt: Sie würden »unseren demokratischen Staat verunglimpfen«. Soll heißen, sie kritisieren die Coronamaßnahmen und fordern die Einhaltung der Grundrechte ein. Sie verunglimpfen den »demokratischen Staat« nicht, sie verteidigen ihn, befürchten, dass er ins Autoritäre abdriftet.

Wer die Kritik an Obrigkeit und der Politik als undemokratisch diffamiert, hat Demokratie nicht verstanden. Wer die Demokratie schützen möchte, indem er die Grundrechte einschränkt, ist einer ihrer größten Feinde. Die Etablierung autoritärer Strukturen unter dem Vorwand, Gemeinwohl und Demokratie schützen zu wollen, ist einer der Hauptkritikpunkte der »Querdenker«. Dass das keine dunkle Verschwörungstheorie ist, beweist sich Peeters sozusagen selbst, zumal er mit seiner Meinung auf einer Linie mit den verantwortlichen Politikern liegt und nur wiederkäut, was die Mainstreammedien verbreiten.

Norbert Grund, Pfarrer in der Katholischen Kirchengemeinde Am Ennert in Bonn, 18.02.2022

»Ungehaltene und zunehmend aggressive Äußerungen über Menschen, die sich der Impfung verweigern oder gar gegen sie auf die Straße gehen, sind nachvollziehbar und verständlich.«[307]

Statt Nächstenliebe und Toleranz zeigt Pfarrer Grund Verständnis für Aggressivität gegenüber Menschen, die anders denken. Grund beruft sich dabei nicht auf die Heilige Schrift, sondern auf »die« Wissenschaft. Das zeigt, wie dünn das Fundament des Glaubens mittlerweile geworden, wie sehr die Kirche verweltlicht und Teil des linken politmedialen Establishments geworden ist. Die Kirche hat die Pandemie und alle damit zusammenhängenden Fragen stets aus der Perspektive des politischen Mainstreams betrachtet, theologische Überlegungen haben kaum eine Rolle gespielt.

Ökumenische Mutlanger Vesperkirche,
Information auf Webseite, 21.05.2022

»ALLE sind willkommen [...]. Es gelten die 2G-Regeln.«[308]

Selbst Mitte 2022 gelten in vielen Kirchen in Deutschland noch immer strenge Zugangsregeln. Ungeimpfte haben in zahlreichen Kirchen keinen Zutritt, selbst dann nicht, wenn sie einen negativen Coronatest vorweisen können. Es waren eben nicht »ALLE« willkommen.

Ulrich Pohl,
Pastor, Theologe, Vorstand Stiftung Bethel, 01.09.2022

»Impfen ist christliche Pflicht.«[309]

Eine Diskussion, ob die Coronaimpfung eine christliche Pflicht sei, wäre nur unter der Voraussetzung sinnvoll zu führen, wenn die Impfung tatsächlich vor der Weitergabe des Erregers, sprich die Mitmenschen schützen würde. Doch das konnte und kann keine der am Markt befindlichen Impfungen leisten, und das war im September 2022 längst bekannt. Bevor man solche schwerwiegenden Feststellungen trifft, noch dazu als Seelsorger, der großen Einfluss auf die Gläubigen hat, sollte man sich nicht nur auf die staatliche Propaganda und die Gewissheit der eigenen Echokammer verlassen. Das wäre die Pflicht eines Hirten gegenüber seiner Herde.

Österreich – Der Maßnahmen-Streber

Die Coronapolitik hat sich in Österreich nicht wesentlich von jener in Deutschland und der anderer EU-Länder unterschieden. Man marschierte im globalistischen Coronagleichschritt Richtung neue Normalität, operierte mit denselben Angststrategien, verkaufte die Impfung als Gamechanger, verhängte vier Lockdowns, sperrte die Schulen monatelang zu, verordnete Maskenpflicht und hetzte gegen die Kritiker dieser Politik.

Was Österreich von anderen europäischen Ländern abhob: Die schwarz-grüne Regierung war noch radikaler, autoritärer und rücksichtsloser in ihrer Coronapolitik als jene Staaten, in denen die Demokratie tiefer verwurzelt ist als in Österreich. In der Alpenrepublik gibt es praktisch keine liberale Tradition und keine liberalen Parteien, die diese Bezeichnung verdienen würden. Die sich selbst als liberal definierenden NEOS sind nur die linke Karikatur einer liberalen Partei. Die Staats- und Obrigkeitsgläubigkeit ist in Österreich aufgrund seiner Historie – Monarchie, Ständestaat, Nationalsozialismus, rot-schwarzes Proporzsystem, Sozialpartnerschaft – besonders stark ausgeprägt und tief verwurzelt. Der österreichische

Beamtenstaat bot die idealen Voraussetzungen zur Umsetzung autoritärer Maßnahmen unter dem Vorwand der Pandemiebekämpfung. Die Einschränkung von Grundrechten und die Etablierung postdemokratischer Strukturen funktionierte in Österreich relativ reibungslos. Widerstand dagegen kam fast ausschließlich von unten, von den Bürgern. Die Regierung inszenierte sich als internationaler Musterschüler bei der Bekämpfung der Pandemie. Sie rühmte sich unter anderem, »Test-Weltmeister« zu sein. In keinem anderen Land wurde so viel und exzessiv getestet. Österreich verschleuderte allein für die Coronatests 5 Milliarden Euro.[310]

Mit diesem Testwahn, dieser Gängelung der Bürger, versuchte man die Zahl der Infizierten statistisch nach oben zu treiben, um die Einschränkung der Bürgerrechte und die langen Lockdowns rechtfertigen zu können. Die Bürger – vom Schulkind bis zum Arbeitnehmer – mussten sich phasenweise mehrmals pro Woche testen lassen. Der Regierung nahestehende Kreise verdienten Millionen mit diesen Coronatests. Der Facharzt und TV-Experte Marcus Franz: »So ziel- wie sinnlose Massentestungen von Gesunden, die Milliarden von Euros verschlangen, trugen dazu bei, Covid als ständige Megabedrohung der Menschheit darzustellen und dieselbe täglich präsent zu halten.«[311]

Insgesamt vier Lockdowns verhängte die Regierung, an Corona Erkrankte wurden ohne jede ärztliche Hilfe zu Hause isoliert, nur die Polizei kam vorbei, um zu kontrollieren, ob sich die Betreffenden an die Quarantäne hielten oder sich widerrechtlich Lebensmittel im nächstgelegenen Supermarkt besorgten. Die Menschen wurden ohne medizinische Versorgung alleingelassen. Am 22. Oktober 2022, als die Pandemie längst am Abklingen war, »ersuchte« die Salzburger Ärztekammer die niedergelassenen Ärzte, COVID-19-Kranke zu Hause zu behandeln. Der Facharzt Hannes Strasser:

»Dieses Schreiben ist die ultimative Bankrotterklärung der COVID-19-Strategie der Regierung und leider auch der Ärzteschaft. Dass die Ärztekammer in Österreich im Jahr 2022 Ärzte schriftlich ersuchen muss, ihre kranken COVID-19-Patienten zu Hause zu behandeln, damit sie nicht schwer erkranken und ins Krankenhaus eingewiesen werden müssen, macht jeden weiteren Kommentar überflüssig.«[312]

COVID-19-Kranke wurden im Stich gelassen, dafür wurden Coronasünder von der Polizei verfolgt, von Denunzianten angezeigt und hart bestraft. Selbst wer auf einer Parkbank saß, musste Strafe zahlen. In Vorarlberg stoppte die Polizei Spaziergänger während des Lockdowns sogar mit Warnschüssen.[313] Diese Gängeleien der Bürger, diese massiven Einschränkungen der Grundrechte, zeigten keinen messbaren Erfolg. Österreich kam nicht besser durch die Pandemie als andere Länder, schon gar nicht als Schweden, das auf solche Maßnahmen fast gänzlich verzichtet hatte.

Am 20. Januar 2022 wurde in Österreich die gesetzliche Impfpflicht für alle Bürger über 18 Jahre im österreichischen Nationalrat mit den Stimmen von ÖVP, SPÖ, Grünen und NEOS beschlossen. Nachdem Bundespräsident Alexander Van der Bellen diese menschenverachtende Zwangsmaßnahme unterzeichnet hatte, trat sie mit dem 5. Februar 2022 in Kraft. Damit war Österreich das einzige westliche Land, das eine allgemeine gesetzliche Impfpflicht eingeführt hat, eine Zwangsmaßnahme, die nicht einmal das kommunistische China für notwendig hielt. Außer in Österreich gab es nur noch in Ecuador, Turkmenistan, Tadschikistan, Indonesien, Mikronesien und im Vatikan eine allgemeine Coronaimpfpflicht.

Mit Ausnahme der FPÖ standen alle Parlamentsparteien hinter dieser Zwangsmaßnahme, so wie alle großen Medien, die meisten

Prominenten und Institutionen. Die Impfpflicht war die Bankrotterklärung für den Rechtsstaat. Die Regierung hat ohne jede Not und mit Unterstützung aller wichtigen gesellschaftlichen Kräfte die freiheitliche Grundordnung zerstört, aus Bürgern Untertanen gemacht. Der Jurist Dr. Claudio Deriu: »Die Regierung stellt mit der Impfpflicht Gesundheit über Freiheit, Menschenwürde und Verfassung. Der Staat verfügt über den Körper der Menschen, der Bürger wird zum Krankheitsüberträger, zur potenziellen Gefahr degradiert.«[314] Dass die Impflicht kurz nach Inkrafttreten temporär ausgesetzt und am 7. Juli 2022 aufgehoben wurde, lag nicht an einem politischen Sinneswandel, an der Einsicht, einen Fehler begangen zu haben, sondern am Abflauen der Pandemie. Die Regierung wurde von den pandemischen und internationalen politischen Entwicklungen dazu gezwungen, da die harmlose Omikron-Variante nicht mehr dafür geeignet war, die Menschen weiterhin in Todesangst zu versetzen. Die Stimmung in der coronamüden Bevölkerung kippte und viele Länder hoben ihre Coronamaßnahmen auf. Diese Umstände und die katastrophalen Umfragewerte für ÖVP und Grüne zwangen die Regierung in Wien dazu, ihren menschenverachtenden Impfplan widerwillig fallen zu lassen.

Dass Österreich im Vergleich zu anderen westlichen Ländern besonders harte Maßnahmen durchgesetzt hat, lag unter anderem daran, dass – im Gegensatz zu Deutschland – die Grünen von Beginn der Pandemie an in der Regierung saßen. Mit dem Vizekanzler, dem Gesundheitsminister, der Justizministerin und dem Bundespräsidenten besetzten die im Marxismus ideologisch verwurzelte grüne Verbotspartei gleich mehrere für die Pandemie wichtige Schlüsselpositionen. Zudem sind die Grünen eng mit den Medien, der Justiz, den NGOs, den Universitäten und der Kultur vernetzt, all diese Kräfte unterstützten den grün-autoritären Kurs von Gesundheitsminister Rudolf Anschober.

Die Grünen und ihr Umfeld erkannten schnell, welche machtpolitischen Möglichkeiten ihnen diese Ausnahmesituation eröffnete. Anschober, ein Dorfschullehrer aus Oberösterreich, sagte bereits im März 2020, wenige Wochen nach Ausbruch der Pandemie: »Ich freu' mich darauf, dass dann, wenn wir die Coronakrise gut überstanden haben, dass wir dann die Klimakrise mit einer ähnlichen politischen Konsequenz angehen.«[315] Man wollte den Notstand, die Ausnahmesituation zur Normalität machen, um dauerhaft mit Verordnungen über die Köpfe der Bürger hinweg regieren und die Gesellschaft nach linken Vorstellungen umbauen zu können. Das Establishment, nicht nur in Österreich, hatte schnell erkannt, wie bequem man mithilfe solcher Notsituationen und einer verängstigten Bevölkerung regieren und seine politischen Utopien umsetzen kann. WEF-Chef Klaus Schwab hat diese linken, globalistischen Ziele wenige Monate später in seinem Buch *Covid-19 Der Große Umbruch* formuliert.

Die österreichische Regierung, sowohl ÖVP-Minister als auch grüne, fanden schnell Gefallen an der neuen Machtfülle und an ihrer Aufwertung zu Krisenmanagern und Lebensrettern, die ihnen die internationale und die selbst entfachte Hysterie um das neue Virus bescherte. Täglich hielten Regierungsmitglieder gemeinsam mit handverlesenen Experten Pressekonferenzen ab, in denen sie die Bürger belehrten, ermahnten, in Todesangst versetzten und ihre unverhältnismäßigen Maßnahmen verkündeten, die sie mit Inzidenzzahlen und positiven Tests, die die realen Zahlen von Erkrankten überlagerten, rechtfertigten.

Vor den TV-Schirmen saßen die Bürger und befolgten großteils und ohne zu murren, was man ihnen befahl. In den ersten Wochen der Pandemie gingen die Beliebtheitswerte von Bundeskanzler Sebastian Kurz (ÖVP) und Gesundheitsminister Anschober durch die Decke. Sie präsentierten sich als die Beschützer Österreichs, Hüter der Volksgesundheit, als umsichtige Krisenmanager, die das Land souverän durch diese schwere Zeit steuerten. Die verunsicherten und in Angst gehaltenen Bürger nahmen ihnen diese Inszenierung ab.

Vor allem das Regieren mit Verordnungen und Erlassen, also an demokratischen Institutionen und Entscheidungsprozessen vorbei, regte die Machtfantasien der Regierung, insbesondere der grünen Minister, an. Die Verfassung, also das Fundament des österreichischen Rechtsstaates, wurde zum lästigen politischen Korsett, das man immer wieder sprengte. Der Verfassungsgerichtshof hob viele Maßnahmen auf, weil sie gegen die Verfassung und die Grundrechte der Menschen verstoßen hatten. Unter anderem die weitreichenden Coronabetretungsverbote, die es den Bürgern nur unter bestimmten Vorsetzungen erlaubt hatten, ihre Häuser zu verlassen.

Berühmt wurde der sogenannte Ostererlass von Gesundheitsminister Rudolf Anschober, der mehr an Nordkorea als an ein EU-Land erinnerte, weil er nicht nur demokratiepolitisch höchst bedenklich war und in gleich mehreren Punkten gegen die Verfassung verstoßen hatte, sondern auch weil Erlasse, anders als Gesetze und Verordnungen, nicht auf Bürger angewandt werden dürfen. Sie sind interne Verwaltungsvorschriften, die von einer übergeordneten an eine nachgeordnete Behörde ergehen, sie sind nicht als Befehle eines Ministers an die Bürger gedacht. Mit seinem Ostererlass wollte Anschober unter anderem ein »generelles Betretungsverbot« für den gesamten öffentlichen Raum durchdrücken und die Polizei dazu ermächtigen, ohne richterlichen Beschluss jederzeit in Häuser und Wohnungen eindringen zu können. Die grünaffinen Mainstreammedien beklatschten diese geplanten Polizeistaatmethoden und leisteten damit einen Offenbarungseid: Sie haben kein Problem mit einer autoritären Regierung, nur links muss sie sein. Anschober wurde nicht trotz, sondern aufgrund solcher Erlasse von den Medien, Kulturschaffenden und NGOs zum Coronaguru stilisiert und als Politstar vermarktet. »Rudolf Anschober: Ein Volksschullehrer als ›Minister Cool‹«,[316] so eine Schlagzeile der Tageszeitung *Kurier*, die wie die anderen gleichgeschalteten Medien die autoritäre Coronapolitik den Bürgern als die beste und wirksamste der Welt verkaufte. Bei dieser Schmierenkomödie spielten alle relevanten politischen und gesellschaftlichen Kräfte mit.

Der Verfassungsgerichtshof als oberster Hüter der Verfassung ließ die schwarz-grüne Regierung gewähren, beschäftigte sich mit den vielen Verstößen gegen die Verfassung erst, als die entsprechenden Maßnahmen längst ausgelaufen waren. Die Entscheidungen des Obersten Gerichtshofes kamen in der Regel zu spät und waren deshalb weitgehend bedeutungslos. Die obersten Richter gaben der Regierung in ihrem Machtrausch de facto freie Hand, sie schützten nicht die Verfassung, sondern eine Regierung mit einem problematischen Demokratieverständnis. Wie praktisch alle staatlichen und öffentlichen Institutionen hat der Verfassungsgerichtshof während der Pandemie kläglich versagt und damit das Vertrauen vieler Bürger in den Rechtsstaat zerstört.

Auch der Bundespräsident, der als Staatsoberhaupt über Demokratie, Verfassung und Menschenrechte wachen sollte, unterstützte die Regierung, insbesondere seine grünen Parteigenossen. Alexander Van der Bellen hat alle Maßnahmen, die die Regierung im Lauf der Pandemie beschlossen hatte, unterzeichnet – einschließlich der Impfpflicht. Er hat als Staatsoberhaupt das Staatsversagen in der Coronakrise mit seiner Zustimmung abgesegnet.

Dass eine derart dilettantische und demokratiepolitisch fragwürdig agierende Regierung von Medien, Kulturschaffenden und anderen

Meinungsmachern nicht nur nicht kritisiert, sondern sogar gefeiert wurde, lag neben der ideologischen Nähe dieser Schichten zum grünen Koalitionspartner auch daran, dass die Regierung sich diese bewusstseinsbildenden Schichten gekauft hatte. Die türkis-grüne Regierung hatte einen regelrechten Steuergeldregen auf Verlagshäuser, Medien, Künstler und Institutionen in Form von Förderungen, Wirtschaftshilfen, Subventionen und Werbeschaltungen niedergehen lassen. Über 43 Milliarden Euro – auf die Größe Deutschlands umgerechnet wären das 430 Milliarden – hat man an Coronahilfen ausgezahlt. Wer das offizielle Coronanarrativ verbreitete, wurde mit Steuergeldern buchstäblich überschüttet: Für viele finanziell angeschlagene und unter Leserschwund leidende Printmedien war die Coronapandemie Rettung in letzter Sekunde. Man bezahlte Medien und Meinungsmacher für ihre Coronapropaganda und Desinformation. Und die lieferten, was man von ihnen brauchte.

Selbst als der grüne Gesundheitsminister Österreich in einen Polizeistaat verwandeln wollte, blieb ihr empörter Aufschrei aus. Ohne die Oppositionspolitik der FPÖ und ohne die Massenproteste der Kritiker der Coronamaßnahmen, ohne diese Gegenöffentlichkeit, die vom Establishment massiv bekämpft und als rechtsextrem diffamiert wurde, wäre Österreich damals noch weiter ins Autoritäre abgedriftet, hätten sich die postdemokratischen Strukturen aufgrund des fehlenden Widerstandes von Medien, Kultur und Zivilgesellschaft schnell verfestigt, zumal auch alle demokratischen Kontrollinstanzen kläglich versagt haben. Den Bürgern, die gegen die Coronapolitik auf die Straße gegangen sind, die Demokratie und Freiheit gegen die autoritären Bestrebungen des politmedialen Establishments verteidigt haben, gebührt ein Denkmal. Sie werden aber nach wie vor als Rechtsextreme, Schwurbler und Staatsfeinde diffamiert. An dieser Darstellung und Zuschreibung wollen die

Feinde der Freiheit, die bei der erstbesten Gelegenheit die Demokratie auszuhebeln versuchten, auch nach der Pandemie und den viele neuen Erkenntnissen, die den Schwurblern recht geben, festhalten. Das ist der Grund, warum sich Regierung, Opposition – mit Ausnahme der Freiheitlichen – und das gesamte Establishment so vehement gegen eine ernsthafte politische Aufarbeitung der Coronapolitik wehren. So sagte der ehemalige Gesundheitsminister Rudolf Anschober im April 2023 ohne einen Funken Selbstkritik oder Schuldeinsicht: »Die Eigenverantwortung funktioniert nicht.« Einen von der FPÖ geforderten Coronauntersuchungsausschuss im Parlament lehnt er mit der Begründung ab: »Das ist nicht die Ebene, auf der wir weiterkommen. Alle haben sich bemüht, nach bestem Wissen und Gewissen zu arbeiten.«[317] Ein Argument, wie man es auch von gescheiterten Machthabern und Diktatoren kennt.

Zitate Österreich

Rudolf Anschober, Gesundheitsminister (Grüne), 01.03.2020

»Wir raten der Bevölkerung auch nicht an, Schutzmasken zu tragen.«[318]

Zu Beginn der Pandemie gibt sich die Regierung moderat, schließt Grenzschließungen, Maskenpflicht, Ausgangssperren und Lockdowns aus. Diesen Kurs fährt sie nur wenige Tage und schwenkt schnell auf den restriktiven Kurs der meisten Länder um, den sie bis 2023 strikt durchhält. Die Gründe dafür liegen unter anderem an der traditionellen Orientierung Österreichs an der Politik Deutschlands, an der Historie beziehungsweise ideologischen Ausrichtung der beiden Regierungsparteien ÖVP (ständisch) und Grüne (marxistisch), einer linkslastigen Medienlandschaft, die vom öffentlich-rechtlichen ORF dominiert wird, und einer schwach ausgeprägten demokratischen Kultur.

Rudolf Anschober, Gesundheitsminister (Grüne), 13.03.2020

»Es kursieren sehr viele Fake News. Immer dann, wenn eine Krise herrscht und Menschen verunsichert sind, machen manche ein Geschäft damit, dass sie weitere Panik erzeugen und durch Fake News Verunsicherung betreiben. […] Nichts davon ist in Planung.«[319]

Anschober antwortete auf die Frage, ob es »Ausgehverbote« geben wird, und behauptete, »nichts davon sei in Planung«. Nur 6 Tage später erweitert er die Ausgangssperre, die er kurz zuvor als Fake News bezeichnet hatte. In seiner Verordnung heißt es unter anderem, dass »Arbeitsstätten lediglich dann betreten werden« dürfen, »wenn die berufliche Tätigkeit nicht auch außerhalb der Arbeitsstätte durchgeführt werden kann«. Was gestern noch als Verschwörungstheorie abgetan wurde, konnte wenige Stunden oder Tage später bereits Realität sein. Die Regierung und insbesondere Gesundheitsminister Anschober stürzten das Land in ein Chaos, weder Bürger noch Wirtschaft konnten sich auf die Ankündigungen der Regierung verlassen, es gab weder Planungs- noch Rechtssicherheit.

Werner Kogler,
österreichischer Vizekanzler (Grüne), 22.03.2020

»Wir haben es zweifelsohne mit der größten Krise seit dem Zweiten Weltkrieg zu tun.«[320]

Es lag im Interesse der Regierung, die Krise und die Coronagefahr als möglichst groß darzustellen. Das wertete die Politik auf und sollte den Staat beziehungsweise die Regierung unentbehrlich machen. Man versuchte die Krise als Hebel zu nutzen, um das Machtverhältnis von den Bürgern, dem Souverän, in Richtung Staat zu verschieben. Dabei war die türkis-grüne Regierung wesentlich erfolgreicher als bei der Bekämpfung der Pandemie.

Christina »Mausi« Lugner, Society-Lady, 26.03.2020

»Sperrt uns endlich ein, um Leben zu retten.«[321]

Sebastian Kurz, Bundeskanzler (ÖVP), 30.03.2020

»Bald wird jeder von uns jemanden kennen, der an Corona gestorben ist.«[322]

Der Bundeskanzler versucht mit dieser Aussage Panik zu verbreiten und die Bevölkerung in Todesangst zu versetzen, obwohl zu diesem Zeitpunkt bereits mehrere internationale Studien nahelegen, dass sich die Letalität von Covid-19 nicht wesentlich von bekannten Coronaviren unterscheidet.[323] Doch Angst ist ein effektives machtpolitisches Instrument, das die Regierung massiv einzusetzen gedachte.

Karl Nehammer, Innenminister (ÖVP), 30.03. 2020

»Wer sich jedoch vorsätzlich nicht an die Maßnahmen hält, wird zum Lebensgefährder.«[324]

Nicht nur Angst, sondern auch Schuld wird als politisches Druckmittel eingesetzt. Die Bürger werden von der Regierung moralisch massiv erpresst. Wer sich nicht den Regeln der Regierung unterwirft, wird als Asozialer und Lebensgefährder an den Pranger gestellt.

Elisabeth Köstinger,
Landwirtschafts- und Tourismusministerin (ÖVP), 01.04.2020

»Das Öffnen der Bundesgärten wäre das völlig falsche Signal. Deshalb bleiben die Parks auch zu.«[325]

Während des ersten Lockdowns blieben in Wien große Parkflächen gesperrt. Niemand sollte die Wohnung verlassen, nicht einmal, um alleine frische Luft zu schnappen. Die Regierung fuhr die Gesellschaft fast komplett herunter. Wie das bei einem Reset immer gemacht wird.

Sebastian Kurz, Bundeskanzler (ÖVP), 14.04.2020

»Ob das alles auf Punkt und Beistrich in Ordnung war oder nicht, das wird dann am Ende des Tages der Verfassungsgerichtshof entscheiden, aber wahrscheinlich zu einem Zeitpunkt, wo die Maßnahmen gar nicht mehr in Kraft sind.«[326]

Der Bundeskanzler hat keinerlei Bedenken, ob die Verordnungen der Regierung verfassungswidrig sind, also gegen die Grundrechte verstoßen. Er weiß, dass der Verfassungsgerichtshof erst mit monatelanger Verzögerung seine Entscheidung fällt. Dieses fehlende Unrechtsbewusstsein einer Regierung, die Demokratie, Rechtstaat und

Verfassung vor allem als lästige Hindernisse bei ihrem Streben nach mehr Macht sieht, ist der Nährboden, auf dem die autoritäre Coronapolitik gedeiht.

Karl Nehammer, Innenminister (ÖVP), 17.04.2020

»Wir sind sozusagen die Flex, die Trennscheibe für die Gesundheitsbehörden, um die Infektionskette rasch zu durchbrechen.«[327]

Der Innenminister kündigt mit martialischen Worten an, dass die Polizei beim Aufspüren von Erkrankten eingesetzt werden soll. Dieser Vorschlag löst Entsetzen und scharfe Kritik bei der FPÖ und bekannten Verfassungsrechtlern aus. Mit einer Flex schneidet man üblicherweise Metallteile auseinander.

Alexander Van der Bellen, Bundespräsident, 24.05.2020

»Ich bin erstmals seit dem Lockdown mit zwei Freunden & meiner Frau essen gegangen. Wir haben uns dann verplaudert und leider die Zeit übersehen.«[328]

Coronaregeln gelten nur für die Bürger, nicht für die politische Elite. Der Bundespräsident wurde während des Lockdowns spät in der Nacht, lang nach der von ihm selbst unterzeichneten Coronasperrstunde, in einem Lokal von der Polizei angetroffen. Er, der stets alle Coronamaßnahmen, egal wie menschenverachtend und verfassungsrechtlich bedenklich sie auch waren, als Bundespräsident abgesegnet hatte, hielt sich selbst nicht an die Regeln und bagatellisierte seinen Verstoß als »verplaudern«. Auch Polizei, Justiz und Medien sahen über das Fehlverhalten des Bundespräsidenten mit einem Augenzwinkern hinweg, bei einem Verstoß, der bei einem Normalbürger mit einer hohen Geldstrafe geahndet wurde. Die Botschaft war klar: Der Bundespräsident, der eigentlich ein Vorbild für die Bürger sein sollte, und das politmediale Establishment stehen über den Coronaregeln, sprich: dem Gesetz.

Wiener Zeitung, 04.06.2020

»Einen enormen Zulauf hat es bei der #BlackLivesMatter-Kundgebung am Donnerstagnachmittag in Wien gegeben. Laut Polizei versammelten sich rund 50 000 Menschen bei der Demonstration gegen Rassismus. […] Die Abstandsregel wurde großteils missachtet oder konnte wegen Platzmangels nicht eingehalten werden.«[329]

Jede Demonstration gegen die Coronamaßnahmen der Regierung wurde von Politik und Mainstreammedien massiv kritisiert, die Demonstranten als Lebensgefährder, Terroristen und Asoziale beschimpft. Mehrere Demonstrationen wurden sogar von der Wiener Polizei untersagt. Als im Zuge der weltweiten Black-Lives-Matter-Proteste während der Pandemie über 50 000 Demonstranten für einen bei einem Polizeieinsatz in Minneapolis ums Leben gekommenen Berufskriminellen auf die Straße gehen, haben weder Politik und Behörden noch Medien Bedenken bezüglich der Ausbreitung der Pandemie und der Überlastung des Gesundheitssystems. Das Virus hat während dieser »guten« Demonstration offiziell Pause, obwohl die jugendlichen Demonstranten aus dem ganzen Land angekarrt werden, die die Abstandsregeln missachten und, wie viele Fotos beweisen, kaum Masken tragen. Das alles ist kein Thema, Politiker und Polizei solidarisieren sich mit den Demonstranten, auf Anzeigetafeln, die auf Einsatzwagen montiert sind, blinkt: »Black Lives Matter«. Dieses Verhalten beweist, dass das politmediale Establishment selbst nie an die Gefährlichkeit des Coronavirus geglaubt, es immer nur als politisches Instrument gesehen hat. Anders sind diese Doppelstandards bei Massendemonstrationen nicht zu erklären.

Politik, Behörden und Medien haben bei systemkonformen Kundgebungen keinerlei medizinische und epidemiologische Bedenken, keine Angst, das Infektionsgeschehen könnte außer Kontrolle geraten. Stattdessen spielt man die massiven Verstöße gegen die Coronaregeln herunter. Dass Black-Lives-Matter-Aktivisten, die gegen Polizeigewalt gegen Schwarze auf die Straße gehen, gleichzeitig ein härteres Vorgehen der Polizei gegen demonstrierende »Coronaleugner« fordern, ist deshalb nur konsequent: Es gilt die Devise: Schwarzes Leben zählt, die Rechte von Coronaleugnern hingegen nicht.

Harald Mahrer,
Chef der Wirtschaftskammer Österreich, 13.09.2020

»Der Weg von der Hirnlosigkeit Weniger zur Arbeitslosigkeit Vieler ist ein kurzer.«[330]

Die Abwertung und Beschimpfung von Kritikern der Coronamaßnahmen ist während der Pandemie nicht nur gesellschaftsfähig, sondern zur Bürgerpflicht geworden. Politiker und Spitzenfunktionäre wie Mahrer gehen mit schlechtem Beispiel voran.

Karl Nehammer, Innenminister (ÖVP), 31.01.2021

»Es gab sogar den Versuch, die Parlamentsrampe zu stürmen und zu besetzen, des alten Parlaments. Es erinnert frappant eigentlich daran, dass man solche Bilder in Erinnerung hat von den Vereinigten Staaten von Amerika, als das Kapitol gestürmt worden ist.«[331]

Die Behauptung des Innenministers, Demonstranten hätten versucht, das Parlamentsgebäude zu erstürmen, stellte sich als frei erfunden heraus. Der Innenminister wollte damit friedliche Demonstranten als Staatsfeinde und Kriminelle verunglimpfen, um ein härteres Vorgehen der Polizei rechtfertigen zu können. Eine parlamentarische Anfrage der FPÖ ergab, dass es für Nehammers Darstellung keinen einzigen Beweis gab.[332]

Robert Misik, Journalist, Autor und Politikberater, 14.02.2021

»Wer hier auf die Straße geht, ist auch ein Gesundheitsrisiko. […] Das sind in Wirklichkeit Todes-Demos.«[333]

Ähnlich wie der ÖVP-Innenminister versucht der Autor vom äußersten linken Rand mit Unterstellungen Stimmung gegen kritische Bürger zu machen. Während der Pandemie verlaufen die gesellschaftlichen Bruchlinien nicht zwischen Linken und Rechten, sondern zwischen den Freunden und Feinden der Freiheit. Nehammer und Misik zählen zweifellos zur zweiten Gruppe.

Werner Kogler, Vizekanzler (Grüne), 08.06.2021

»Es ist gut zu sehen, dass wir in Österreich vergleichsweise gut durch die Pandemie gekommen sind und es den Menschen, die hier leben, immer noch gut geht.«[334]

Erst wenn das Leben der Bürger durch eine Vielzahl an Ge- und Verboten bis hinein ins Private geregelt worden ist, geht es den Bürgern und vor allem den grünen Machthabern gut.

Julia Ebner, Journalistin (*Der Falter*), 14.06.2021

»Die Impfskepsis in der Bevölkerung ist das Produkt von systematischer Falschinformation und Verschwörungsmythen, die sich im vergangenen Jahr explosionsartig online verbreitet haben.«[335]

Vom Mainstream abweichende Meinungen und Haltungen werden als Verschwörungstheorien und Fake News abqualifiziert, wer alternative Medien zu diesem Thema liest, ist automatisch Teil dieses weltweiten Verschwörungsnetzwerkes. In der Echokammer der Linken, in der man solche Coronaverschwörungstheorien kritisiert, werden selbst unablässig und gezielt linke Verschwörungsmythen in die Welt gesetzt. Es geht dabei schlicht um die Deutungshoheit. Wer über sie verfügt, kann im öffentlichen Diskurs bestimmen, was Wahrheit und was eine Verschwörungserzählung beziehungsweise ein Fall von Fake News ist. Das politmediale Establishment erhob für sein Coronanarrativ den Wahrheitsanspruch, den es mit der Berufung auf »die« Wissenschaft abgesichert hatte.

Prof. Ulrich Körtner, Institut für Ethik und Recht in der Medizin an der Universität Wien, 30.07.2021

»Kleine Gruppen terrorisieren den Rest der Gesellschaft. Dann werde ich als Geimpfter am Ende wieder in meinen Grundrechten eingeschränkt, weil eine hartgesottene Minderheit keinen Gemeinschaftssinn hat.«[336]

Georg Willi, Bürgermeister von Innsbruck (Grüne), 08.08.2021

»Ich unterstütze den Vorstoß, dass der Zutritt zu Kultur- und Freizeitveranstaltungen oder der Besuch der (Nacht-)Gastronomie nur für Geimpfte oder Genesene offenstehen soll.«[337]

Klaus Taschwer, Redakteur (*Der Standard*), 21.08.2021

»Der Profi der Impfverunsicherer […], der damit auch ordentlich Profit macht, ist der Sachbuchautor Clemens Arvay.«[338]

Der österreichische Biologe und Bestsellerautor Clemens Arvay zählte im deutschsprachigen Raum zu den profundesten und bekanntesten Kritikern der mRNA-Impfungen. Seine Videos erreichten auf YouTube Millionen von Zugriffen, seine Bücher waren *Spiegel*-Bestseller. Das machte ihn zur Zielscheibe von Kampagnen der Coronahardliner. Im Februar 2023 nahm sich der 42-Jährige das Leben. Arvay sei, so sein Freund, der Psychologe und Arzt Raphael Bonelli, ob dieser Kampagnen verzweifelt gewesen. Er wandte sich auch direkt an Journalisten, schrieb etwa auf Facebook einen offenen Brief an die *Falter*-Journalistin Barbara Tóth: »In Ihrem Artikel ›Aluhut, Globuli und Judenstern‹ haben Sie mich verstörenderweise mit […] Bill-Gates-Völkermord-Verschwörungstheorien und allerlei anderem Unfug in eine Schublade gesteckt. […] Ihr Versuch, mich in einem Schwall mit wirren Theorien darzustellen, ist billig und zeugt von schlechter journalistischer Schule. Wäre es nicht angemessen, eine derartige Behauptung mit Argumenten zu unterfüttern?«[339] 4 Wochen vor seinem Freitod postete er ebenfalls auf Facebook: »Auf Shitstorms, Denunziation und Attacken aller Art auf mich habe ich schlicht keine Lust mehr.« Er werde sich »nicht mehr mit dem Thema Impfstoffe befassen« und habe auch »keine Lust mehr«, sich »mit pharmazeutischen Konzernen auseinanderzusetzen«.[340] Was jedoch letztendlich der Auslöser für diese tragische Tat war, wird wohl nie öffentlich bekannt werden. Nur wenige Medien berichteten, noch dazu knapp, über seinen Tod, anders als beim Suizid der oberösterreichischen Ärztin Lisa-Maria Kellermayr, die immer wieder von radikalen Impfgegnern verbal attackiert wurde. Für die Mainstreampresse gab es praktisch keine Zweifel am Motiv für ihren Freitod: Der Chefredakteur des *Falters*, Florian Klenk, schrieb etwa: »In den Tod gehetzt.«[341] Ihr Suizid rief ein gewaltiges Medienecho hervor, auch in Deutschland, und der österreichische Bundespräsident meldete sich zu Wort, unter anderem, weil sich dieser Suizid politisch instrumentalisieren ließ. Bernd Hecke schrieb in der *Kleinen Zeitung*: »Auf beiden Seiten des Coronagrabens werden auch persönliche Tragödien als Waffen im Diskurs eingesetzt. Jedes Lager trägt nun seine Märtyrer vor sich her.«[342]

Beate Meinl-Reisinger, Parteichefin NEOS, 07.09.2021

»Wir haben es mittlerweile mit einer Pandemie der Ungeimpften zu tun.«[343]

Prof. Dr. Gerald Gartlehner, Gesundheitswissenschaftler und klinischer Epidemiologe, 08.09.2021

»In Österreich ist es für Personen immer noch zu bequem, nicht geimpft zu sein.«[344]

Hans Stefan Hintner, Bürgermeister von Mödling (ÖVP), 30.10.2021

»Sollte es zur Triage kommen: Ungeimpfte raus aus der Intensiv! So einfach geht ›selbstbestimmtes‹ Leben!«[345]

Das postet der Bürgermeister der Stadt Mödling im Herbst auf Facebook, als die Panik vor einer neuen Welle und damit überfüllten Spitälern stieg. Er wollte Ungeimpften schlicht die Behandlung verweigern, sprich: sie sterben lassen. Eine Position, die damals nicht nur keinen Skandal auslöste, sondern von vielen Politikern und Bürgern geteilt wurde.

Alexander Schallenberg, Bundeskanzler (ÖVP), 05.11.2021

»Wir werden daher die Zügel für die Ungeimpften straffer ziehen.«[346]

Der Kurzzeit-Bundeskanzler verkündete strengere Coronamaßnahmen, unter anderem die 2G-Regel. Das heißt: Nur noch Geimpfte und Genesene durften am sozialen Leben teilnehmen. Gleichzeitig beschimpfte er Ungeimpfte indirekt als Pferde. Solche Tiervergleiche zeigen, wie von höchster Stelle die Gesellschaft nach dem Motto »Teile und herrsche« in Gute und Böse gespalten wurde und wie man gezielt die Coronadissidenten entmenschlichte, um die schweren Grundrechtseinschränkungen zu legitimieren.

Günther Platter, Landeshauptmann von Tirol (ÖVP), 05.11.2021

»Die wichtigste Botschaft ist: Nur durch die Impfung können wir die Pandemie bewältigen. Alle Zahlen belegen das. Es ist eine moralische Verpflichtung, sich impfen zu lassen.«[347]

Gerald »Gerry« Foitik, Bundesrettungskommandant des Österreichischen Roten Kreuzes, 09.11.2021

»Wir werden uns alle (mind.) einmal mit Corona infizieren. Mit Impfschutz und regelmäßiger Auffrischung (wie häufig ist unklar) ist das nicht angenehm, aber besser als ungeimpft, wo man ein unkalkulierbares Risiko nimmt.«[348]

Trotz Impfung wird sich jeder mit Corona anstecken, trotzdem seien, so Foitik, Ungeimpfte einem »unkalkulierbaren« Risiko ausgesetzt. Als sich herausstellte, dass die Impfung weder gegen Infektion noch vor Weitergabe der Infektion schützt, müssen die Impfbefürworter neue Argumente pro Impfung aus dem Hut zaubern: Sie schütze zumindest vor schweren Verläufen, so der letzte Strohhalm der fanatischen Impfbefürworter.

Elisabeth Köstinger,
Landwirtschafts- und Tourismusministerin (ÖVP), 10.11.2021

»Die Zeit der Solidarität mit jenen, die sich aus fadenscheinigen Gründen nicht impfen lassen wollen, ist abgelaufen. [....] Wir können und werden geimpfte Menschen nicht in ihren Freiheiten einschränken, weil eine Minderheit konsequent und ohne medizinischen Grund Schutzmaßnahmen und Impfungen verweigert.«[349]

Köstinger baut gemeinsam mit ihren Regierungskollegen massiven Druck auf die Ungeimpften auf: »Es ist klar, dass das Verständnis dafür bei den geimpften Menschen am Ende ist.«

Gerald »Gerry« Foitik, Bundesrettungskommandant des Österreichischen Roten Kreuzes, 10.11.2021

»Jede einzelne relevante unerwünschte Wirkung, die beim Impfen entstehen kann, gibt es bei der Infektion auch – nur mindestens 10-mal häufiger. Das sind die Fakten. Die stehen fest.«[350]

Faktum ist, was die Coronapolitik stützt.

Juliane Bogner-Strauß,
Gesundheitslandesrätin Steiermark (ÖVP), 11.11.2021

»Todesengel« und »Sarggassen«[351]

Die für die Gesundheit in der Steiermark zuständige Landesrätin wirft bei einem Treffen von Hospiz-, Palliativ- und Pflegeheimvertretern ungeimpftem Personal vor, sie wären »Todesengel«, sprich: sie würden den Patienten den Tod bringen. Pflegeheime bezeichnete sie als »Sarggassen«.

Alexander Schallenberg, Bundeskanzler (ÖVP), 11.11.2021

»Ich sehe nicht ein, dass zwei Drittel ihrer Freiheit verlustig gehen, weil ein Drittel zaudert.«[352]

Die Regierung erhöhte gegen Ende 2021 massiv den Druck auf alle Ungeimpften, machte sie – obwohl viele Studien und Erfahrungen längst Zweifel an der Wirksamkeit der Impfung bestätigt haben – für den »Freiheitsverlust« verantwortlich. Im Laufe der Pandemie verschwamm in der politischen Kommunikation die Grenze zwischen Framing und offener Lüge.

Jörg Weber,
Coronakoordinator der Kärntner Krankenhäuser, 13.11.2021

»Eine Minderheit hat demokratisch entschieden, uns gegen die Wand zu fahren, ohne die Konsequenzen ihre Entscheidung selbst zu tragen. Wer sich nicht impfen lassen will, dem sei es unbenommen, aber er oder sie sollte die sozialen Kontakte auf das Mindestmaß beschränken, Hygienemaßnahmen einhalten, und Impfverweigerer sollten auf intensivmedizinische Versorgung im Fall einer Erkrankung verzichten müssen. […].«[353]

Dorothee von Laer, Virologin, 15.11.2021

»Es wird 3G geben in 6 Monaten – dann ist man entweder geimpft, genesen oder gestorben.«[354]

Politik, Medien und Experten versetzten die Bürger gezielt aus strategischen Gründen und ohne empirische Grundlagen in Todesangst. Millionen von Bürgern, insbesondere Ältere, bangen aufgrund dieser verantwortungslosen Propaganda monatelang um ihr Leben. Politik und Experten nehmen aus unterschiedlichen Gründen die massiven Kollateralschäden ihrer Politik der Angst in Kauf. So ist etwa die Zahl der Selbstmordversuche bei Kindern und Jugendlichen im Laufe der Pandemie stark gestiegen.[355]

Hanno Settele, Journalist (ORF), 17.11.2021

»Entweder wir haben eine Exekutive, oder wir haben keine. Wenn nicht, dann SCHEI... ich ab jetzt auf jede Mitteilung dieser Behörde/n. Komplett! Diese Leute müssen behördlich erfasst und augenblicklich radikal entfernt werden. Hier ist SCHLUSS mit ›GEMEINSAM‹. ABGANG, DUMMFRATZEN!«[356]

Der bekannte ORF-Journalist sitzt einer Fake-News-Meldung auf – Demonstranten würden die Rettungszufahrt zu einem Spital blockieren – und rastet auf Twitter komplett aus. Aufschlussreich sind nicht nur die ausfällige Sprache, die Radikalität, der Ruf nach dem harten Durchgreifen der Polizei, die linke Haltungsjournalisten üblicherweise verachten, sondern welches Bild der ORF-Journalist von Gegnern der Coronamaßnahmen hat. Er traut ihnen alles zu, selbst, dass sie Kranke und Verletzte absichtlich in Lebensgefahr bringen. Solche völlig überzogenen und haltlosen Anschuldigungen erinnern an längst überwunden geglaubte antisemitische Verschwörungslegenden, in denen Juden vorgeworfen wurde, sie wären für Ritualmorde an Kindern und Brunnenvergiftungen verantwortlich. Solche Anschuldigungen haben sich vor allem während der Pestepidemien im 14. Jahrhundert verdichtet, als die verunsicherte Bevölkerung einen Sündenbock für die todbringende Seuche sucht. Was Settele mit »radikalem Entfernen« meint, hat er nicht näher ausgeführt.

Robert Misik, Journalist, Autor und Politikberater, 18.11.2021

»Wer nicht geimpft ist, wird dienstfrei gestellt, bei Bezügen Null. Plötzlich gibt's fast keine Impfverweigerer mehr.«[357]

Michael Niavarani, Kabarettist, 20.11.2021

»Ist ihnen eigentlich klar, dass sie dagegen demonstrieren, dass man ihnen gegebenenfalls das Leben rettet? Ich muss jetzt zu Hause sitzen, und sie demonstrieren dagegen, dass ich ihnen den Arsch rette. Es san schon ziemliche Pfosten![358]

Postet der beliebte Komiker und TV-Star auf Facebook in Richtung Impfgegner. Er bedient sich dabei des gängigen Coronanarrativs: Die heldenhaften, solidarischen Geimpften auf der einen Seite, die asozialen, todbringenden Ungeimpften auf der anderen. Niavarani ist einer der großen Profiteure der Coronapandemie. Er kassiert für sich und seine Firmen fast 5 Millionen Euro an Coronawirtschaftshilfen.[359]

Heinz Mayer,
emeritierte Professor für Verfassungsrecht, 20.11.2021

»Nur mit Geldstrafen, damit wird es nicht getan sein. Es braucht dann wohl auch weitere Konsequenzen. Am ehesten wäre das eine Zwangs-Isolierung.«[360]

Josef Hader, Kabarettist, 20.11.2021

»Es geht halt nicht anders. Wenn man das nicht tut, dann sterben ganz viele Leute. Da brauche ich nicht zu überlegen.«[361]

Bei der Beantwortung der Frage: Impfen ja oder nein, war weniger Verantwortungsbewusstsein, Bildung und Rationalität ausschlaggebend, sondern, ob man dem Staat und seinen Institutionen vertraut oder nicht. Wer es tat, brauchte »nicht zu überlegen«, der legte seine Gesundheit und sein Leben in die Hände der Obrigkeit. Wer über sein Leben, seine Gesundheit und seinen Körper selbst bestimmen wollte, versuchte hingegen möglichst viele Informationen über die Risiken der mRNA-Impfung und ihre Wirksamkeit auch abseits der staatlichen Propaganda zu bekommen. Wer das getan hat, hat sich in vielen Fällen gegen eine Impfung entschieden.

Josef Hader, Kabarettist, 20.11.2021

»Weil ich denke, dass die Leute, die auf mich hören, eh schon alle geimpft sind. Das wäre für mich so ein unnötiges Wichtigmachen. Wenn ganz populäre Leute wie Andreas Gabalier z. B. das machen würden, so was würde ich sinnvoll finden.«[362]

Hader antwortet auf die Frage, warum er sich nicht an einer staatlichen Impfkampagne beteiligt. Für Hader steht außer Frage, dass das linke, akademische Milieu, also die Klugen und Vernünftigen, allesamt geimpft sind, während die rechten, dümmlichen Unterschichtsmenschen – verkörpert durch den Volks-Rock-'n'-Roller Andreas Gabalier – erst von den Linken überzeugt werden müssen. Haders simples Welt- und Menschenbild kennt keine Grautöne: hier die klugen, aufgeklärten Linken, dort die dumpfen, ungeimpften Unterschichtler. Hader geht wie sein linksakademisches Umfeld davon aus, dass die Ungeimpften eine ebenso unterkomplexe Sicht der Dinge haben wie er selbst. Für ihn ist es undenkbar, dass die ungeimpften »Gabalier-Fans« klügere und weitsichtigere Entscheidungen als er selbst treffen könnten.

Rainhard Fendrich, Liedermacher und Entertainer, 23.11.2021

»Es ist die Impfpflicht. Ich freue mich, dass das jetzt endlich einmal passiert. Nämlich das, was die Experten immer schon mal gesagt haben. In einer Demokratie kann jeder sagen, was er will. Jeder hat das Recht, irgendwas zu sagen. Ich muss aber die Frage stellen: Gibt es in einer Demokratie auch das Recht auf Dummheit?«[363]

Der Musiker hetzte bei einem Konzert gegen Ungeimpfte und Impfkritiker, bezeichnete sie als dumm. Die Geimpften müssen sich, weil ihr Zweifel an ihrer Impfentscheidung während der Pandemie wuchs, in ihrer Haltung permanent gegenseitig bestätigen. Dazu gehörte auch, die Ungeimpften abzuwerten und als Idioten darzustellen. Das ist einer der Gründe, warum man die Ungeimpften selbst dann noch zur Impfung überreden oder zwingen wollte, als längst klar war, dass sie weitgehend unwirksam ist. Man wollte vermeiden, am Ende der Pandemie als der wahre »Covidiot« dazustehen, noch dazu mit eventuellen Impfschäden.

Florian Klenk, Chefredakteur (*Der Falter*), 23.11.2021

»Die Regierung setzt nun – spät, aber doch – auf die Impfpflicht.«[364]

Die Vertreter des sogenannten kritischen Qualitätsjournalismus unterstützen geschlossen die Einführung der allgemeinen Impfpflicht, einer Maßnahme, die so radikal in die Grund- und Freiheitsrechte der Bürger eingreift, dass sie kein einziges westlich-demokratisches Land mit Ausnahme von Österreich einführt.

Werner Kogler, Vizekanzler (Grüne), 07.12.2021

»Wären die nicht politisch immun, würden die aus meiner Sicht wegen gemeingefährlicher Kurpfuscherei aus dem Verkehr gezogen werden müssen.«[365]

Kogler attackierte die FPÖ, weil diese kritisiert hatte, dass an Corona Erkrankte nicht mit Medikamenten behandelt, sondern in der Regel ohne ärztliche Betreuung zu Hause isoliert werden. Dieses Vorgehen kostete viele Menschen das Leben und gehört zu den schwersten Fehlern der Coronapolitik.

Karl Nehammer, Bundeskanzler (Grüne), 10.12.2021

»Impfen ist die Chance für uns alle, gemeinsam als Gesellschaft in Freiheit zu leben.«[366]

Über Monate verspricht die Regierung den Bürgern die Freiheit und ihr altes Leben. Um beides zu erlangen, werden den Bürgern immer neue Regeln und Verpflichtungen auferlegt. Kaum einem »kritischen« Journalisten fällt diese Widersprüchlichkeit auf: Um die Freiheit zu erlangen, muss sie Schritt für Schritt abgeschafft werden. Erst das Abflauen der Pandemie durch die immer harmloseren Coronavarianten verlangsamt diesen von der Regierung in Gang gesetzten Teufelskreis in Richtung Coronadiktatur. Respektive neuer Normalität.

Peter Binder,
Dritter Landtagspräsident Oberösterreich (SPÖ), 30.12.2021

»Wenn es die Impfpflicht braucht, und davon bin ich leider durch das dumme und unverantwortliche, nämlich vor allem uneigenverantwortliche Verhalten zu vieler Menschen überzeugt, dann muss sie auch mit Sanktionen verbunden sein, sonst wird sie keine Wirkung entfalten. […] Dass Strafen möglich und sinnvoll sind, zeigt das Impfpflicht-Gesetz aus den 1940er Jahren. […] Dort hieß es schließlich auch: […] wird […] mit Arrest bis zu 14 Tagen bestraft.«[367]

Dem Politiker der oppositionellen SPÖ ist der allgemeine Impfzwang zu weich und liberal, er will Impfverweigerer ins Gefängnis stecken und beruft sich dabei auf ein Gesetz aus der Nachkriegszeit.

Sebastian Bohrn-Mena, Ex-Politiker und TV-Talker, 05.01.2022

»[…] gibt es ja auch noch Flammenwerfer«[368]

Bohrn-Mena empfiehlt in einer Diskussion auf dem TV-Sender OE24 der Polizei den Einsatz von Wasser- und Flammenwerfern gegen Coronademonstranten. Solche öffentlich verbreiteten Gewaltfantasien und -aufrufe haben, dank der durch Politik und Medien vergifteten Atmosphäre, keine Konsequenzen, auch keine strafrechtlichen, für die Hetzer.

Meinungsmacher wie Bohrn-Mena wollten mit solchen Aussagen die Gewaltspirale in Gang setzen. Es war ausschließlich der Besonnenheit der Maßnahmenkritiker und Demonstranten zu verdanken, dass es trotz solcher Provokationen und der medialen Hasskampagnen nicht dazu kam.

Rudolf Striedinger, Generalmajor,
Mitglied der Covid-Krisenkoordination (GECKO), 06.01.2022

»Impfen ist die strategische Waffe gegen das Virus. Hier ist nicht Gewaltfreiheit angesagt.«[369]

Der Bundesheergeneral tritt bei Pressekonferenzen stets in seinem militärischen Tarnanzug vor die Kameras, vermutlich, um vom Virus nicht entdeckt zu werden. Er inszeniert die Maßnahmen gegen die Pandemie als Krieg gegen das Virus. Sprache, Kostümierung und Auftreten sollen signalisieren, dass sich das Land in einer Art Kriegszustand befindet, dass es um Leben und Tod geht.

Karoline Edtstadler, Verfassungsministerin (ÖVP), 10.01.2022

»Mit der Einführung der Impfpflicht ist es eigentlich rechtswidrig, in Österreich zu wohnen und nicht geimpft zu sein.«[370]

Im Zuge der Einführung der Impfpflicht übertreffen sich die Politiker mit immer absurderen und bedenklicheren Forderungen.

Während einige mit Geldstrafen drohen, wollen andere die Impfverweigerer hinter Gittern sehen. Die Verfassungsministerin spricht ihnen sogar das Recht ab, weiter in Österreich zu leben, während gleichzeitig Zehntausende illegale Einwanderer ins Land strömten.

Helga Krismer-Huber,
Chefin der Grünen in Niederösterreich, 12.01.2022

»Eine Seuche ist keine Privatsache. [...] Ich bedaure es sehr, dass wir es in Österreich nicht geschafft haben, selbstbestimmt füreinander da zu sein.[371]

Die »unsolidarischen«, »uneinsichtigen« Ungeimpften müssen einmal mehr als Rechtfertigung für den staatlichen Impfzwang herhalten.

Karoline Edtstadler, Verfassungsministerin (ÖVP), 17.01.2022

»Der Eingriff in Artikel 8 der Europäischen Menschenrechtskonvention, also das Recht auf Achtung des Privat- und Familienlebens, kann also auch durch eine Impfpflicht gerechtfertigt sein.«[372]

Die Verfassungsministerin hat keine Bedenken, dass ein allgemeiner Impfzwang gegen die Grund- und Freiheitsrechte verstößt. Österreich war – abgesehen von einer Handvoll Dritte-Welt-Staaten und dem Vatikan – das einzige Land mit einer solchen Impfpflicht, nicht einmal das kommunistische China mit seiner strengen Zero-Covid-Politik hatte eine so weitreichende Maßnahme verhängt.

Beate Meinl-Reisinger, Parteichefin NEOS, 24.01.2022

»Man hat das Gefühl, der wirklich Dümmste in unserer Republik ist der steuerzahlende Geimpfte.«[373]

Selbst 2022, als bereits mehrere Studien und Daten zur Wirkungslosigkeit und Gefährlichkeit der Covid-Impfstoffe publiziert worden waren, inszeniert die NEOS-Parteichefin Geimpfte als Opfer der Ungeimpften. Vermutlich um davon abzulenken, dass die Geimpften Opfer von staatlicher Propaganda und Desinformation geworden sind.

Dorothee von Laer, Virologin, 04.02.2022

»So ist es nun einmal. Entweder man ist gegen das Virus geimpft, dann kann man sich zwar noch infizieren, aber nur leicht erkranken. Oder man hat keinen Immunschutz, dann gibt es eben die Möglichkeit der Genesung und wenn nicht, dann stirbt man eben.«[374]

Peter Hacker, Gesundheitsstadtrat Wien (SPÖ), 04.02.2022

»Unser Hauptproblem sind leider nach wie vor Menschen, die sich noch nicht impfen haben lassen. Die gesamte Welle wird vor allem von den Ungeimpften verursacht.«[375]

Das von der SPÖ regierte Bundesland Wien hat während der Pandemie stets die strengsten Regeln, weshalb in Wien die Angstmache und Hetze gegen Ungeimpfte besonders intensiv betrieben werden muss.

Joy Pamela Rendi-Wagner, SPÖ-Chefin, 10.02.2022

»Wenn wir auf Nummer sicher gehen wollen, gilt ein klares Ja zur Impfpflicht.«[376]

Sigrid Maurer,
Klubchefin des Grünen Parlamentsklubs, 10.02.2022

»Füße stillhalten – es ist, wie es sein soll.«[377]

So reagiert die Klubchefin der Grünen auf die Kritik an der Impfpflicht. Die Sorgen, Einwände und Kritikpunkte interessieren sie nicht, die Menschen haben sich impfen zu lassen, weil es die Obrigkeit so befohlen hat. Ende der Diskussion. Diese Kaltschnäuzigkeit und Abgehobenheit verdeutlicht, welch problematische Einstellung die Grünen zu Demokratie und Bürgerrechten haben.

Robert Misik, Journalist, Autor und Politikberater, 14.02.2022

»Die Geduld der Wienerinnen und Wienern mit diesen Todes-Demonstrationen ist mittlerweile überstrapaziert.«[378]

Johanna Mikl-Leitner,
Landeshauptfrau von Niederösterreich (ÖVP), 15.02.2022

»Die Ungeimpften sind zu einer wahnsinnigen Belastung für die Geimpften geworden. Aus der Unvernunft einiger heraus, die sich nicht impfen lassen, wurde die Impfpflicht wichtig und notwendig. […] Die Impflicht ist die einzige Garantie, um aus der Pandemie herauszukommen.«[379]

Christoph Grissemann, Comedian, 24.03.2022

»Man kann kein normaler Bürger sein, wenn man weiß, dass man mit Nazis demonstriert. Alle wissen, dass dort Nazis an vorderster Front gehen – wenn ich das in Kauf nehme, bin ich kein normaler Bürger. […] Das ist eine der sichersten Impfungen überhaupt. Wenn wir die nicht gehabt hätten, würden sich die Leichen stapeln.«[380]

Wer gegen die Coronamaßnahmen demonstriert, ist »kein normaler Bürger«, weshalb diese Menschen auch keine Bürgerrechte genießen. Wer so argumentiert, ist ein Faschist, ist, was er seinen politischen Gegnern vorwirft. Um den Demonstranten das Bürgersein abzusprechen, setzt Grissemann, wie viele andere während der Pandemie, auf eine bewährte linke Technik zur Meinungsmanipulation: der Kontaktschuld. Will meinen, eine Meinung ist nur deshalb problematisch, weil sie unter anderem auch von Personen oder Gruppen vertreten wird, die von der Allgemeinheit als problematisch gesehen werden. Wenn auch nur zwei Neonazis gegen den staatlichen Impfzwang protestieren, macht das jeden Impfgegner zum Neonazi. Grissemann interessiert sich nicht für die Argumente und Bedenken der Demonstranten, er will die Position der Machthaber ohne lästige Debatten durchsetzen und diffamiert und kriminalisiert deshalb die Andersdenkenden.

Katharina Reich, Generaldirektorin für Öffentliche Gesundheit, Leiterin der Krisenkoordination (GECKO), 17.05.2022

»Meine persönliche Meinung ist, dass es aus mehreren Gründen – psychologischen wie solchen der sozialen Gewöhnung – im essenziellen Handel auch über den Sommer bei der Maske bleiben soll.«[381]

Reich bestätigt mit ihrer Aussage, was Maßnahmenkritiker von Anfang an wussten: Das Maskengebot hat keine medizinischen, sondern politische Gründe. Man will die Menschen an die Maske »gewöhnen«. Das Tragen der Maske ist ein Symbol der Unterwerfung und Zugehörigkeit, ähnlich wie das Kopftuch im Islam.

Beate Meinl-Reisinger, Parteichefin NEOS, 03.08.2022

»Das sind ja Volksverräter.«[382]

Die Chefin der sich selbst als »liberal« definierenden Partei NEOS bezeichnet Kritiker der Coronamaßnahmen als Volksverräter, ein Terminus, der vor allem im Nationalsozialismus verwendet wurde. »Volksverräter« wurde 2016 in Deutschland zum Unwort des Jahres gewählt. Begründung: »Das Wort sei ein typisches Erbe von Diktaturen, unter anderem der Nationalsozialisten.« Der Gebrauch sei undemokratisch, weil er unter anderem »die Gültigkeit der Grundrechte für alle Menschen im Hoheitsgebiet der Bundesrepublik« verneint. Skandal löst Meinl-Reisinger damit keinen aus.

Stadt Wien, Pressemitteilung, 13.11.2022

»COVID-19-Schutzimpfung für Kleinkinder startet in Wien am 16. November. […] Für Kinder ab dem vollendeten 6. Lebensmonat und bis zum vollendeten 5. Lebensjahr werden die ersten beiden Impfungen im Abstand von 3 Wochen (21 Tage) verabreicht.«[383]

Wien plant bereits vor der Zulassung der Impfstoffe für Kinder eigene Impfstraßen für Kleinkinder, Kinder und Jugendliche. Laut Gesundheitsstadtrat Peter Hacker komme man damit nur einem Bedürfnis der Bevölkerung nach, es gebe einen »riesigen Nachfragedruck von Eltern«.[384] Auch *Der Standard* veröffentlichte einen Artikel mit der Überschrift: »Großes Interesse an der Off-Label-Impfung für Kinder ab fünf.«[385]

Robert Misik, Journalist, Autor und Politikberater, 26.12.2022

»Kickl, Küssel, Coronaleugner und Esoterik-Hippies müssen jetzt sehr stark sein: Ihr liebgewordenes Obsessions-Thema ist over.«[386]

Einmal mehr projiziert ein linker Meinungsmacher sein geistiges Innenleben auf die »Coronaleugner«. Es war das politmediale Establishment, das seine politische Strategie auf die Pandemie aufgebaut und ausgerichtet, sie als politischen Hebel zur Umgestaltung der Gesellschaft genutzt hat und deshalb alles versuchte, um diese

Notsituation, die zu diesem Zeitpunkt längst keine mehr war, weiter aufrechtzuerhalten. Selbst im Dezember 2022 gab es aus diesem Lager viele Stimmen, die vor einer Aufhebung der Coronamaßnahmen warnten. Und es waren von Anfang an die »Coronaleugner«, die für das Ende der überzogenen Maßnahmen kämpften. Misik betreibt die zum linken Standardrepertoire gehörende Täter-Opfer-Umkehr und wirft dabei auch gleich die Kritiker der Coronamaßnahmen in einen Topf mit dem Neonazi Gottfried Küssel, um sie zu diskreditieren und kriminalisieren.

***Kronen Zeitung*,** Schlagzeile, 05.04.2023

»RECHNUNGSHOF-BILANZ: Corona war ein ›Totalversagen auf allen Ebenen‹.«[387]

Die Regierungskoalition aus ÖVP und Grünen hat bis Ende 2022 unglaubliche 47,7 Milliarde Euro an Coronahilfen ausgegeben. Der Rechnungshof hat unter anderem die mangelhaften Kontrollen der finanziellen Hilfen an Unternehmen scharf kritisiert. So bemängelt er das »Fehlen von Kontrollkonzepten zur gezielten Aufdeckung von unrechtmäßigem Förderbezug« oder »Mängel in der Dokumentation wesentlicher Entscheidungen«.[388] Die Pandemie wurde nicht nur politisch instrumentalisiert, sie diente auch dazu, gigantische Summen an öffentlichen Geldern zu verschieben. Profitiert haben davon Kreise, die der Regierung nahestehen, also das Umfeld von ÖVP und Grünen. Unter anderem über die von einem ÖVP-Mann und einem Grünen geleitete COFAG, die COVID-19 Finanzierungsagentur des Bundes GmbH, wurden die Gelder in die entsprechenden Kanäle geleitet.

Rudolf Anschober,
ehemaliger Gesundheitsminister (Grüne), 06.04.2023

»Ich war heute in der U-Bahn der Einzige in meinem Wagon, der noch eine Maske getragen hat. Die Eigenverantwortung funktioniert nicht.«[389]

Eine Aufarbeitung der Coronapolitik lehnt Anschober aus gutem Grund ab. »Das ist nicht die Ebene, auf der wir weiterkommen.« »Alle haben sich bemüht, nach bestem Wissen und Gewissen zu arbeiten.« Trotz seines Versagens als Krisenmanager und seiner Flucht aus dem Ministeramt gilt Anschober in linken und Medienkreisen noch immer als Held.

Österreichische Bundesregierung,
Ministerialentwurf, Frühjahr 2023

»Droht unmittelbar oder entsteht durch ein Ereignis, eine Entwicklung oder sonstige Umstände in Bereichen, in denen dem Bund die Gesetzgebung und Vollziehung zukommt, eine Gefahr außergewöhnlichen Ausmaßes für das Leben und die Gesundheit der Allgemeinheit, für die öffentliche Ordnung und Sicherheit im Inneren, für die nationale Sicherheit, für die Umwelt oder für das wirtschaftliche Wohl, deren Abwehr oder Bewältigung die unverzügliche Anordnung, Durchführung und Koordination von Maßnahmen im Zuständigkeitsbereich des Bundes dringend erforderlich macht, liegt eine Krise vor. Unberührt davon bleiben die Fälle der militärischen Landesverteidigung.«[390]

Das ist § 2 des neuen Bundes-Krisensicherheitsgesetzes, das von der Regierung, aber noch nicht vom Nationalrat, beschlossen worden ist (Stand 01.05.2023). Dieses Gesetz ermöglicht es der Regierung, praktisch jederzeit eine solche Krise auszurufen, da der Begriff »Krise« im Gesetz nicht näher definiert wird, es keine klaren und verbindlichen Kriterien dafür gibt, ab wann sich das Land in einer »Krise« befindet.

Was ein Krisenfall ist, bestimmt die Regierung, nicht das Parlament. Ruft sie eine Krise aus, etwa weil der Sommer sehr heiß ist – Stichwort Klimaerwärmung –, kann sie parlamentarische und rechtsstaatliche Abläufe ausschalten. Man hat mit diesem Gesetz einen Not-Aus-Schalter für die Demokratie installiert. Und es wird sich sehr schnell jemand finden, der ihn betätigen wird, da wir uns – laut Mainstream – ohnehin in einer permanenten Klimakrise befinden. Im März berichtete der öffentlich-rechtliche ORF: »Ohne drastische Schritte eskaliert Klimakrise«.[391]

Das Corona-Hass- und Schimpfwörterbuch

Wer die offizielle Coronapolitik kritisierte, infrage stellte oder dagegen protestierte, wurde vom politmedialen Establishment, dessen Helfershelfern in Kirchen, Kultur, Wissenschaft, Zivilgesellschaft und den Mitläufern in der Bevölkerung beschimpft, diffamiert und entmenschlicht. Selbst Nazi-Vokabular wurde wieder salonfähig, solange es gegen die »Covidioten« gerichtet war. Die hier aufgelisteten Schimpfwörter und negativen Zuschreibungen stammen ausschließlich von Personen des öffentlichen Lebens, von Ärzten und von für die Coronamaßnahmen Verantwortlichen, die diese öffentlich getätigt haben. Sie sind alle durch Quellen belegt.

Aasgeier der Pandemie[392]
absolut gemeingefährlich[393]
Affen[394]
Aluhutbürger[395]
Aluhüte[396]
Amokläufer[397]
Anti-Impf-Dödel[398]
Anti-Impf-Terroristen[399]
antisolidarische Arschlöcher[400]
Arschlöcher[401]
Asis[402]
asoziale Arschlöcher[403]
asoziale Schweinebacken[404]
asoziale Vollidioten[405]
Bekloppte[406]
Blinddarm[407]
bockig[408]
chronisch alkoholisierte Schreihälse[409]
Coronaleugner[410]
Coronaschwurbler[411]

CoronaverharmloserInnen[412]
Covidiot[413]
dämliche und menschenfeindliche Arschgeigen[414]
Demokratiefeinde[415]
deppert[416]
Dilettanten[417]
dummer, asozialer Idiot[418]
dumme Sau[419]
dumme Sautrottel[420]
Dummfratzen[421]
durchgeknallte Schwurbelmenschen[422]
ein bisschen wie Hitler[423]
Esel[424]
Fake-News-Schleuder[425]
Faschisten[426]
faschistische Bagage[427]
fundamentalistische Egoisten[428]
gefährlicher Sozialschädling[429]
geistige Brandstifter[430]
geringe Intellektualität[431]
giftspritzende Protagonisten[432]
Halbmenschen[433]
Ichlinge[434]
Idiot[435]
Ignorant:innen[436]
illiberale Freiheitsfeinde[437]
Impf-Fake-Schleuder[438]
Impffeiglinge[439]
Impf-Kaspar[440]
Impftrolle[441]
intellektuell unterprivilegierte, asoziale Mitbürger[442]
Kackvögel[443]
Kanaillien[444]
kriminell und asozial[445]
Lügen-Verbreiter[446]
menschenfeindlich[447]
Neofaschisten[448]
Neonazis[449]
nervige Arschlöcher[450]
Nichtdenker[451]
nicht der Hellste[452]
nicht geimpfte Herde[453]
Pack[454]
Pfosten[455]
Querheinis[456]
radikale Minderheit[457]
Rücksichtslose[458]
Saboteure[459]
Scharlatane[460]
Schweinhunde[461]
Schwurbler[462]
Schwurbler*innen[463]
Seuchenfreunde[464]
Spinner[465]
Spritzenscheue[466]
Staatsfeinde[467]
Staatsverweigerer[468]

Terroristen[469]
Todesengel[470]
Twittertrolle[471]
ultra-asoziale Vollidioten[472]
ungeimpfte Idioten[473]
ungeimpftes Schwurbelpack[474]
unsozial und egoistisch[475]
verirrte Telegram-Seele[476]
verrückte Idioten[477]
Verschwörungsidioten[478]
VerschwörungsverbreiterInnen[479]
Volksverräter[480]
Vollidioten[481]
wahnhaft[482]
wahnsinnige Positionen[483]
weinerlich[484]
Wichser[485]
widerwärtiges covidiotisches Schwurbelpack[486]
Wirrologe[487]
Wissenschaftshasser[488]
Wissenschaftsleugner*innen[489]

Literatur

Bachmann, Gert; Endl, Alois: *Lockdownschicksale – Das verschwiegene Leid der Coronapolitik,* Wien 2021.

Bhakdi, Sucharit; Reiss, Karin: *Corona Unmasked – Neue Zahlen Daten, Hintergründe,* Berlin 2021.

Bode, Sabine: *Kriegsspuren – Die deutsche Krankheit German Angst,* Stuttgart 2016.

Deriu, Claudio: *Impfpflicht – Das Ende der freien Gesellschaft?,* Wien 2022.

Hauser, Gerald; Strasser, Hannes: *Raus aus dem Corona-Chaos – Ein Politiker und ein Arzt klären auf,* Wien 2021.

Hauser, Gerald; Strasser, Hannes: *Und die Schwurbler hatten doch recht … – DER Coronafaktencheck,* Wien 2023.

Homburg, Stefan: *Coronagewitter – Chronik einer Wissenschafts-, Medien- und Politikkrise,* eBook, Sargans 2023.

Klöckner, Marcus; Wernicke, Jens: *»Möge die gesamte Republik mit dem Finger auf sie zeigen« – Das Corona-Unrecht und seine Täter,* München 2022.

Schwab, Klaus; Malleret, Thierry: *COVID-19: Der große Umbruch,* Cologny 2022.

Sommese Antonio; Brückner, Michael: *Alle reden vom Crash – Bleiben Sie cool!: Wie Sie auch in Krisenzeiten Rendite erwirtschaften und sich vor falschen Prophezeiungen schützen,* München 2020.

Sonnleitner, Walter: *Die Coronafalle – Vom Wutbürger zum Angstbürger,* Wien 2020.

Quellennachweise

Die angeführten Links wurden im Zeitraum von Februar bis April 2023 aufgerufen. Sollten sie nach Drucklegung nicht mehr zugänglich sein, können sie in vielen Fällen über das Internetarchiv *https://archive.org* aufgefunden werden.

1 *https://weltwoche.ch/daily/die-pandemie-die-es-nie-gab-eine-umfassende-untersuchung-von-stanford-forschern-entzieht-der-corona-politik-den-boden-dennoch-sind-kuenftige-freiheitsbeschraenkungen-nicht-auszuschliessen/.*

2 *https://papers.ssrn.com/sol3/papers.cfm?abstract_id=4342889.*

3 *https://www.spiegel.de/wirtschaft/2022-krankenstand-bei-arbeitnehmern-auf-rekordniveau-a-3437ca38-897c-4785-9515-fd89a99ecb44.*

4 *https://www.dersandwirt.de/vergeben-vergessen/.*

5 *https://www.achgut.com/artikel/Impfopfer_behoerden_ignorieren_horrorhafte_verdachtszahlen.*

6 Ebd.

7 Hauser, Gerald; Strasser, Hannes: *Und die Schwurbler hatten doch recht … – DER Coronafaktencheck,* Wien 2023, S. 140.

8 *https://www.youtube.com/watch?v=xTGL5iWb7ZY.*

9 *https://www.welt.de/politik/deutschland/plus243820767/Corona-Impfstoff-Die-vielen-Ungereimtheiten-der-Pfizer-Zulassungsstudie.html.*

10 *https://www.de24live.de/welt-international/corona-impfstoff-biontech-pfizer-verheimlichte-todesfaelle-bei-zulassungsstudie/546210305.*

11 *https://www.golem.de/news/corona-apps-weitreichende-ueberwachung-wenig-wirkung-2009-150626-2.html.*

12 *https://norberthaering.de/macht-kontrolle/luca-app-patrick-hennig/.*

13 Die EU schreibt über die »bedingte Zulassung«: Als Reaktion auf Bedrohungen der öffentlichen Gesundheit wie die derzeitige Pandemie verfügt die EU über ein spezifisches Regulierungsinstrument, das eine frühzeitige Verfügbarkeit von Arzneimitteln für den Einsatz in Notsituationen ermöglicht. In solchen Notsituationen ist das Verfahren für die bedingte Marktzulassung speziell so konzipiert, dass Marktzulassungen so schnell wie möglich erteilt werden, sobald ausreichende Daten

vorliegen. Es bietet der EU einen soliden Rahmen für die beschleunigte Zulassung und die Unbedenklichkeit sowie Sicherheitsvorkehrungen und Kontrollen nach der Zulassung.

14 *https://www.spiegel.de/wissenschaft/corona-was-die-253-anerkannten-impfschaeden-bedeuten-a-6b72e388-9304-46f9-89e2-944f00393600.*

15 *https://pubmed.ncbi.nlm.nih.gov/35339672/.*

16 *https://www.wienerzeitung.at/nachrichten/wissen/mensch/2055867-Coronavirus-Studie-Weltweit-40-Millionen-Tote-ohne-Gegenmassnahmen.html.*

17 *https://www.kleinezeitung.at/politik/innenpolitik/5793215/Bundeskanzler-Sebastian-Kurz_Bald-wird-jeder-von-uns-jemanden.*

18 *https://www.merkur.de/bayern/corona-bayern-psychische-probleme-depression-angst-kinder-drogen-zr-91344414.html.*

19 Ebd.

20 *https://www.pro-medienmagazin.de/starker-anstieg-bei-suizidversuchen-unter-kindern-und-jugendlichen/.*

21 *https://www.facebook.com/100000886242540/posts/pfbid021skHygyRaxUTYC6UffigJ3JANxaN1pNk6RQAk2Ak9dHLgnVBuZ8LqU8JgYcPF3Ul/.*

22 *https://www.derstandard.at/story/2000131998349/die-freiheit-die-sie-meinen.*

23 *https://www.deutschlandfunkkultur.de/was-ist-normal-unsere-vorstellung-von-normalitaet-ist-100.html.*

24 *https://jungefreiheit.de/kultur/medien/2022/welt-loescht-artikel-zur-beleidigung-von-ungeimpften/.*

25 *https://www.oe24.at/coronavirus/hass-seite-stellt-massnahmen-befuerworter-an-pranger/526371602.*

26 *https://www.alexander-wallasch.de/kultur/ichhabemitgemacht-eine-dokumentation-von-hass-und-hetze-gegen-ungeimpfte.*

27 *https://twitter.com/janboehm/status/1461238334660001792.*

28 *https://www.nachrichten.at/nachrichten/fotogalerien/politik/wir-waren-expertenhoerig;cme224351,2821416.*

29 *https://kurier.at/politik/inland/skandaloes-experten-kritisieren-nehammers-corona-rede/402332169.*

30 *https://www.bz-berlin.de/deutschland/lauterbach-waelzt-schul-schliessungen-auf-wissenschaft-ab-zu-recht.*

31 *https://tkp.at/2023/02/26/praeventive-diktatur-juristen-warnen-vor-krisensicherheitsgesetz/.*

32 *https://exxpress.at/bravo-schweden-keine-lockdowns-keine-schulschliessungen-am-wenigsten-tote/.*

33 *https://www.quarks.de/gesundheit/lockern-wir-die-massnahmen-zu-frueh/.*

34 *https://www.faz.net/aktuell/politik/inland/corona-leugner-auf-demonstrationen-keine-strafe-von-der-polizei-17043999.html.*

35 Homburg, Stefan: *Coronagewitter – Chronik einer Wissenschafts-, Medien- und Politikkrise,* eBook, Sargans 2023, Kapitel: »Der Einstieg«.

36 *https://frankundfrei.online/the-great-reset-was-wirklich-drinsteht/.*

37 *https://www.presserat.de/pressekodex.html.*

38 *https://www.zeit.de/news/2021-12/13/kardinal-verbreitet-verschwoerungsmythos-zu-gleichschaltung.*

39 *https://www.tagesspiegel.de/gesellschaft/medien/wider-die-mar-von-einer-kumpanei-in-der-corona-bekampfung-4222261.html.*

40 *https://kress.de/news/detail/beitrag/149100-ueberraschender-geldsegen-fuer-die-medien-so-viele-millionen-gaben-spahn-und-lauterbach-fuer-ihre-corona-kampagnen-aus.html.*

41 *https://www.tichyseinblick.de/daili-es-sentials/ard-sender-verbreitet-erst-fake-loescht-das-peinliche-video-und-dreht-es-dann-um/.*

42 *https://www.tichyseinblick.de/meinungen/bayerischer-rundfunk-quer-ist-keine-satire/.*

43 *https://www.bild.de/news/ausland/news-ausland/schockierende-bilder-aus-italien-armee-transportiert-corona-tote-69489308.bild.html.*

44 *https://www.bild.de/news/ausland/news-ausland/fast-1000-tote-an-einem-tag-so-viel-wie-nirgendwo-sonst-corona-hoelle-italien-69685016.bild.html.*

45 *https://www.bernerzeitung.ch/sein-handybild-ruettelte-die-schweiz-auf-und-ganz-europa-198655970583.*

46 *https://www.welt.de/politik/deutschland/video242281365/Bayerischer-Gesundheitsminister-Bilder-von-Bergamo-vor-Augen-und-haben-einfach-gehandelt.html.*

47 *https://www.merkur.de/politik/corona-ard-tagesthemen-merkel-kommentar-lockerungen-lockdown-normalitaet-neu-wirtschaft-zr-13753873.html.*

48 h*ttps://frankundfrei.online/the-great-reset-was-wirklich-drinsteht/.*

49 *https://www.stuttgarter-zeitung.de/inhalt.fuenf-minuten-pop-das-zeitalter-der-aluhutbuerger.6ff34425-c9c1-40c7-830f-dacae19b01a4.html.*

50 *https://www.amadeu-antonio-stiftung.de/w/files/pdfs/hatespeech.pdf.*

51 *https://www.tagesspiegel.de/berlin/wer-den-rechtsstaat-missbraucht-muss-mit-widerstand-rechnen-6863353.html.*

52 Ebd.

53 *https://www.spiegel.de/politik/deutschland/impfpflicht-was-denn-sonst-a-2846adb0-a468-48a9-8397-ba50fbe08a68.*

54 *https://www.n-tv.de/wissen/Biontech-Geimpfte-sind-nicht-ansteckend-article22376102.html.*

55 Ebd.

56 *https://www.wiwo.de/politik/deutschland/balzli-direkt-immanuel-kant-wuerde-urlaub-bei-alltours-buchen/26949868.html.*

57 *https://www.zeit.de/2021/13/corona-demos-qurdenker-maskenpflicht-polizei-rechtsextremismus.*

58 *https://www.mopo.de/hamburg/politik/wegen-polizeigewalt-g20-erregt-weiter-die-gemueter-in-hamburg/.*

59 *https://www.vol.at/schneebaelle-auf-polizei-demonstranten-landen-vor-gericht/7804000.*

60 *https://www.fr.de/meinung/gastbeitraege/corona-coronademos-querdenker-bill-gates-polizei-verschwoerungstheoretiker-rechtsextremismus-polizei-90314726.html.*

61 *https://www.rnd.de/medien/stars-gegen-den-lockdown-warum-die-aktion-alles-dicht-machen-ein-verhohnung-der-coronatoten-ist-RKIJZZ5B45F77FSSJHASP7FF5M.html.*

62 *https://www.kleinezeitung.at/kultur/5970023/Polemik-und-Populismus_53-Schauspieler-und-ihr-spektakulaerer.*

63 *https://www.ndr.de/kultur/film/Kommentar-zu-Alles-dicht-machen-Polemik-statt-konstruktiver-Kritik,allesdichtmachen104.html.*

64 *https://www.volksverpetzer.de/corona-faktencheck/gut-viele-geimpfte/.*

65 *https://www.wienerzeitung.at/nachrichten/wissen/forschung/2115275-Die-Welt-der-Impfgegner-und-Argumente-dagegen.html.*

66 *https://www.derstandard.at/story/2000129475086/spaltet-die-gesellschaft.*

67 *https://www.zdf.de/nachrichten/panorama/corona-impfstoff-langzeitschaeden-100.html.*

68 *https://bnn.de/sport/kimmichs-impfbedenken-mit-seiner-antwort-leistet-er-sich-ein-eigentor.*

69 *https://www.welt.de/sport/fussball/bundesliga/fc-bayern-muenchen/plus234613824/Corona-Impfung-Joshua-Kimmich-der-Eiertaenzer.html.*

70 *https://www.spiegel.de/sport/fussball/bayern-muenchen-star-joshua-kimmich-und-der-impfstatus-ausgerechnet-er-a-0a1f128d-6cac-44cf-a14b-4c044f9bec1e.*

71 *https://www.spiegel.de/wissenschaft/medizin/richard-david-precht-krude-thesen-von-bestsellerautor-wer-ist-dr-wirrkopf-a-41842cd8-1824-41b9-93fe-ddd05df4b9ab.*

72 Ebd.

73 *https://www.n-tv.de/politik/Wir-sind-die-Geiseln-der-Corona-Schwurbler-article22910387.html.*

74 *https://www.thueringer-allgemeine.de/blog/goldberg/privatsache-id233829977.html.*

75 *https://twitter.com/search?q=%23allesindenArm&src=hashtag_click.*

76 *https://twitter.com/dunjahayali/status/1635189838529056768.*

77 *https://taz.de/Politik-in-der-Krise/!5815396/.*

78 *https://www.tagesschau.de/multimedia/sendung/tagesthemen/video-949037.html.*

79 *https://www.stern.de/gesellschaft/reaktionen-auf-essay--keine-ruecksicht-auf-die-ruecksichtslosen---30957624.html.*

80 *https://www.stern.de/politik/ungeimpfte-schaden-der-allgemeinheit--wir-muessen-aufhoeren-sie-zu-schuetzen-30927876.html.*

81 *https://www.deutschlandfunk.de/gruenen-chef-habeck-verbote-sind-die-bedingung-fuer-freiheit-100.html.*

82 *https://www.freitag.de/autoren/lutz-herden/der-freiheitsbegriff-wurde-zur-selbstdarstellung-missbraucht.*

83 *https://www.faz.net/aktuell/feuilleton/debatten/richard-david-precht-und-svenja-flasspoehler-zu-freiheit-und-corona-17653773.html?session.*

84 *https://www.fr.de/politik/richard-david-precht-querdenker-reagiert-auf-vorwuerfe-corona-impfung-markus-lanz-91086557.html.*

85 *https://www.faz.net/aktuell/politik/inland/wieso-keine-corona-testpflicht-fuer-geboosterte-geimpfte-besteht-17684243.html.*

86 *https://www.nd-aktuell.de/artikel/1159393.impfen-und-pandemie-wegen-der-impfverweigerer-stecken-wir-im-corona-schlamassel.html.*

87 *https://www.welt.de/debatte/plus235903898/Hass-im-Netz-Ja-Telegram-gehoert-verboten.html.*

88 *https://www.deutschlandfunk.de/gefahr-telegram-was-kann-die-politik-dagegen-tun-100.html.*

89 *https://www.augsburger-allgemeine.de/bayern/kommentar-querdenker-demos-kinder-als-schutzschilde-zu-benutzen-ist-perfide-id61376186.html.*

90 *https://exxpress.at/verdacht-gegen-klimaprotest-gruppe-wurden-wiens-schulkinder-zu-demo-gezwungen/#:~:text=Es%20ist%20gesetzlich%20verboten%20die,wo%20immer%20es%20m%C3%B6glich%20ist.*

91 *https://www.rnd.de/politik/corona-deutsche-corona-politik-frust-wegen-inkonsequenz-und-dauer-geschrei-YMXVSZZM7NAZBFIKFYAQQXU34I.html.*

92 *https://www.badische-zeitung.de/geimpfte-schueler-schneiden-bei-wissens-test-in-freiburg-besser-ab--210436529.html.*

93 *https://www.swr.de/swr2/wissen/verschwoerungsmythen-was-tun-wenn-familie-und-freunde-abdriften-102.html.*

94 *https://www.spektrum.de/lexikon/psychologie/projektion/11907.*

95 *https://de.wikipedia.org/wiki/S%C3%BCndenbock#cite_note-2.*

96 Ebd.

97 *https://ich-habe-mitgemacht.at/406-mein-vorschlag-lasst-das-zeug-auf-waschzettel-in-china-drucken.html.*

98 *https://www.news.de/politik/856078046/corona-quarantaene-camps-in-china-kinder-schwangere-eingesperrt-schock-videos-menschen-verpruegelt-und-kriegen-kein-essen-in-lager/1/.*

99 *https://www.focus.de/politik/deutschland/angespitzt-eine-kolumne-von-ulrich-reitz-freedom-days-wegfall-der-corona-regeln-ist-keine-freiheit-sondern-eine-bedrohung_id_79777016.html.*

100 Ebd.

101 *https://www.ndr.de/ratgeber/gesundheit/Omikron-Spaetfolgen-auch-bei-mildem-Krankheitsverlauf-moeglich,omikron134.html.*

102 *https://www.merkur.de/boulevard/meinung-darf-ohne-schlechtes-gewissens-nena-xavier-naidoo-hoeren-nein-91888979.html.*

103 *https://twitter.com/MikaBeuster/status/1605129834975268865.*

104 *https://www.bundesregierung.de/breg-de/aktuelles/fernsehansprache-von-bundeskanzlerin-angela-merkel-1732134.*

105 *https://www.krone.at/2294328.*

106 Bode, Sabine: *Kriegsspuren – Die deutsche Krankheit German Angst,* Stuttgart 2016, S. 34.

107 Sommese, Antonio; Brückner, Michael: *Alle reden vom Crash – Bleiben Sie cool!: Wie Sie auch in Krisenzeiten Rendite erwirtschaften und sich vor falschen Prophezeiungen schützen,* München 2020, S. 20 f.

108 *https://www.nzz.ch/feuilleton/corona-krise-das-Bild-das-um-die-welt-gegangen-ist-Id.1558320.*

109 *https://frankundfrei.online/gemeinsam-zusammen-fuereinander-kollektivpsychose-in-der-corona-diktatur/.*

110 *https://www.t-online.de/nachrichten/deutschland/id_87549664/coronavirus-rede-von-angela-merkel-im-wortlaut-jeder-mensch-zaehlt-.html.*

111 Bhakdi, Sucharit; Reiss, Karin: *Corona Unmasked – Neue Zahlen Daten, Hintergründe,* Berlin 2021, Kapitel »Schlusswort«.

112 *https://www.wienerzeitung.at/nachrichten/wirtschaft/international/2130475-Deutsche-Firmen-trommeln-gemeinsam-fuer-Corona-Impfung.html.*

113 *https://www.sueddeutsche.de/meinung/coronavirus-lebensstil-einschraenkung-1.5096026?reduced=true.*

114 *https://www.fr.de/panorama/blockwart-boom-13641319.html.*

115 *https://www.youtube.com/watch?v=GyUGL7sUQWU.*

116 *https://frankundfrei.online/gemeinsam-zusammen-fuereinander-kollektivpsychose-in-der-corona-diktatur/.*

117 *https://www.bundesregierung.de/breg-de/aktuelles/fernsehansprache-von-bundeskanzlerin-angela-merkel-1732134.*

118 *https://www.facebook.com/gfotos.fotografie/videos/3345001702390711/?idorvanity=1653142384939154&sfnsn=scwspwa.*

119 *https://twitter.com/LGcommaI/status/1317862671535005698.*

120 *https://www.faz.net/aktuell/wissen/soziale-systeme-wenn-denunziation-sich-lohnt-16624402.html.*

121 *https://www.zeit.de/politik/deutschland/2020-10/bund-laender-beratung-corona-karl-lauterbach-alexander-kekule-ralph-brinkhaus?utm_referrer=https%3A%2F%2Fwww.google.de%2F.*

122 *https://www.youtube.com/watch?v=AQ_7M0WO6PU.*

123 *https://www.spiegel.de/ausland/emmanuel-macron-und-die-impfverweigerer-in-frankreich-die-ankack-attacke-a-e5f9cda0-c8a7-4fd2-a029-bd781310844d.*

124 *https://www.corodok.de/kilometer-regel-brandl/.*

125 *https://rp-online.de/nrw/staedte/langenfeld/langenfeld-und-monheim-ratspolitiker-gegen-verharmlosung-von-corona_aid-56181051.*

126 *https://www.bundesregierung.de/breg-de/suche/pressekonferenz-von-kanzlerin-merkel-nach-der-g7-videokonferenz-1860106.*

127 *https://twitter.com/FritzKuhn1/status/1385533227826352131.*

128 *https://www.focus.de/politik/deutschland/allensbach-umfrage-mehrheit-der-deutschen-ueberzeugt-die-meinungsfreiheit-ist-in-gefahr_id_13403028.html.*

129 *https://www.bw24.de/stuttgart/winfried-kretschmann-fordert-haertere-eingriffe-in-freiheitsrechte-90823865.html.*

130 *https://www.spiegel.de/politik/die-bruesseler-republik-a-3d75c854-0002-0001-0000-000015317086.*

131 *https://orf.at/stories/3222091/.*

132 *https://twitter.com/Karl_Lauterbach/status/1426323236019650564.*

133 *https://www.youtube.com/watch?v=QP3KnRVvjAM.*

134 *https://www.nzz.ch/meinung/befehl-und-gehorsam-sind-in-der-corona-krise-zurueckgekehrt-ld.1586610?reduced=true.*

135 *https://www.kleinezeitung.at/politik/aussenpolitik/5543343/Interview_Der-Lack-der-Zivilisation-ist-duenn.*

136 *https://publikum.net/warum-alle-bundestagsparteien-unwahlbar-sind/.*

137 *https://www.rnd.de/politik/rostock-joachim-gauch-nennt-corona-impfgegner-bekloppte-BN6GQYEUZBPAKS4B53EP3N6WFY.html.*

138 *https://www.heute.at/s/impfverweigerern-droht-streichung-der-mindestsicherung-100163768.*

139 *https://www.krone.at/554443.*

140 *https://twitter.com/Karl_Lauterbach/status/1460199883680489479?lang=de.*

141 Bhakdi, Sucharit; Reiss, Karin: *Corona Unmasked – Neue Zahlen Daten, Hintergründe*, Berlin 2021.

142 *https://www.spiegel.de/panorama/gesellschaft/corona-kontrollen-in-hamburg-andy-grote-fordert-2g-verstoesse-zu-melden-a-5ad86fda-63ed-4e84-a00d-f43ce43096b8.*

143 *https://www.derstandard.at/story/2000137927674/du-bist-so-1-pimmel-hamburger-behoerden-stellten-pimmelgate-ermittlungen.*

144 *https://www.handelsblatt.com/politik/deutschland/wechsel-an-der-spitze-muensters-oberbuergermeister-zum-staedtetagspraesident-gewaehlt/27811702.html.*

145 *https://merkurist.de/mainz/entschluss-amtlich-nur-geimpfte-und-genesene-duerfen-auf-mainzer-weihnachtsmarkt_rtb.*

146 *https://www.nordbayern.de/region/bayern-verscharft-corona-regeln-lockdown-fur-ungeimpfte-sperrstunde-clubs-dicht-1.11549851.*

147 *https://fussball.news/a/cdu-politiker-merz-fordert-spielverbot-fuer-kimmich.*

148 *https://twitter.com/Karl_Lauterbach/status/1463842007265259522.*

149 *https://twitter.com/SWagenknecht/status/1463813281311870980.*

150 *https://www.carsten-koerber.de/aktuelles/2021/essay-impfpflicht-ist-der-einzige-weg-aus-der-lockdown-endlosschleife.*

151 *https://www.facebook.com/100000886242540/posts/pfbid021skHygyRaxUTYC6UfjfigJ3JANxaN1pNk6RQAk2Ak9dHLgnVBuZ8LqU8JgYcPF3Ul/.*

152 *https://www.welt.de/vermischtes/article235483856/Anne-Will-Lauterbach-Menschen-die-diese-Achtung-nicht-verdient-haben.html.*

153 *https://www.welt.de/politik/deutschland/article235509824/Designierter-Kanzler-Scholz-Infektionsgeschehen-ruehrt-von-den-Ungeimpften-her.html.*

154 *https://www.saarbruecker-zeitung.de/app/consent/?ref=https%3A%2F%2F www.saarbruecker-zeitung.de%2Fnachrichten%2Fpolitik%2Ftobias-hans-bei-maybrit-illner-im-zdf-lage-falsch-eingeschaetzt_aid-64554121.*

155 *https://ich-habe-mitgemacht.at/1627-wollen-sie-wirklich-dass-jeder-sie-hasst.html.*

156 *https://www.welt.de/politik/deutschland/article235810706/Boris-Palmer-will-Beugehaft-fuer-Impfverweigerer.html.*

157 *https://www.abgeordnetenwatch.de/profile/antje-tillmann/fragen-antworten/nahezu-alle-corona-toten-hatten-vorerkrankungen-warum-kuemmert-man-sich-nicht-um-diese-risikoruppen-anstelle.*

158 *https://twitter.com/NancyFaeser/status/1483846734962958346?lang=de.*

159 *https://www.spiegel.de/panorama/justiz/coronavirus-tweet-von-innenministerin-nancy-faeser-zu-corona-protesten-zulaessig-a-07230e24-b157-49d1-a91e-c22b1cd6461b.*

160 *https://www.welt.de/politik/deutschland/plus236369423/CSU-General-Markus-Blume-Freiheit-heisst-Impfpflicht-fuer-alle.html.*

161 *https://www.welt.de/politik/deutschland/plus236578983/Corona-Demo-Anstaendige-Buerger-beteiligen-sich-nicht.html.*

162 *https://www.welt.de/politik/deutschland/article236568843/Fuer-Ungeimpfte-koennte-das-Arbeitslosengeld-wegfallen.html.*

163 *https://twitter.com/i/web/status/1486673246472843269.*

164 *https://www.swr.de/swraktuell/baden-wuerttemberg/stuttgart/ostfildern-kein-schiessbefehl-bei-coronademo-100.html.*

165 *https://www.wiesbaden.de/medien/rathausnachrichten/PM_Zielseite.php?showpm=true&pmurl=https://www.wiesbaden.de/guiapplications/newsdesk/publications/Landeshauptstadt_Wiesbaden/141010100000416787.php.*

166 *https://www.berliner-zeitung.de/news/karl-lauterbach-aussagen-zu-impfschaeden-sorgen-fuer-aufsehen-li.238592.*

167 Ebd.

168 *https://www.bild.de/politik/inland/politik-ausland/ploetzlich-spricht-lauterbach-ueber-impf-schaeden-was-fuer-eine-corona-wende-83192520.bild.html.*

169 *https://twitter.com/nico_wehnemann/status/1493887758829510656.*

170 *https://www.welt.de/politik/deutschland/article237593247/Lauterbach-ueber-Ungeimpfte-Ganze-Land-in-Geiselhaft-dieser-Menschen.html.*

171 *https://www.rnd.de/politik/katrin-goering-eckardt-plaediert-fuer-neue-corona-massnahmen-im-herbst-ZO7RCYNCMZBXDCVGTWZTNTTHII.html.*

172 *https://pleiteticker.de/kathrin-goering-eckardt-verbreitet-akw-fake-news-bei-anne-will-atomstrom-verstopft-die-netze/.*

173 *https://www.ndr.de/nachrichten/niedersachsen/hannover_weser-leinegebiet/Impfempfehlung-fuer-junge-Menschen-Behrens-kritisiert-Stiko,stiko144.html.*

174 *https://hambacher-schloss.de/wp-content/uploads/2022/06/Hambacher-Intervention.pdf.*

175 *https://www.faz.net/aktuell/politik/inland/flut-im-ahrtal-lewentz-ueberfaelliger-ruecktritt-18382048.html.*

176 *https://www.spiegel.de/politik/deutschland/corona-thueringens-innenminister-georg-maier-will-querdenker-konsequent-als-rechtsextrem-einstufen-a-a74726db-587d-4143-b43a-cdf8cff3d92a.*

177 *https://www.zeit.de/politik/deutschland/2022-12/corona-pandemie-massnahmen-katrin-goering-eckardt.*

178 *https://twitter.com/karl_lauterbach/status/1426323236019650564?lang=es.*

179 *https://praxistipps.focus.de/corona-impfstoffe-wer-haftet-bei-impfschaeden-und-langzeitfolgen_139234.*

180 *https://www.stern.de/kultur/tv/jan-boehmermann-konfrontiert-markus-lanz-mit-schweren-vorwuerfen-30716102.html.*

181 *https://www.tagesschau.de/investigativ/bhakdi-antisemitismus-113.html.*

182 *https://www.faz.net/aktuell/wissen/forscher-john-ioannidis-verharmlost-corona-und-provoziert-17290403.html.*

183 *https://www.profil.at/wissenschaft/kuendigung-fuer-corona-kritiker-andreas-soennichsen/401843881.*

184 Ebd.

185 *https://www.spiegel.de/gesundheit/diagnose/coronavirus-kinder-nicht-mehr-zu-oma-und-opa-bringen-wie-schuetze-ich-gefaehrdete-personen-a-57989487-5608-4a4d-ac40-52d01ffe0233.*

186 *https://www.zeit.de/politik/deutschland/2020-03/afd-rechtsradikale-coronavirus-verfassungsschutz-gefahr.*

187 *https://www.abgeordnetenwatch.de/sites/default/files/media/documents/2020-04/bmi-corona-strategiepapier.pdf.*

188 *https://twitter.com/OttoKolbl/status/1362176313201725449.*

189 *https://www.focus.de/gesundheit/coronavirus/corona-strategiepapier-auf-twitter-preist-er-mao-an-wie-fachfremder-china-fan-zum-deutschen-pandemie-berater-wurde_id_13008614.html.*

190 *https://www.telepolis.de/features/Wer-zaehlt-als-Corona-Toter-5035504.html?seite=all.*

191 *https://www.n-tv.de/panorama/Corona-breitet-sich-schnell-in-Afrika-aus-article21702673.html.*

192 *https://www.nachrichten.at/panorama/weltspiegel/who-afrika-muss-sich-auf-das-schlimmste-vorbereiten;art17,3241935.*

193 Hauser, Gerald; Strasser, Hannes: *Und die Schwurbler hatten doch recht … – DER Coronafaktencheck,* Wien 2023, S. 106.

194 *https://www.focus.de/gesundheit/news/unsinn-drosten-widerlegt-labor-theorie-und-buegelt-nobelpreistraeger-nieder_id_11983555.html.*

195 *https://www.tichyseinblick.de/daili-es-sentials/es-wird-eng-fuer-christian-drosten-in-der-frage-nach-dem-ursprung-des-virus/.*

196 *https://www.faz.net/aktuell/politik/ausland/ursprung-des-coronavirus-fbi-haelt-an-laborthese-fest-18713636.html.*

197 *https://www.puls24.at/news/chronik/gesundheitsoekonom-corona-skeptiker-verwirken-ihr-recht-auf-einen-intensivplatz/219900.*

198 *https://www.leopoldina.org/presse-1/nachrichten/leopoldina-weist-erneut-auf-einhaltung-von-schutzmassnahmen-in-schulen-hin/.*

199 *https://www.welt.de/kultur/plus235333186/Coronapolitik-Das-fragwuerdige-Lockdown-Papier-der-Leopoldina.html.*

200 *https://www.focus.de/gesundheit/ratgeber/wissen-umwelt-corona-impfungen-der-impfschutz-wird-laenger-anhalten_id_12866687.html.*

201 *https://weltwoche.ch/daily/verbrechen-gegen-die-menschheit-expertente-am-hat-tausende-von-pfizer-dokumenten-durchleuchtet-das-ergebnis-ist-erschuetternd/.*

202 *https://jungefreiheit.de/kultur/gesellschaft/2021/dierssen-ohne-maske/.*

203 *https://www.faz.net/aktuell/gesellschaft/gesundheit/coronavirus/corona-arzt-fuehrt-fuer-praxis-in-hannover-die-2g-regel-ein-17538153.html?premium.*

204 *https://www.bundesaerztekammer.de/fileadmin/user_upload/BAEK/Themen/Internationales/Bundesaerztekammer_Deklaration_von_Genf_04.pdf.*

205 *https://www.facebook.com/watch/?v=297234595080689.*

206 *https://www.kreiszeitung-wochenblatt.de/buchholz/c-panorama/impfzentren-leiter-dr-med-joern-jepsen-ueber-schliessung-der-einrichtungen-und-impfgegner_a214830.*

207 *https://regionalheute.de/coronaimpfung-virologin-brinkmann-will-joshua-kimmich-die-hand-halten-braunschweig-gifhorn-goslar-harz-helmstedt-peine-salzgitter-wolfenbuettel-wolfsburg-1635261153/.*

208 *https://www.focus.de/gesundheit/charite-forscher-zu-impfzweifeln-game-changer-in-der-pandemie-wie-wichtig-impfen-fuer-den-kampf-gegen-corona-ist_id_24400702.html.*

209 *https://www.rnd.de/gesundheit/neue-corona-gelassenheit-warum-viele-entspannt-auf-die-steigenden-zahlen-reagieren-FIN4REVERFHORLXVIAQK44A2IQ.html.*

210 *https://www.youtube.com/watch?v=I6lHPt64OOE.*

211 *https://www.welt.de/politik/deutschland/plus242713529/Frank-Ulrich-Montgomery-Es-war-eine-Tyrannei-der-Ungeimpften-Dabei-bleibe-ich.html.*

212 *https://www.gmx.at/magazine/news/coronavirus/medizinethiker-tyrannei-ungeimpften-frank-ulrich-montgomery-36328302.*

213 *https://www.bpb.de/shop/zeitschriften/izpb/rechtsstaat-351/511411/die-idee-der-rechtsstaatlichkeit/.*

214 *https://www.tagesschau.de/inland/wieler-rki-coronavirus-lage-103.html.*

215 *https://www.zeit.de/news/2021-11/23/psychologe-lascher-druck-auf-ungeimpfte-bewirkt-gegenteil.*

216 *https://www.youtube.com/watch?app=desktop&v=3hi3cFpPbOA.*

217 *https://www.zdf.de/nachrichten/panorama/corona-omikron-gefaehrlich-kinder-100.html.*

218 *https://www.herzstiftung.de/ihre-herzgesundheit/coronavirus/kinder-impfen-interview.*

219 *https://de.statista.com/statistik/daten/studie/1258043/umfrage/impfquote-gegen-das-coronavirus-in-deutschland-nach-altersgruppe/#:~:text=Laut%20Daten%20des%20Robert%2DKoch,der%20Bev%C3%B6lkerung%20mindestens%20einmal%20geimpft.*

220 *https://www.derstandard.at/story/2000132045632/sozialpyschologin-lamberty-radikale-impfgegner-strahlen-auf-zoegerliche-aus.*

221 *https://www.welt.de/politik/deutschland/article221812060/Corona-21-Prozent-der-Querdenker-waehlten-die-Gruenen.html.*

222 Ebd.

223 Ebd.

224 *https://www.presseportal.de/pm/58964/5181348.*

225 *https://www.aerzteblatt.de/archiv/6914/Schutzimpfungen-Aufklaerungspflicht-aus-juristischer-Sicht.*

226 *https://www.rki.de/DE/Content/Kommissionen/STIKO/Empfehlungen/PM_2022-05-24.html.*

227 *https://welt.de/wissenschaft/article239039033/Pandemie-Neuer-Lockdown-Montgomery-will-das-als-Option-fuer-den-Winter.html.*

228 *https://news-trier.de/corona-nachrichten/studie-corona-impfgegner-von-verschwoerungsnarrativen-beeinflusst,75157.html.*

229 *https://www.zeit.de/news/2022-07/26/studie-13-prozent-der-nicht-geimpften-fuer-impfung-offen.*

230 *https://kurier.at/wissen/gesundheit/infektiologe-wer-sich-nicht-impfen-laesst-wird-auf-intensivstation-enden/402118161.*

231 Hauser, Gerald; Strasser, Hannes: *Und die Schwurbler hatten doch recht … – DER Coronafaktencheck,* Wien 2023, S. 131.

232 Hauser, Gerald; Strasser, Hannes: *Und die Schwurbler hatten doch recht … – DER Coronafaktencheck,* Wien 2023, S. 127.

233 *https://www.20min.ch/story/personen-mit-diesen-eigenschaften-glauben-eher-an-fakenews-als-an-fakten-985203020806.*

234 *https://www.spiegel.de/politik/deutschland/fluechtlinge-dunkeldeutschland-waechst-augstein-kolumne-a-1057306.html.*

235 *https://www.dw.com/de/was-menschen-anf%C3%A4llig-f%C3%BCr-fake-news-macht/a-63632773.*

236 *https://de.wikipedia.org/wiki/Politischer_Missbrauch_der_Psychiatrie_in_der_Sowjetunion.*

237 *https://www.infektionsschutz.de/leichte-sprache/informationen-zum-corona-virus/was-muss-ich-zur-corona-impfung-wissen/wie-sicher-ist-die-corona-impfung/#:~:text=F%C3%BCr%20die%20meisten%20Menschen%20ist,nur%20leichte%20Neben%2DWirkungen%20davon.*

238 *https://www.stuttgarter-zeitung.de/inhalt.konzert-mit-nena-in-leonberg-darf-man-nena-noch-einladen.51b039d3-a0c4-4859-b791-4c75ee67ad1a.html?reduced=true.*

239 *https://www.t-online.de/region/frankfurt-am-main/news/id_91417218/eintracht-frankfurt-praesident-wer-nicht-geimpft-ist-gehoert-nicht-dazu-.html.*

240 *https://twitter.com/sarahbosetti/status/1329817557298188288.*

241 *https://www.whudat.de/rezo-wenn-idioten-deine-freiheit-und-gesundheit-gefaehrden-querdenker-covidioten-und-corona-leugner-sind-schlimmer-als-das-virus-selbst/.*

242 *https://www.gq-magazin.de/entertainment/artikel/christoph-waltz-corona-diese-leute-die-sich-querdenker-nennen-denken-entlang-des-brettes-das-sie-vorm-kopf-haben.*

243 *https://www.tag24.de/chemnitz/und-wenn-ich-euch-den-impfsaft-ho-chstperso-nlich-in-die-arme-bolze-felix-kummer-hofft-auf-live-tour-ab-november-1874270.*

244 *https://www.stern.de/lifestyle/leute/-allesdichtmachen---elyas-m-barek--nora-tschirner-und-co--ueben-kritik-30495454.html.*

245 *https://www.fr.de/kultur/impfen-aerzte-toten-hosen-jan-delay-tocotronic-donots-deutsche-musik-elite-aufruf-impfaufruf-corona-kunst-90947709.html.*

246 *https://twitter.com/regendelfin/status/1425182561907757056?lang=de.*

247 *https://ich-habe-mitgemacht.de/liste/nach-id/1608-an-alle-querdenker-oder-sonstige-vollidioten.html.*

248 *https://www.youtube.com/watch?v=s-TAP9G8uj4.*

249 *https://twitter.com/stefanbuesser/status/1428405500086038533.*

250 *https://www.fr.de/kultur/impfen-aerzte-toten-hosen-jan-delay-tocotronic-donots-deutsche-musik-elite-aufruf-impfaufruf-corona-kunst-90947709.html.*

251 *https://www.faz.net/aktuell/gesellschaft/menschen/musiker-und-festivals-starten-impfkampagne-17500989.html.*

252 *https://www.youtube.com/watch?v=kArDFWTH2wE.*

253 *https://www.rnd.de/medien/heute-show-oliver-welke-kritisiert-impfverweigerer-leider-irgendwie-asozial-DKSKOLVJSNFZRATN7KT5UH4OZE.html.*

254 *https://taz.de/Politik-in-der-Krise/!5815396/.*

255 *https://www.abendblatt.de/hamburg/article233824897/wolf-biermann-angela-merkel-olaf-scholz-ddr-hamburg-saenger-bundestagswahl-politik-impfgegner.html.*

256 *https://www.faz.net/aktuell/politik/staat-und-recht/der-begriff-corona-diktatur-verharmlost-unsere-geschichte-17237537.html.*

257 *https://www.augsburger-allgemeine.de/politik/kommentar-von-wegen-corona-diktatur-worum-es-querdenkern-wirklich-geht-id62318846.html.*

258 *https://www.pro-medienmagazin.de/vergleiche-zwischen-corona-politik-und-diktaturen-absurd/.*

259 *https://www.facebook.com/Imlau.Nora/posts/4466244263429503/?comment_id=4466285513425378.*

260 *https://www.t-online.de/unterhaltung/stars/id_91139974/peter-maffay-ungeimpfte-sind-uebertraeger-und-gefaehrder-.html.*

261 *https://twitter.com/TStraeter44149/status/1460004234292862976?lang=de.*

262 *https://twitter.com/lesmoureal/status/1460022095648337927?lang=de.*

263 *https://ich-habe-mitgemacht.de/liste/nach-person/996-statistisch-laesst-sich-feststellen-impfen-hilft.html.*

264 *https://ich-habe-mitgemacht.de/liste/nach-id/1707-schuld-daran-sind-die-wichser-die-immer-noch-nicht-in-der-lage-sind-sich-zu-impfen.html.*

265 *https://www.rnd.de/medien/roland-kaiser-bei-maischberger-schlagersaenger-rechnet-mit-impfskeptikern-ab-TGBQKHJJ4FCIPK2PTPSTGKV7OM.html.*

266 *https://twitter.com/sarahbosetti/status/1466829037645582341?lang=de.*

267 *https://www.youtube.com/watch?v=atW4xwI5gjA&t=4s.*

268 *https://www.tichyseinblick.de/daili-es-sentials/ungeimpfte-als-bilddarm-der-gesellschaft-zdf-intendant-anwort-vaatz/.*

269 *https://www.tichyseinblick.de/daili-es-sentials/zdf-programmbeschwerde-umgeimpfte-blinddarm/.*

270 *https://twitter.com/melanka74/status/1470364513052545026?s=46&t=jdrq-eKCsipq0jQCf5NZHA.*

271 Hauser, Gerald; Strasser, Hannes: *Und die Schwurbler hatten doch recht … – DER Coronafaktencheck*, Wien 2023.

272 *https://www.tichyseinblick.de/daili-es-sentials/ard-experte-morddrohungen-umgeimpfter-skirennfahrer/.*

273 Ebd.

274 *https://www.stern.de/lifestyle/leute/-mir-fehlt-jedes-verstaendnis---guenther-jauch-schimpft-ueber-ungeimpfte-31545148.html.*

275 *https://www.nzz.ch/meinung/der-andere-blick/messerattacken-deutschlands-unverantwortliche-migrationspolitik-ld.1724340?reduced=true.*

276 *https://www.welt.de/vermischtes/article236565051/Jan-Boehmermann-Kinder-sind-schlimmer-als-Aluhut-Traeger.html.*

277 *https://www.instagram.com/p/CZj6i1MMm-R/?hl=de.*

278 *https://www.spiegel.de/kultur/musik/marius-mueller-westernhagen-die-leute-sind-zu-dumm-fuer-demokratie-geworden-a-1118579.html.*

279 *https://twitter.com/HolleBMC/status/1514548609324400645.*

280 *https://www.sueddeutsche.de/kultur/musik-herbert-groenemeyer-bestuerzt-ueber-absage-von-jubilaeumstour-dpa.urn-newsml-dpa-com-20090101-220529-99-471106.*

281 *https://exxpress.at/impfgegner-pruegeln-fordert-schauspielerin-heidelinde-weis-im-tv-unter-applaus/.*

282 *https://www.ekd.de/auslegung-der-jahreslosung-2022-70440.htm.*

283 *https://www.zeit.de/kultur/2022-02/2g-regel-kirche-glaube-gemeinschaft-corona.*

284 *https://www.katholisch.de/artikel/31977-wiener-dompfarrer-habe-kein-mitleid-mit-ungeimpften.*

285 *https://www.deutschlandfunk.de/die-kirche-in-der-coronakrise-ich-habe-eine-wunderbare-100.html.*

286 *https://www.welt.de/politik/deutschland/article229082431/Ostern-Wie-die-Kirchen-sich-Merkels-Gottesdienst-Plan-widersetzten.html.*

287 *https://www.katholisch.de/artikel/25102-04-08-newsticker-corona-und-die-kirche.*

288 *https://www.erzbistumberlin.de/medien/pressestelle/aktuelle-pressemeldungen/pressemeldung/news-title/corona-massnahmen-fuer-berlin-brandenburg-und-vorpommern-4569/.*

289 *https://www.zeit.de/gesellschaft/2020-11/kirchen-corona-lockdown-gottesdienst-gastronomie-kulturbetrieb-demonstration-muenchen.*

290 *https://www.evangelisch.de/inhalte/179633/10-12-2020/bedford-strohm-stellt-lockerungen-fuer-weihnachten-infrage.*

291 *https://www.sonntagsblatt.de/artikel/meinung/es-ist-lebensnotwendig-an-weihnachten-auf-praesenzgottesdienste-zu-verzichten.*

292 *https://www.tagesspiegel.de/berlin/uns-wurde-das-coronavirus-an-den-hals-gewunscht-4695676.html.*

293 *https://taz.de/Corona-und-die-katholische-Kirche/!5824218/.*

294 *https://www.livenet.ch/themen/glaube/glaube/385788-corona_ein_neues_zeitalter_der_angst.html.*

295 *https://www.domradio.de/artikel/ausdruck-konkreter-naechstenliebe-bischoefe-und-religionsvertreter-rufen-zum-impfen-auf.*

296 *https://www.welt.de/politik/deutschland/article231178627/Ethikrat-Eine-moralische-Impfpflicht-fuer-alle-gibt-es-ohnehin.html.*

297 *https://www.sonntag-sachsen.de/dresdner-bischoefe-fuer-debatte-ueber-impfpflicht.*

298 *https://www.deutschlandfunkkultur.de/ethiker-dabrock-fordert-impfpflicht-100.html.*

299 *https://lebendige-gemeinde.de/blog/2021/11/26/freiheit-und-pflicht-die-schluesselfrage-beim-impfen-heisst-wer-schuetzt-die-schwaechsten/.*

300 *https://www.paxchristi.at/?page_id=8275.*

301 *https://www.tagesanzeiger.ch/impfgegner-sollen-die-konsequenzen-ihres-verhaltens-direkt-spueren-260687929078.*

302 *https://www.fuldaerzeitung.de/fulda/fulda-bischoefin-beate-hofmann-corona-oekumene-rassismus-interview-impfpflicht-91188229.html.*

303 *https://soundcloud.com/dioezese_rs/uber-leichen-gehen/s-pGSnlURJS5h?in=dioezese_rs/sets/kurz-mal-nachgedacht&si=94edab5cdbff43879c0eef1c5b0fe1db&utm_source=clipboard&utm_medium=text&utm_campaign=social_sharing.*

304 *https://www.diakonie.de/diakonie-zitate/debatte-ueber-impfpflicht.*

305 *https://www.facebook.com/KABLimburg/posts/pfbid02bjqVToeJguHSZk3ZgnVN63TkfY9WzWYctSZmfzaCNtLgyxPpmeEvj8qoS5f3Byszl.*

306 *https://www.dasmachenwirgemeinsam.de/rote-karte-fuer-querdenker/.*

307 *https://reitschuster.de/post/bonn-der-hass-eines-pfarrers/.*

308 *https://ich-habe-mitgemacht.de/liste/nach-datum/1144-alle-sind-willkommen.html.*

309 *https://ich-habe-mitgemacht.de/liste/nach-datum/1473-impfen-ist-christliche-pflicht.html.*

310 *https://www.salzburg24.at/news/oesterreich/kosten-fuer-corona-tests-in-oesterreich-bei-fast-5-milliarden-euro-134115598.*

311 *https://www.dersandwirt.de/covid-der-rueckblick-eines-arztes/.*

312 Hauser, Gerald; Strasser, Hannes: *Und die Schwurbler hatten doch recht … – DER Coronafaktencheck,* Wien 2023, S. 67 f.

313 *https://kurier.at/chronik/oesterreich/coronavirus-schuesse-in-die-luft-bei-polizeieinsatz-in-vorarlberg/400817039.*

314 Deriu, Claudio: *Impfpflicht – Das Ende der freien Gesellschaft?,* Wien 2022, Klappentext auf Seite U4.

315 *https://frankundfrei.online/die-anschober-corona-chronik/.*

316 *https://kurier.at/politik/inland/rudolf-anschober-ein-volksschullehrer-als-minister-cool/400780910.*

317 *https://exxpress.at/ex-minister-anschober-gruene-klagt-war-in-der-u-bahn-der-einzige-mit-maske/.*

318 *https://www.krone.at/2107852.*

319 *https://www.derstandard.at/story/2000115724911/gesundheitsminister-anschober-wir-brauchen-einen-neuen-zusammenhalt.*

320 *https://www.derstandard.at/story/2000115977438/alle-bleiben-sie-zu-hause.*

321 *https://www.heute.at/s/mausi-attackiert-giuliani-sperrt-uns-endlich-ein--47383787.*

322 *https://www.kleinezeitung.at/politik/innenpolitik/5793215/Bundeskanzler-Sebastian-Kurz_Bald-wird-jeder-von-uns-jemanden.*

323 *https://www.statnews.com/2020/03/17/a-fiasco-in-the-making-as-the-coronavirus-pandemic-takes-hold-we-are-making-decisions-without-reliable-data/.*

324 *https://www.ots.at/presseaussendung/OTS_20200330_OTS0110/nehammer-dank-und-warnung-an-oesterreich.*

325 *https://www.diepresse.com/5794038/bund-ruegt-wien-oeffnung-der-bundesgaerten-waere-falsches-signal.*

326 *https://www.profil.at/oesterreich/zitate-der-woche-wir-sind-sozusagen-die-flex/400917161.*

327 *https://orf.at/stories/3162256/.*

328 *https://twitter.com/vanderbellen/status/1264579704251711490.*

329 *https://www.wienerzeitung.at/nachrichten/politik/oesterreich/2063158-Rund-50.000-Menschen-bei-BlackLivesMatter-Demo-in-Wien.html.*

330 *https://www.nachrichten.at/politik/innenpolitik/von-hirnlosigkeit-weniger-zu-arbeitslosigkeit-vieler;art385,3293187.*

331 *https://www.unzensuriert.at/127151-oevp-innenminister-nehammer-hat-sturm-auf-das-parlament-frei-erfunden/.*

332 Ebd.

333 *https://www.oe24.at/video/oesterreich/wien/robert-misik-ueber-corona-demos/465284642.*

334 *https://www.ots.at/presseaussendung/OTS_20210608_OTS0171/kurzkogler-hohes-wohlbefinden-der-oesterreicherinnen-und-oesterreicher-bestaetigt-erfolgreiche-pandemie-bekaempfung.*

335 *https://cms.falter.at/blogs/jebner/2021/06/14/kickl-und-die-krokodile/.*

336 *https://www.krone.at/2474360.*

337 *https://www.kleinezeitung.at/politik/innenpolitik/6022531/Mitten-in-der-vierten-Welle_RendiWagner-offen-fuer.*

338 *https://www.derstandard.at/story/2000129237378/clemens-arvay-co-die-impfangstmacher.*

339 *Zur Zeit*, Nr.10, 27. Jahrgang, S. 26.

340 Ebd.

341 *https://www.falter.at/maily/20220729/in-den-tod-gehetzt.*

342 *https://www.kleinezeitung.at/steiermark/graz/6255621/CoronaKaempfe_Wie-Clemens-G-Arvays-Tod-alte-Wunden-und-die-Graeben.*

343 *https://www.unzensuriert.at/127151-oevp-innenminister-nehammer-hat-sturm-auf-das-parlament-frei-erfunden/.*

344 *https://www.heute.at/s/experte-gartlehner-knallhart-es-ist-zu-bequem-ungeimpft-zu-sein-100162155.*

345 *https://www.krone.at/2543668.*

346 *https://www.heute.at/s/kanzler-will-zuegel-der-ungeimpften-straffer-ziehen-100172115.*

347 *https://liveblog.tt.com/414/coronavirus/111344/platter-manahmen-hart-aber-alternativlos.*

348 *https://twitter.com/GFoi/status/1458169646629244929?ref_src=twsrc%5Etfw%7Ctwcamp%5Etweetembed%7Ctwterm%5E1458169646629244929%7Ctwgr%5E07186faf8bc7823c5fbc14e1ad7de7e6d8fc9434%7Ctwcon%5Es1_&ref_url=https%3A%2F%2F.*

349 *https://www.heute.at/s/koestinger-zeit-der-solidaritaet-mit-ungeimpften-vorbei-100173014.*

350 *https://twitter.com/GFoi/status/1458169646629244929?ref_src=twsrc%5Etfw%7Ctwcamp%5Etweetembed%7Ctwterm%5E1458169646629244929%7Ctwgr%5E07186faf8bc7823c5fbc14e1ad7de7e6d8fc9434%7Ctwcon%5Es1_&ref_url=https%3A%2F%2F.*

351 *https://www.krone.at/2553354.*

352 *https://orf.at/stories/3236155/.*

353 *https://ich-habe-mitgemacht.de/liste/nach-id/1574-impfverweigerer-sollten-auf-intensivmedizinische-versorgung-im-fall-einer-erkrankung-verzichten-muessen.html.*

354 *https://www.vienna.at/virologin-es-wird-3g-geben-geimpft-genesen-gestorben/7193980.*

355 *https://www.pro-medienmagazin.de/starker-anstieg-bei-suizidversuchen-unter-kindern-und-jugendlichen/.*

356 *https://twitter.com/HannoSettele/status/1460753368255807502?lang=de.*

357 *https://twitter.com/misik/status/1461250176966963206.*

358 *https://www.facebook.com/permalink.php?story_fbid=446492983500100&id=100044182071606&paipv=0&eav=AfbMQN0mOLHS2Okfzpn3PIK1UbvY6ZqgtqleRD6NhWGJd1KQfuVRCivPzzT3iguYieM&_rdr.*

359 *https://transparenzportal.gv.at/tdb/tp/menu_persbezVeroeffentlichungCovid19Wirtschaftshilfen.*

360 *https://exxpress.at/verfassungsrechtler-heinz-mayer-fordert-zwangs-isolierung-fuer-impfverweigerer/.*

361 *https://www.heute.at/s/josef-hader-dann-sterben-ganz-viele-leute-100174720.*

362 Ebd.

363 *https://www.merkur.de/welt/corona-bodensee-impfgegner-konzert-rainhard-fendrich-dornbirn-oesterreich-lockdown-91137485.html.*

364 *https://www.falter.at/maily/20211123/einsperren-bis-der-arzt-kommt.*

365 *https://www.puls24.at/news/politik/vizekanzler-werner-kogler-zu-corona-protesten-die-fpoe-bereitet-hier-die-hoelle-vor/251097.*

366 *https://www.heute.at/s/kanzler-nehammer-im-oe3-bei-kratky-klare-ansage-an-die-ungeimpften-100178254.*

367 *https://www.spooe.at/2021/12/30/klare-kante-bei-impfpflicht-zeigen/.*

368 *https://exxpress.at/tv-talk-gast-flammenwerfer-gegen-corona-demonstranten/.*

369 *https://www.parlament.gv.at/gegenstand/XXVII/SNME/209747.*

370 *https://www.krone.at/2578296.*

371 *https://www.meinbezirk.at/niederoesterreich/c-politik/mikl-leitner-es-braucht-eine-impfpflicht-mit-video_a5101189.*

372 *https://www.diepresse.com/6086590/edtstadler-zu-impfpflicht-strafe-darf-nicht-zu-niedrig-sein.*

373 *https://www.heute.at/s/meinl-wutrede-geimpfter-ist-duemmster-der-republik-100186118.*

374 *https://www.heute.at/s/virologin-bei-stoeckl-dann-stirbt-man-eben-100188251.*

375 *https://www.krone.at/2619732.*

376 *https://www.krone.at/2625393.*

377 *https://www.diepresse.com/6097305/maurer-ueber-impfpflicht-fuesse-stillhalten-es-ist-wie-es-sein-soll.*

378 *https://twitter.com/misik/status/1360967046822055936.*

379 *https://www.youtube.com/watch?v=Gy6wHfuKxFg.*

380 *https://www.weekend.at/promitalk/grissemann-corona-nehammer-kickl.*

381 *https://www.derstandard.at/story/2000135783843/gecko-chefin-reich-auf-homeoffice-im-herbst-vorbereiten.*

382 *https://www.youtube.com/watch?v=wnpNUsYqT88.*

383 *https://impfservice.wien/corona/.*

384 *https://www.derstandard.at/story/2000130945359/grosses-interesse-an-der-off-label-impfung-fuer-kinder-ab.*

385 *https://www.derstandard.at/story/2000130945359/grosses-interesse-an-der-off-label-impfung-fuer-kinder-ab.*

386 *https://twitter.com/misik/status/1607367456011751425?lang=de.*

387 *https://www.krone.at/2972472.*

388 *https://www.rechnungshof.gv.at/rh/home/home_1/home_6/Rechnungshof.Mehr.Wert_Fokus_Covid-19_BF.pdf.*

389 *https://exxpress.at/ex-minister-anschober-gruene-klagt-war-in-der-u-bahn-der-einzige-mit-maske/.*

390 *https://www.parlament.gv.at/gegenstand/XXVII/ME/245.*

391 *https://orf.at/stories/3309541/.*

392 Winfried Kretschmann (Ministerpräsident von Baden-Württemberg): *https://www.spiegel.de/politik/deutschland/winfried-kretschmann-ueber-rechte-bei-protesten-gegen-corona-massnahmen-aasgeier-der-pandemie-a-fcf42f79-625c-48cb-b63e-cd02b748e705.*

393 Michael Kellner (Bundesgeschäftsführer der Grünen): *https://www.rnd.de/politik/grunen-spitze-verhalten-bei-corona-demo-absolut-gemeingefahrlich-2PB5WIHVA5C33CX55QZYUMTF5I.html.*

394 Torsten Sträter (Comedian): *https://twitter.com/tstraeter44149/status/1460004234292862976?lang=gl.*

395 Ingmar Volkmann (Journalist): *https://www.stuttgarter-zeitung.de/inhalt.fuenf-minuten-pop-das-zeitalter-der-aluhutbuerger.6ff34425-c9c1-40c7-830f-dacae19b01a4.html.*

396 Karl Lauterbach (dt. Gesundheitsminister, SPD): in Homburg, Stefan: *Coronagewitter – Chronik einer Wissenschafts-, Medien- und Politikkrise,* eBook, Sargans 2023, siehe Kapitel »Der Einstieg«.

397 Mario Sixtus (Regisseur): *https://ich-habe-mitgemacht.de/index.php?option=com_content&view=article&id=73&catid=9&Itemid=101.*

398 Fabian Köster (Comedian): *https://ich-habe-mitgemacht.de/782-weil-die-ganzen-anti-impf-doedel-das-einfach-nicht-kapieren.html.*

399 Robert Misik (Journalist/Autor): *https://twitter.com/misik/status/1553835523256483846?lang=de.*

400 André Herrmann (Comedian): *https://www.youtube.com/watch?v=2dHpcDArH1s.*

401 André Herrmann (Comedian): *https://www.youtube.com/watch?v=2dHpcDArH1s.*

402 Caroline Kebekus (Comedian): *https://www.mopo.de/news/wir-sind-keine-asis-carolin-kebekus-ermahnt-maskenverweigerer-in-der-strassenbahn-37343292/.*

403 Dieter Wischmeyer (Kabarettist): *https://ich-habe-mitgemacht.at/liste/nach-id/1450-alle-die-sich-nicht-impfen-lassen-sind-asoziale-arschloecher.html.*

404 Felix von Leitner (Netzaktivist): *https://blog.fefe.de/?mon=202011.*

405 Christoph Waltz (Schauspieler): *https://www.spiegel.de/kultur/kino/christoph-waltz-ueber-corona-leugner-eine-gruppe-von-asozialen-vollidioten-a-8ef3cae3-5336-42d4-8f6e-3278476a2077.*

406 Joachim Gauck (Altbundespräsident): *https://www.faz.net/aktuell/politik/inland/joachim-gauck-greift-impfgegner-als-bekloppte-an-17532805.html.*

407 Sarah Bosetti (Comedian): *https://www.focus.de/politik/deutschland/schwarzer-kanal/die-focus-kolumne-von-jan-fleischhauer-betr-das-gespaltene-land_id_24506491.html.*

408 Markus Mertens (CDU):
https://ich-habe-mitgemacht.de/index.php? option=com_content&view=article&id=787:draengt-die-verweigerer-nicht-in-die-enge-sonst-werden-sie-bockig&catid=9&Itemid=235.

409 MC Winkel (Blogger/Influencer):
https://www.whudat.de/rezo-wenn-idioten-deine-freiheit-und-gesundheit-gefaehrden-querdenker-covidioten-und-corona-leugner-sind-schlimmer-als-das-virus-selbst/.

410 *https://www.rbb24.de/panorama/thema/2020/coronavirus/beitraege_neu/2020/12/polizei-berlin-verbietet-auch-demo-von-corona-leugnern-am-30-dezember.html.*

411 Hendrik Wieduwilt (Journalist):
https://www.n-tv.de/politik/Wir-sind-die-Geiseln-der-Corona-Schwurbler-article22910387.html.

412 Michael Bonvalot (Journalist):
https://twitter.com/michaelbonvalot/status/1320718104461299712?lang=id.

413 Saskia Esken (Parteivorsitzende SPD):
https://www.wienerzeitung.at/nachrichten/chronik/europa/2073650-Eskens-Covidiot-Aeusserung-ist-zulaessig.html.

414 Hendrik Wieduwilt (Journalist):
https://twitter.com/hwieduwilt/status/1434976456296341507.

415 Werner Kogler (Vizekanzler Österreich):
https://www.parlament.gv.at/dokument/XXVII/J/9088/fnameorig_1046975.html.

416 Christoph Waltz (Schauspieler):
https://www.gq-magazin.de/entertainment/artikel/christoph-waltz-corona-diese-leute-die-sich-querdenker-nennen-denken-entlang-des-brettes-das-sie-vorm-kopf-haben.

417 Christian Rainer (Chefredakteur *Profil*):
https://www.profil.at/oesterreich/dilettanten-und-saboteure-was-habt-ihr-angerichtet-politiker-und-impfgegner/401813038.

418 Alain Schwald (Schweizer Politiker):
https://ich-habe-mitgemacht.at/liste/nach-id/1466-wer-sich-jetzt-noch-immer-nicht-impfen-laesst-ist-ein-dummer-asozialer-idiot.html; https://weltwoche.ch/daily/die-impf-luege-impf-kasper-asoziale-idiote-gehirn-aus-brei-zwei-jahre-lang-hetzten-prominente-gegen-ungeimpfte-dieser-tage-schweigen-sie-lieber/.

419 Marton Széll (Mitglied der Coronakommission und des nationalen Impfgremiums in Österreich):
https://www.oe24.at/coronavirus/lass-dich-impfen-du-dumme-sau/509533433.

420 Florian Klenk (Chefredakteur *Der Falter*): *https://ich-habe-mitgemacht.at/909-leute-die-gegen-die-corona-diktatur-und-zugleich-fuer-die-moerderische-putin-diktatur-demonstrieren-sind-dumme-sautrotteln.html.*

421 Hanno Settele (ORF-Redakteur): *https://twitter.com/HannoSettele/status/1460753368255807502?lang=de.*

422 Jörg Kachelmann (Star-Meteorologe): *https://www.tag24.de/unterhaltung/tv/riverboat/darueber-freut-sich-joerg-kachelmann-wenn-er-nicht-mehr-moderiert-besonders-2516767.*

423 Sarah Bosetti (Comedian): *https://twitter.com/sarahbosetti/status/1329817557298188288.*

424 Wolf Biermann (Liedermacher): *https://taz.de/Politik-in-der-Krise/!5815396/.*

425 Thomas Laschyk (Redakteur Volksverpetzer): *https://www.volksverpetzer.de/corona-faktencheck/placebo-impfung-wochenblick/.*

426 Joe Weingarten (SPD): *https://www.tichyseinblick.de/daili-es-sentials/reaktion-auf-das-scheitern-der-impfpflicht/.*

427 Thomas Laschyk (Redakteur Volksverpetzer): *https://www.volksverpetzer.de/schwer-verpetzt/impfgegner-blocken/.*

428 Walter Wüllenweber (Journalist *STERN*): *https://www.stern.de/gesellschaft/reaktionen-auf-essay--keine-ruecksicht-auf-die-ruecksichtslosen---30957624.html.*

429 Rainer Stinner (FDP-Politiker): *https://www.tichyseinblick.de/kolumnen/stephans-spitzen/vorwaerts-im-kampf-gegen-hass-und-hetzrede/.*

430 RedaktionsNetzwerk Deutschland: *https://www.rnd.de/politik/querdenker-demo-am-samstag-in-bremen-verbot-ist-laut-bundesverfassungsgericht-wirksam-20000-teilnehmer-erwartet-BBW6JO5IV6LK5QDUUY5QNWUIJ4.html.*

431 Frank Ulrich Montgomery (Präsident Weltärztebund): *https://www.deutschlandfunk.de/weltaerztebund-zur-corona-pandemie-wir-sind-in-einer-dauer-100.html.*

432 Imre Grimm (Journalist): *https://ich-habe-mitgemacht.de/liste/nach-id/1709-die-gift-spritzenden-protagonisten-des-schwurbel-undergrounds.html.*

433 Jan Böhmermann (Comedian): *https://www.morgenpost.de/vermischtes/article234442085/jan-boehmermann-corona-kinder-ratten-satire-zdf.html.*

434 Walter Wüllenweber (Journalist *STERN*): *https://www.stern.de/gesellschaft/reaktionen-auf-essay--keine-ruecksicht-auf-die-ruecksichtslosen---30957624.html.*

435 Wolf Biermann (Liedermacher): *https://www.abendblatt.de/hamburg/article233824897/wolf-biermann-angela-merkel-olaf-scholz-ddr-hamburg-saenger-bundestagswahl-politik-impfgegner.html.*

436 Oliver Schumacher (DB-Kommunikationschef): *https://traugott-ickeroth.com/wp-content/uploads/2021/12/Kolumne-DB-Konzern.pdf.*

437 Stephan Anpalagan (Volksverpetzer): *https://www.volksverpetzer.de/kommentar/regierungen-angst-querdenken/.*

438 Thomas Laschyk (Redakteur Volksverpetzer): *https://www.volksverpetzer.de/corona-faktencheck/placebo-impfung-wochenblick/.*

439 Armin Thurnher (Chefredakteur *Der Falter*): *https://cms.falter.at/blogs/athurnher/2021/12/18/demonstrieren-unter-pandemischen-bedingungen/?ref=homepage.*

440 Maurice Thieriet (Chefredaktor Watson.ch und Bundesrat): *https://weltwoche.ch/daily/die-impf-luege-impf-kasper-asoziale-idiote-gehirn-aus-brei-zwei-jahre-lang-hetzten-prominente-gegen-ungeimpfte-dieser-tage-schweigen-sie-lieber/.*

441 Michael Mittermeier (Comedian): *https://www.spiegel.de/kultur/michael-mittermeier-ueber-corona-massnahmen-sehe-gerade-viele-kollegen-zugrunde-gehen-a-9bd3cdbb-88e1-456d-8e3c-7d39065ee979.*

442 Henryk Goldberg (Journalist): *https://www.thueringer-allgemeine.de/blog/goldberg/privatsache-id233829977.html.*

443 Ralph Ruthe (Cartoonist): *https://www.facebook.com/ruthe.de/posts/493434955471171.*

444 Wolf Biermann (Liedermacher): *https://taz.de/Politik-in-der-Krise/!5815396.*

445 Max Boeddeker (Journalist): *https://www.bild.de/politik/kolumnen/politik-inland/standpunkt-zu-impfpass-faelschern-lieber-kriminell-als-geimpft-77978134.bild.html.*

446 Robert Eichenauer (Journalist): *https://www.weekend.at/politik/gegen-die-luegen-verbreiter.*

447 Peter Tauber (CDU): *https://www.stern.de/politik/deutschland/peter-tauber-vergleicht-corona-impfung-mit-polio-impfstoff-9548366.html.*

448 Werner Kogler (Vizekanzler Österreich): *https://www.parlament.gv.at/dokument/XXVII/J/9088/fnameorig_1046975.html.*

449 Werner Kogler (Vizekanzler Österreich): *https://www.parlament.gv.at/dokument/XXVII/J/9088/fnameorig_1046975.html.*

450 Sebastian Hotz (Satiriker und Podcaster): *https://www.instagram.com/p/CZXJD23MDaQ/?igshid=YmMyMTA2M2Y%3D.*

451 Ralf Stegner (SPD): *https://twitter.com/Ralf_Stegner/status/1475850531784609796.*

452 Karl Lauterbach (dt. Gesundheitsminister, SPD): *https://ich-habe-mitgemacht.at/index.php?option=com_content&view=article&id=299&catid=9&Itemid=257.*

453 Urban Priol (Kabarettist): *https://www.youtube.com/watch?v=rEGHQjXKn7I.*

454 Miriam Vollmer (Rechtsanwältin): *https://twitter.com/miriam_vollmer/status/1552400151477723137.*

455 Michael Niavarani (Kabarettist): *https://kurier.at/kultur/fendrich-ueber-impfdebatte-gibt-es-ein-recht-auf-dummheit/401816092.*

456 Lars Winkelsdorf (freier Journalist u. a. für ZDF): *https://twitter.com/winkelsdorf/status/1619677985191383042.*

457 Michael Kellner (Bundesgeschäftsführer der Grünen): *https://www.rnd.de/politik/grunen-spitze-verhalten-bei-corona-demo-absolut-gemeingefahrlich-2PB5WIHVA5C33CX55QZYUMTF5I.html.*

458 Walter Wüllenweber (Journalist *STERN*): *https://www.stern.de/gesellschaft/reaktionen-auf-essay--keine-ruecksicht-auf-die-ruecksichtslosen---30957624.html.*

459 Christian Rainer (Chefredakteur *Profil*): *https://www.profil.at/oesterreich/dilettanten-und-saboteure-was-habt-ihr-angerichtet-politiker-und-impfgegner/401813038.*

460 Hans Rauscher (Journalist *Der Standard*): *https://www.derstandard.at/story/2000139167073/warum-schwurbler-und-scharlatane-erfolg-haben.*

461 Wolf Biermann (Liedermacher): *https://taz.de/Politik-in-der-Krise/!5815396/.*

462 Ein von vielen Prominenten und Medien verwendetes Schimpfwort. Siehe etwa *https://www.krone.at/2844364.*

463 Sophie Kessl (Stadträtin, DIE PARTEI): *https://www.jupi-freiburg.de/wir-impfen-euch-alle/.*

464 Peter Zellinger (Redakteur): *https://www.meinbezirk.at/waidhofenthaya/c-lokales/an-meine-lieben-seuchenfreunde_a5031514.*

465 Sheila Mysorekar (Journalistin): *https://www.nd-aktuell.de/artikel/1159393.impfen-und-pandemie-wegen-der-impfverweigerer-stecken-wir-im-corona-schlamassel.html.*

466 Armin Thurnher (Chefredakteur *Der Falter*): *https://cms.falter.at/blogs/athurnher/2021/12/18/demonstrieren-unter-pandemischen-bedingungen/?ref=homepage.*

467 Karl Lauterbach (dt. Gesundheitsminister, SPD): *https://www.bild.de/bild-plus/politik/inland/politik-inland/lauterbach-in-bams-noch-nie-hatten-wir-so-viele-staatsfeinde-79794656.bild.html.*

468 Werner Kogler (Vizekanzler Österreich): *https://www.parlament.gv.at/dokument/XXVII/J/9088/fnameorig_1046975.html.*

469 Mario Sixtus (Regisseur): *https://ich-habe-mitgemacht.de/index.php?option=com_content&view=article&id=73&catid=9&Itemid=101.*

470 Juliane Bogner-Strauss (steirische Gesundheitslandesrätin): *https://www.krone.at/2553354.*

471 *taz: https://taz.de/Das-neue-Infektionsschutzgesetz/!5870069/.*

472 Andreas Läsker (Musikmanager): *https://ich-habe-mitgemacht.at/liste/nach-person/1158-millionen-von-ultra-asozialen-vollidioten.html.*

473 Marie von den Benken (Model, Influencerin): *https://twitter.com/regendelfin/status/1425182561907757056?lang=de.*

474 Jörg Kachelmann (Star-Meteorologe): *https://twitter.com/Kachelmann/status/1473687052558479361?lang=de.*

475 Oliver Schumacher (DB-Kommunikationschef): *https://traugott-ickeroth.com/wp-content/uploads/2021/12/Kolumne-DB-Konzern.pdf.*

476 Imre Grimm (Journalist): *https://www.rnd.de/politik/corona-deutsche-corona-politik-frust-wegen-inkonsequenz-und-dauer-geschrei-YMXVSZZM7NAZBFIKFYAQQXU34I.html.*

477 Frank Ulrich Montgomery (Präsident Weltärztebund): *https://www.deutschlandfunk.de/weltaerztebund-zur-corona-pandemie-wir-sind-in-einer-dauer-100.html.*

478 Hendrik Wieduwilt (Journalist): *https://www.n-tv.de/politik/Wir-sind-die-Geiseln-der-Corona-Schwurbler-article22910387.*

479 *Chrismon: https://twitter.com/chrismon_de/status/1399340130557566980.*

480 Beate Meinl-Reisinger (Parteichefin NEOS): *https://exxpress.at/meinl-reisinger-wiederholt-in-interview-impfkritiker-und-fpoe-waehler-seien-volksverraeter/.*

481 Sarah Connor (Musikerin): *https://www.instagram.com/p/CSPdZhMI5bh/?img_index=1.*

482 Sheila Mysorekar (Journalistin): *https://www.nd-aktuell.de/artikel/1159393.impfen-und-pandemie-wegen-der-impfverweigerer-stecken-wir-im-corona-schlamassel.html.*

483 Günter Krings (Innenstaatssekretär, CDU): *https://www.zeit.de/politik/deutschland/2020-08/corona-massnahmen-innenstaatssekretaer-guenter-krings-cdu.*

484 Sacha Lobo (Kolumnist): *https://www.spiegel.de/netzwelt/netzpolitik/corona-willkommen-im-weinerlichen-wellness-widerstand-kolumne-von-sascha-lobo-a-12e8d541-5ff2-4e6a-994f-872a1776ac4c.*

485 Jan Böhmermann (Comedian): *https://ich-habe-mitgemacht.de/liste/nach-id/1707-schuld-daran-sind-die-wichser-die-immer-noch-nicht-in-der-lage-sind-sich-zu-impfen.html.*

486 Jörg Kachelmann (Star-Meteorologe): *https://twitter.com/Kachelmann/status/1473687052558479361?lang=de.*

487 Ingmar Volkmann (Redakteur *Stuttgarter Zeitung*): *https://www.stuttgarter-zeitung.de/inhalt.fuenf-minuten-pop-das-zeitalter-der-aluhutbuerger.6ff34425-c9c1-40c7-830f-dacae19b01a4.html.*

488 Armin Thurnher (Chefredakteur *Der Falter*): *https://cms.falter.at/blogs/athurnher/2021/12/18/demonstrieren-unter-pandemischen-bedingungen/?ref=homepage.*

489 Sophie Kessl (Stadträtin, DIE PARTEI): *https://www.jupi-freiburg.de/wir-impfen-euch-alle/.*